JN433429

-만해와 무산의 시조 시편을 중심으로-

석성환

선시조(禪時調)에 나타난 空과 不二

도서출판 월인

머리말

본서에서는 두 시승(詩僧), 즉 무산 조오현과 만해 한용운의 선적 사유(禪的思惟)로 시화된 '선시조(禪時調)'에 나타난 공(空)과 불이(不二)의 사상을 읽어보려 한다. 만해(萬海) 선사와 무산(霧山) 선사는 구도자(求道者)적 삶속에서 견지한 공과 불이의 미학을 통해 '선(禪)시조'라는 새로운 시적 지평을 열어놓았다. 본서는 두 시승의 선적 시세계가 우리 민족문학의 정통성을 가진 시조시형에 그 뿌리를 두고 있다는 점에 주목한다. 이와 같이 '선(禪)시조'를 형성하는 산맥은 만해로부터 무산에 이르러 온전하게 자리를 잡아오고 있다. 무산은 만해에 이어 선(禪)시조의 발전에 크게 기여하고 있는 선승(禪僧)이다. 특히 무산은 만해의 정신과 사상을 선양(宣揚)하기 위해 그 누구도 선뜻 나서지 못한 사업을 일구어 왔다. 이는 무산이 1996년 백담사에서 발족된 〈만해사상실천선양회〉의 이사장직을 맡아왔다는 점에서도 반증된다. 이런 점에서 무산은 만해의 사상과 문학을 온전하게 계승하는데 있어 그 공로가 지대하다. 이렇듯 선(禪)시조는 만해로부터 무산에 이르는 선적 시세계의 맥을 따라 계승되고 있다. 만해와 무산이 시화한 선(禪)시조는 주로 空과 不二의 사상을 내포한다는 점에서 상호 공통점을 갖는다. 이는 본서가 두 선승의 선(禪)시조를 함께 읽어보는 까닭이기도 하다. 본서의 '만해 선(禪)시조 읽기'는 필자가 박사과정 중 학술논문지에 발표한 원고를 수정 보완한 글이며, '무산 선(禪)시조 읽기'는 무산의 시조시 연구에 있어서 최초의 학위논문인 필자의 석사학위논문을 수정 보완한 글이다.

만해(萬海)는 선적 삶과 수행을 통해 득도(得道)의 경지를 바탕으로 오로지 조국의 광복을 위해 헌신한 애국지사이다. 그의 이러한 헌신적 노력의 중심부에는 무엇보다도 문학적 사유가 깊게 자리한다. 특히 만해는 불교경전 중에서도 『유마경(維摩經)』과 깊은 인연을 맺는다. 이러한 인연에 의해 그는 선적 침묵과 유마정신을 바탕으로 공과 불이의 사상을 통해 깨달음이 있는 삶을 이어간다. 특히 그는 선적 깨달음으로 붙잡은 시대적 과제와 현실적 삶으로부터 인식된 시상을 시조시형에 온전하게 담아냄으로써 문학적 사유를 견지한다. 이는 그가 옥중(獄中)에서 "계수나무 베어내고 무궁화 심으과저"(「무궁화 심으과저」)라는 시조 시편을 발표한다는 점에서 나타난다. 옥중에서마저도 시조 시편을 지었다는 것은 만해가 한민족의 문화적 정통성을 갖는 시조시형에 대한 관심과 사랑이 지대하였음을 보여준다. 이런 점에서 만해의 선(禪)시조 시편은 구국의 일념 그 자체인 '만해심(萬海心)'의 무게를 온전히 담아내고 있다.

만해의 선적 시세계는 '우리의 것은 모두다 님'이라는 지고(至高)한 정신에 의해 조국과 민족의 자존을 지키기 위한 선적 추구를 지향한다. 그리하여 '만해심(心)'은 님에 대한 침묵, 즉 유마일묵(維摩一默)으로 공과 불이에 닿아 선(禪)시조로 승화된다. 이러한 만해의 선(禪)시조는 공과 불이의 화두를 통해 시절가조(時節歌調)로서의 자격을 갖는다. 만해는 그의 시집 『님의 침묵』에서도 쉽게 찾아볼 수 없는 공과 불이의 사상, 즉 깨달음을 그의 선(禪)시조에 온전히 담아낸다. 만해의 선(禪)시조 시편은 선적 수행과 깨달음의 사유에 의해 민족혼을 일깨우는 새로운 동력으로 승화된다. 만해가 떠난 뒤에도 그의 선(禪)시조는 일제강점에 대항하기 위해 민족혼을 승화시킨 공(空)과 불이(不二)의 결정체로 남는다.

무산(霧山)은 1970년대에 들어 한국 시단(詩壇)에 신선한 충격을 불러일으키며 선적 시풍(禪的詩風)을 형성한다. 그 당시 한국 시단에서는 그의 충격적 시풍에 대해 '개안(開眼)의 시인'이라는 호칭과 더불어 주목하게 된다. 무산의 시조 시편은 선적 사고에 의해 다가선 대상 세계를 시화(詩化)한 작품이 주류를 이룬다. 즉 무산은 존재 그 자체를 있는 그대로 인식하는 선적 사고의 시적 지향에 의해 깨달음의 시편으로 승화시킨다. 그의 시조 시편은 공(空)과 불이(不二)의 사상을 주류로 하는 선적 형태를 갖는다. 본서에서는 이러한 선적 시형이 주류를 이루는, 무산의 시조시집인 『만악가타집』을 텍스트로 하여 읽어보려 한다. 『만악가타집』은 무산이 시조 문단에 등단 후 40여 년 동안의 구도적 수행과 시력에 의한 총체적인 시적 산물로 평가된다.

무산의 시조 시편들은 만해의 시조 시편에 비해 현대적 감각의 시조시형 추구와 더불어 선적 시론을 제시한다는 점에서 주목된다. 이는 무산의 시조 시편이 주로 공과 불이의 화두로 새로운 시적 감각으로 시풍을 형성하고 있다는 데서도 확인된다. 이러한 무산의 시적 의식은 오로지 만해 정신과 사상을 실천하고 선양하고자 하는 사유에서 비롯된다. 무산은 선방(禪房)에서 획득한 구도적 사유를 만해 사상의 정점을 돌아 시조시형에 온전하게 담아낸다. 본서에서는 "무산 시조를 보면 거기에서 경허(鏡虛) 선사와 만해(萬海) 선사의 어떤 숨결이 느껴지기도 한다"는 견해에 주목한다. 즉 본서는 만해 선사의 선(禪)시조가 순행한 자리에 무산 선사의 선(禪)시조가 뿌리내리고 있다는 점에 주목한 산물이다. 본서에서는 만해와 무산의 선적 시세계가 공과 불이의 깨달음으로 시화된 선(禪)시조 시편들을 골라 함께 읽어보려 한다.

통시적 측면에서 만해와 무산은 선적 수행에 의한 깨달음을 우리 한민족의 정통 양식인 시조시형에 오롯이 담아내고 있다. 만해 선사와 무산 선사는 공(空)과 불이(不二)의 깨달음을 선(禪)시조 시편으로 시화하는 공통점을 갖는다. 무산의 시조 시편에 나타나는 '무산행(霧山行)'은 '만해심(萬海心)'을 계승한 자리에서 그 맥을 이어오고 있다. 만해와 무산의 선적 시세계가 동일한 궤적을 이룬다는 점은 곧 본서에서 두 시승의 시조 시편을 함께 읽는 까닭이 된다. 이와 같이 본서는 만해의 선(禪)시조가 갖는 선적 정서의 연장선에서 무산의 선(禪)시조가 형성한 새로운 시풍에 다가선 산물이다. 만해와 무산이 창작한 선(禪)시조 시편은 공과 불이의 선(禪) 사상에 의한 산물로서 한국 시단의 소중한 문학적 자산으로 평가된다. 두 시승이 창작한 선(禪)시조 시편에 드러난 선적 의미들은 소중한 민족정신의 가치를 형성하고 있다는 점에서 다시 읽혀진다.

2014(甲午)년 가을날에

석성환(石成煥)

차례

제1장 시조와 시조문학

1. 시조의 부흥과 명칭

1) 시조문학의 부흥

어느 민족이든 세계 내에 존재하는 한 그 민족 고유의 문화와 풍습 그리고 역사를 갖게 마련이다. 물론 그 중심에는 민족 고유의 언어가 자리한다. 그 민족이 갖는 역사와 문화적 번영에 대한 척도는 민족 고유의 언어적 기능에 의해 반영된다. 우리 한민족도 비로소 우리말로 된 시(詩)를 짓기 시작하면서 창(唱)으로 부르기 시작하였는데 그것이 바로 '시조(時調)'다. '시조'는 우리 한민족의 정서를 반영하는 대표적인 시가(詩歌) 장르로서 오늘날까지 계승되어오고 있다. 이런 점에서 '시조'가 우리 민족의 전통문화 유산 중 가장 고귀한 예술적 양식으로 평가받고 있는 것 또한 사실이다. 이는 '시조'가 국문시가의 대표적 장르로서 민족정서를 온전하게 담아내는데 가장 적합한 예술적 양식임을 반증한다.

> "지금 전하는 시조작품들 가운데는 을파소(乙巴素)나 성충(成忠)같은 삼국시대의 사람들이 지었다는 것까지도 있다. 그러나 이를 사실로 받아들이지는 않는 것 같다. 그 때의 사람들이 그런 작품을 남기려면 어떤 음악과 결합하여 이루어진 것인지도 설명이 되어야하고, 기록할 문자가 없던 시절이니만큼 그 구비문학적 전승의 탄탄한 장치가 설명되어야 할 것이기 때문이다. …(중략)… 시조작가가 대거 등장하는 시기는 앞서 말한 바대로 고려말기이다. 정몽주(鄭夢周)·우탁(禹倬)·이색(李穡)·길재(吉再) 등이 그러하다. 이 시기에 시조작가가 대거 등장한다는 사실은 이 시기에 시조형식이 보편화되었다는 증거도 될 수 있지만, 입장에 따라서는 다른 해석도 가능한 것이다."[1)]

인용한 글은 '시조(時調)'가 최초에 형성된 시기와 향유계층 등 국문시가 장르로서의 정통성에 대한 논의다. '시조'는 고려중엽이거나 그 이전에 이미 형태가 확정된 시가(詩歌) 양식이다. 이런 점에서 '시조'는 우리의 문자언어가 생성되기 이전부터 상당기간 구비(口碑) 전승되어졌음을 알 수 있다. '시조'에 대한 연원의 정점은 고려시대 이전으로 거슬러 올라간다. 그리하여 '시조(時調)'는 국문시가 중 가장 오랜 역사를 갖는 한민족의 문화적 가치로 평가받고 있다. 고려시대 말엽에 이르러 사대부 계층을 중심으로 시조 작가가 대거 등장하기 시작하면서 시조의 활성화에 기여한다. 특히 시조 작가의 대거 등장은 시조의 저변 확대는 물론 민족시가로서의 위상을 확고히 하는 계기가 된다. 이러한 사실은 "고려가요의 전통과도 연결되는 측면이고 또 형식적 연원이 거기에 있고 보면 시조 형식의 문학적 완성은 고려말엽이라고 해도 지나침이 없을 것이다"[2)]라는 논의에서도 확인된

1) 김대행, 『시조 유형론』, 이화여자대학교 출판부, 1986/1998, 86~87쪽.

다. '시조'는 우리 민족의 역사 그리고 문화의 산증인이다. 하지만 '시조(時調)'는 1920년대에 일어난 〈시조 부흥운동〉에 의해 변화를 겪기 시작한다.

> "시가가 이름 그대로 노래로 불리는 제시형식은 개화기까지 지속된다. 신체시의 문학사적 의의는 그 형식의 새로움보다는 '듣는' 시가로부터 탈피하여 '보는' 시가 된 사실에 있으며 개화기 시조는 인쇄되어 읽히게 되었다는 점에서 노래로 불리던 고시조와 구분된다. 현대시는 낭송되기도 하고 옛날처럼 음악과 춤을 곁들여 감상하기도 한다. 그러나 대부분 인쇄되어 읽힌다."[3]

〈시조 부흥운동〉은 그 시대적인 배경이 일제강점기라는 점에서 한국 문학사의 전개와 깊이 관련된다. 1926년에 일어난 시조 부흥운동은 시가(詩歌) 장르인 '시조'가 '시조문학(時調文學)'이라는 시적 장르의 성격을 추구한 문학운동이다. 그 당시 '시조문학'에 대한 부흥을 모색한 계기는 일제강점기라는 시대적 상황에 의해 요구된 민족정신의 회복에 있다. 궁극적으로 시조 부흥운동은 '한글'을 통해 우리의 것에 대한 소중함을 일깨우기 위한 민족적 정신운동으로 이해된다. 시조 부흥운동은 우리의 언어문자에 의해 창사(唱詞)되던 시조 장르로부터 '시조문학'의 부흥을 꾀한 최초의 문학적 선언이기도 하다. 시조 부흥운동은 '시조(時調)'라는 명칭이 갖는 성격이 시절가조(時節歌調), 즉 음악적 명칭이라는 점에서 '시조문학'이라는 시적 장르로의 독립을 선언한 운동이다. '시조문학'의 부흥을 모색한 취지

2) 김대행, 앞의 책, 88쪽.
3) 김준오, 『시론』, 삼지원, 2000, 55쪽.

는 바로 개화기 시조가 "듣는 시가로부터 탈피하여 '보는' 시가 된 사실"이라는 점에서도 짐작된다.

시사적 측면에서의 시조 부흥운동은 1920년대 중반에 형성된 카프(KAPF) 계열에 저항하여, 국민문학파가 민족 문학을 내세움으로써 민족의식을 고취하여 일제의 강점세력에 대항하고자 한 민족문학운동이다. '시조문학'의 부흥은 계급주의 문학으로 형성된 KAPF 문학의 내용 우위론에 대응한 민족 고유의 형식론을 부각시킨 운동이기도 하다. 시조 부흥운동은 '우리의 것'에 대한 민족정신을 고양시키는 계기와 더불어 전통문화 유산을 계승하는 원동력이 된다. 시조문학은 특히 시조 부흥운동 이후부터 활발하게 창작되면서 현대시의 한 갈래인 정형시로 정립되는 계기를 마련한다.

2) '시조'에 관한 명칭

"시조라는 명칭이 창의 명칭인 이상 음악적 요소를 제외하고는 논의할 수가 없는 것인데, 나라가 식민지가 되고 그 식민지 상황에 대처하여 우리의 것을 되살리자는 노력이 일어났고, 그 방안의 하나로 등장한 것이 시조 운동이었다. 물론 시조 운동은 음악으로서도 가능한 것이었지만 당시에 들어온 인쇄술에 힘입어서 문자로 시조의 개념이 차차 자리 잡게 된 것이다. 그 결과로 나타난 것이 최남선의 시조유취(時調類聚)를 비롯한 각종 시조집의 발간이며 또 신문 잡지를 통한 시조창작 및 보급의 이른바 시조 부흥운동이었다. 창을 제외한 시조, 다시 말해서 인쇄매체를 통한 시조 운동은 음악으로서의 시조만이 아닌 문학으로서의 시조를 갈라 생각하게도 만들었으며, 그 결과 시조라는 용어는 3장 45자 안팎의 형식을 가리키는 문학 장르명으로 굳어지게 된 것이다."[4)]

20세기 초는 일제강점기라는 시대적 배경과 더불어 근대화라는 변화 속에서 '우리의 것'을 지키기 위한 민족운동이 제기되던 시대다. 그러한 시기에 '시조문학'은 시가(詩歌)로서의 시조 장르로부터 시적 독립을 선언하기에 이른다. 시가 장르인 시조로부터 시조문학의 독립은 문자화, 즉 인쇄술의 발달과도 관계된다. 비록 시조문학이 시조 장르로부터 독립하였다고는 하나 '시조(時調)'라는 명칭을 그대로 사용함으로써 혼란을 초래하게 된다는 점도 간과할 수 없다. 즉 '시조(時調)'라는 명명은 시가의 명칭이었던 음악으로서의 개념이 완전히 사라지지 않았음을 뜻한다. 그러므로 "창(唱)을 제외한 시조" 형태로의 부흥운동이 일어날 수밖에 없다하더라도 그것은 어디까지나 '반쪽 시조'라는 오류를 피할 수 없게 된다. '시조문학'이 현대시의 하위 갈래인 자유시와 대응되는 정형시라는 점에서 문학적 특성을 갖는 새로운 명명이 요구된다 하겠다.

> "고시조(古時調)의 대다수가 악보와 함께 가곡집에 수록되어 전해지고 있으며, 그 명칭도 음악의 호칭으로 불리었다. 예를 들면 단가(短歌)·시절단가(時節短歌)·신곡(新曲)·가요(歌謠)·가곡(歌曲)·악장(樂章)·영언(永言)·신조(新調)·신성(新聲) 등으로 음악의 이름이다. 이조 때 장가(長歌)인 가사(歌辭)와 구별하여 단가(短歌)로 많이 불렀던 것이 영조대(英祖代) 이후 비로소 시조(時調)라는 이름으로 굳어졌다. 이렇게 시조는 사(詞)보다 창(唱)으로, 문학 양식보다 음악 양식으로 발전해 왔다. 19세기까지 시조가 문학보다 음악 양식으로 더 인정받은 기간에, 우리 시 장르를 대표한 것은 한시(漢詩)였다. 20세기에 비로소 시조는 시조창(時調唱)에서 시조시(時調詩)로 발전하

4) 김대행, 앞의 책, 34~35쪽.

여 문학양식으로 확립되었다."[5)]

'조(調)'의 어원이 악보에 기인하고 있다는 점에서 시조가 시(詩)와 가(歌)의 장르임은 분명하다. 이러한 특성에 의해 시조가 1926년 시조 부흥운동 이후부터 '불리는' 갈래는 '창(唱)'으로, '읽히는' 갈래는 '시(詩)'로서 이분화 되기 시작한다. 시조 장르가 문학과 음악으로 이분화 된 이후에도 시조문학이거나 시조음악이거나 '시조(時調)'라는 명칭을 그대로 사용하고 있음은 장르 체계상 혼란을 야기한다. 이런 관점에서 '읽히는' 시조로서의 시조문학과 '불리는' 시조로서의 시조음악이 갖는 명칭이 각각 정립되어야 하는 당위성을 갖는다. 오늘날에 와서 '불리는' 시조가 '시조창(時調唱)'으로 명명되어지는 경향을 보이고 있으나 아직도 '시조'로 통용되고 있는 경우가 허다하다. 이로 인해 대다수의 국민은 '시조'를 고시조문학과 시조창으로 인식하는 경향을 갖는다. 시조문학 역시 전통적 시가 장르로서의 '시조'라는 명칭을 그대로 사용하고 있어 시조음악과의 변별성이 희석됨으로써 명명상 혼란을 야기하고 있다.

이런 관점에서 '시조'의 명칭에 대한 선행연구를 살펴보면, 가람 이병기는 「시조(時調)란 무엇인가」에서 "「때時」字 時調라야 할까, 「글詩」字 詩調라야 할까, 혹은 時調도 詩인즉 「글詩」字 詩調라야 좋겠다지만 그건 꼭 그렇다 할 수 없다…… 우리말로는 시절가(時節歌)라는 말이 가장 많이 쓰였으니, 時調는 시절가의 時字 곧 「때時」字 時調임을 알 것이다."[6)]라고 밝힌다. 이에 반해 손진태는 「시조(詩調)와 詩調에 표현된 조선(朝鮮)사람」이라는 글에서, "시조(詩調)는

5) 민병기, 「20세기 시와 시조와의 관계」, 『사림어문연구』 12집, 120~121쪽.

6) 이병기, 「시조란 무엇인가」, 《동아일보》, 1926.12(서원섭, 『시조문학연구』, 형설출판사, 1991. 55쪽 참조).

혹 시가(詩歌) 혹 가곡(歌曲)이라고도 하며, 국가(國歌)라고도 부를 수 있는 것이다. 시조(詩調)는 시(詩)인 동시에 가(歌)이며, 곡(曲)이 있으며, 조(調)가 있는 것이다. 반드시 歌이며 曲이 있는 점에 금일의 신시(新詩)와 상이(相異)가 있는 것이다."[7]라고 밝힌다. 그리고 권상로도 「조선문학사」라는 글에서 "시조(時調)는 혹 시조(詩調)라고도 쓰는데 라고 하면서 그 목차에서 '詩調'라고 표기하고 있다. 時調를 굳이 詩調라고 표기하는 것은 아마도 時調라고 표기했을 때 이는 작품내용을 지칭하는 사설(辭說)을 말하는 것인지 곡조를 말하는 것인지 그 구별이 모호하여 곡명(曲名)인 時調와 구별하기 위하여 詩調라고 표기한 듯하다."[8]고 밝히고 있다. 앞의 논의에서 시조를 '時調'이거나 '詩調'로 표기해야 된다는 주장에 대해 안자산은 「시조시(時調詩)와 서양시(西洋詩)」에서 "시조시(時調詩)의 정형(定型)에 있어 제일조건(第一條件)은 육구삼장(六句三章)으로 조직된 것은 절대불변의 형식이니, 이것이 시조시(時調詩)의 결정적 구성형식의 특성이다."[9]라고 밝힌다. 이와 같이 '시조(時調)'·'시조(詩調)'·'시조시(時調詩)' 등 시조문학에 대한 명칭은 지금까지도 확고한 위치를 점하지 못하고 있는 실정이다.

본서에서는 「때時」字 '시조(時調)'일 때 "곡조(曲調)를 말하는 것인지 그 구별이 모호하다"라는 논의에 주목코자 한다. 그러므로 '시조'가 시적 자격을 갖는다는 점에서 "「때時」字 시조(時調)"가 아닌 "「글詩」字 시조(詩調)"라고 명명해야 할 것이다. 즉 단순히 '시절가조'의 준말이라는 관점에서 시조문학의 갈래가 '시조(時調)'라는 명

7) 손진태, 「詩調와 詩調에 표현된 조선사람」, 《신민》 7월호, 1926(서원섭, 앞의 책, 같은 쪽).

8) 권상로, 『조선문학사』, 113쪽, 일반프린트사, 1947.11.25(서원섭, 앞의 책, 57쪽).

9) 안자산, 「時調詩와 西洋詩」, 『문장』 2권 1호, 1940(서원섭, 앞의 책, 57쪽).

칭으로 굳어지는 경향을 보이는 것은 재고할 필요가 있다. 시조 장르의 시조음악이 '시조창(時調唱)'으로, 현대시의 하위 장르로서 자유시가 그냥 '시(詩)'로 고착되고 있다는 점에서 정형시로의 '시조'는 '시조시(時調詩)'이거나 '시조(詩調)'로 명명되어야 할 것이다.

2. 시조시형의 유형

1) 단형과 연형

시조시형이 '단형'의 틀을 견지하면서도 그 틀에 구속되지 않는 형태문학이라는 점은 민족시가로서 시조(時調)의 위상을 말해준다. 시조시형이 '단형'이어야 한다는 측면에서 먼저 단형의 의미가 '짧을 단(短)' 혹은 '홑 단(單)'일까에 대해 살펴보면,

> "단시조(短時調)는 읽기 쉽고 기억하기 쉽고 이해하기에도 편하다. 짓기도 쉽다고 할런지 모르나, 쉽다고 보면 쉽고 어렵다면 어려운 것이다. 형식이 간단하니까 초보자에게는 쉬울 듯이 보이나, 그 간단한 속에다가 가장 많은 생각과 사연을 담으려면 여간 힘 드는 것이 아니다. 시조는 거기에다가 3장6구라는 제한이 있고, 또 한 구(句) 한 구의 자수(字數)의 배합이 있는 까닭으로 더욱 까다로운 듯이 여겨진다. 그러나 많은 공정(工程)이 쌓이면 쌓일수록 더욱 함축 있고 여운 있는 시조가 된다. 여기에 단형시인 우리 시조의 묘미가 있고 문학적 가치가 있게 되는 것이다. 산문시나 일반장형의 자유시가 따를 수 없는 형태의 미와 내용의 정화(精華)를 맛볼 수 있는 것이다."[10]

---

10) 이태극, 『시조개론』, 새글사, 단기4294, 134쪽.

시조시형의 본령인 단형 구조는 고도의 시적 연마를 요구한다는 측면에서 연형 구조 혹은 장형 구조보다 짓기가 쉽지 않은 시적 형태로 알려져 있다. 연시조(聯詩調)에 대비되는 시조 형태의 본령인 단시조란 단순히 '짧다'라는 의미를 가진 단(短)시조가 아니라 시적 완결성을 추구하는 양식이라는 의미에서 '단(單)시조'를 지칭한다. 즉 시적 완결(詩的完結)이라는 측면에서 연시조에 대비하여 단시조는 단형의 시조시형이 갖는 간결미와 함축미를 갖는 '단(單)'으로 파악되기 때문이다. 이러한 단(單)시조시형의 특징 중 하나는 견고한 '어떤 틀'을 갖는다는 점에서 까다로운 듯 여유로운 형식으로 인식된다. 단시조의 정형시적 가치는 운문(韻文)이 갖는 형태적 미학과 내용적 정화에 있어서 자유시나 산문시와 확연히 구분된다.

> "단형시조는 흔히 단편적이요 즉흥적인 내용이 담기기 쉬운 것이나, 그 짧은 3장 6구 44·5자로서도 무진무한(無盡無限)한 정회(情懷)와 사상을 담을 수 있어, 오히려 작시과정은 어렵고 내용의 함축미와 형식의 단조미(單調美)를 나타낼 수 있어, 제대로의 특색을 지니고 있다. 그러나 현대는 생활이 번잡하고 감정이 다양하므로 단수(單首)로 시상(詩想)을 다하지 못할 때에는 아무래도 연수(連首)로 여러 각도의 표현을 시험하지 않을 수 없게 된 것이다. 여기서 연수는 연형체(連形體)를 일컬으며 각 수(首)가 독립성을 가진 주제로 지어진 것을 말한다."[11]

위의 논의에서 "연수(連首)", "연형체(連形體)"는 모두 연시조시형을 일컫는다. 하지만 "연수는 연형체를 일컬으며 각 수(首)가 독립성

11) 이태극, 앞의 책, 118~119쪽.

을 가진 주제로 지어진 것"이라는 논의는 재고의 여지를 갖는다. '연시조'란 두 수(首) 이상이 형식상으로는 한 수(首) 한 수로 독립되어 있으나 내용상으로 보면, 수와 수가 관련되어 시적 형상화를 이룬 형태이기 때문이다. 다시 말해 연시조란 두 수 이상의 형식을 가지면서 각 수의 내용이 서로 연계되어 완전하게 주제를 드러내는 형식을 말한다. 그러므로 인용 형식이 더 바람직한 작법일 수 있다. '연작시조(連作時調)'의 정의와 형식에 대해 살펴보면,

> "시조(時調)는 원래 단형이었다. 고시조(古時調)의 초기 작품들은 모두 단형이다. 단형시조는 단시조 한 수만으로 지어진 시조인데 단작(單作)이라고도 하며, 고려 말에서 조선 초 사이의 작품은 모두 이 단형시조였다. 그러던 것이 생활이 복잡해지고 상념의 폭이 넓어짐에 따라서 단형만으로는 충분한 표현을 할 수 없어, 자연 두 수 이상을 이어서 짓는 연형시조 또는 연작(連作) 시조가 나타나게 된 것이다. 이것은 고려의 시가인 별곡이 3행 연장(連章)으로 지어졌던 것에서 연유된 것이기도 하다. 그러나 이 연형도 성종(成宗) 초에 맹사성(孟思城)이 지은 '강호사시가(江湖四時歌)' 등과 같은 작품들이 이 연형을 취하기는 하였지마는, 정당한 연형시조는 못 된다고 생각한다. 여러 수를 묶어서 하나의 제목을 내세우기는 하였지만 그 큰 제목 아래에 모여진 한 수 한 수의 시조가 거의 하나 하나의 내용을 가지고 있어서 따로 따로 한 제목을 붙여도 좋게 되어 있다. '강호사시가'는 봄·여름·가을·겨울을 각각 한 수씩으로 나타낸 것이다. 이렇게 한 수 한 수가 독립된 내용을 가지고 다른 제목을 붙일 수 있는 것은 정당한 연형이라고 하기가 어렵다."[12]

12) 이태극, 『현대시조작법』, 정음사, 1981, 50~51쪽.

위의 논의에서 '연형(連形)'과 '연작(連作)'을 동의어로 적고 있다는 점은 재고의 여지를 갖는다. 연형시조는 단형시조에 대응되는 용어로서 단시조에 대응하는 연시조를 일컫는 명칭이기 때문이다. '연작시조'란 한 수 한 수가 독립된 내용을 가지고 다른 제목을 붙일 수 있다거나, 또는 여러 수를 묶어서 하나의 큰제목을 붙이기는 하였지만 그 큰제목 아래에 모여진 한 수 한 수의 시조 시편이 거의 하나하나의 새로운 내용을 가지고 있어서 각각의 작품에 '작은 제목[부제]'을 붙여도 좋게 되어있는 시형을 일컫는다. 이와 같이 '연작'이 정당한 '연형'이라고 볼 수 없다는 관점에서 '연시조'와 '연작'은 다른 시형으로 이해해야 옳다.

인용한 글에서, 시조의 본령이 "시조(時調)는 원래 단형이었다. 고시조의 초기 작품들은 모두 단형이다."라는 점과 그 단형시조를 단작(單作)으로 정의한 점에서 단(單)시조가 시조의 본령임을 증언하고 있는 셈이다. 특히 단시조의 시형과 정형성의 관계 차원에서 보면, 선인(先人)들의 시적 의식은 '어떤 틀'에 의한 한정적인 정서를 반영하는 자리에 놓여있다. 이러한 의식은 시조시형을 '어떤 틀'에 견지하면서 단가(短歌) 형태로 인식한 점에서도 나타난다. '어떤 틀'이 갖는 의식적 주류는 바로 정형성 그 자체로부터 발현되기 때문이다. 하지만 시조시형과 같이 우리 언어가 갖는 특성 때문에 완전한 정형(定型)을 갖는다는 것은 처음부터 어렵게 된다. 이는 우리의 언어가 정형성과 더불어 불완전한 정형이라 할 수 있는 신축성이 공존하는 '어떤 틀'을 견지할 수밖에 없음을 말해준다. 시조시형은 폐쇄적이 아닌 개방적 정형, 즉 정형적 신축성을 견지함으로써 우리 언어와 민족 정서에 잘 부합되는 '어떤 틀'로 승화되는 대표적 시적 장르이다. 이는 중국의 정형시인 한시(漢詩)나 일본의 정형시인 하이쿠(俳句)에 비해 우리의 정형시로서 '시조(時調)'가 갖는 중요한 특징이기도 하다.

2) 시조시형의 원리

김대행이 논의한 「시조형식의 의미」[13]라는 글은 시조시형의 원리를 현대적 감각으로 잘 정리하고 있다. 이 글에서는 전통적 시조[고시조]가 갖는 형태를 바탕으로 하여 현대적 시조[현대시조]가 지향해야할 시조시형에 대해 논의한다. 이 글은 시조시형이 갖는 3장 구조에서 각 장이 상호간에 맺고 있는 시적 연관성에 대해서도 논의한다. 즉 이 글에서 김대행은 "한 편의 작품이 시조의 주제를 드러내기 위하여 지니는 성격을 중심으로 살핀다면 '대상－관계－의미'의 구조를 발견할 수 있다"라며 시조시형이 갖는 특성을 밝힌다.

김대행의 논의를 구체적으로 살펴보면, 그는 "시조의 구조는 '대상(object)－관계(relation)－의미(meaning)'의 순차적 전개로 일반화할 수 있게 된다. 이를 편의상 'O－R－M' 구조로 명명한다."[14]라는 주장에 대해 주목하게 된다. 이와 같이 김대행은 시조시형이 갖는 'O－R－M' 구조의 특성은 단순한 형식적 장치가 아닌 시조 발상의 원리로 보고 있다. 즉 그는 "시조에 '관계(R)'의 항이 하나 더 추가되어 있다는 점이다. 대상과 주체가 단순하게 1대1로 병치되는 시가의 속성에 비하면 이 점은 특이하다. 여기에 시조시형의 비밀이 있기도 하다. '관계(關係)'의 항이 하나 더 추가되어 대상과 주체 사이에서 시적 의미를 구체화하면서 접속의 교량역을 한다는 점은 이러한 첨가가 대상의 의미에 대한 음미의 과정이라고 이해할 수 있다. 이러한

13) 김대행, 「시조형식의 의미」, 『시조학논총』 제11집, 한국시조학회, 1995, 15쪽.
14) 김대행, 앞의 글, 같은 쪽.

과정은 직관적으로 대상을 파악하는 데서 한 걸음 나아간 사변(思辨)의 흔적을 보여 준다고 할 수 있다."[15]라는 점에서 일반적 시가의 기본 속성을 초월하는, 즉 시조시형 특유의 구조에 대한 우월성을 엿보게 한다. 이러한 김대행의 논의는 시조시형이 갖는 우수성은 물론이거니와 시조 시편의 창작 행위에 대한 형태적 지침을 제시한다는 점에서 주목된다.

김대행이 제시한 'O－R－M' 구조, 즉 '대상－관계－의미'의 시적 구조는 단계를 밟아나가는 어떤 생각의 흐름이 3장 구조라는 '어떤 틀'로 자리 잡았음을 말해준다. 시조시형, 즉 '초－중－종' 3장 구조가 갖는 특성이란 단순히 어떤 형식적 차원에만 그치는 것이 아니라 어떤 사고(思考)의 과정이 시가 형식으로 집약된 것을 말한다. 즉 시조시형은 '대상－관계－의미'의 구조라는 어떤 사고의 과정이 시적 형식으로 고착된 구조인 것이다. 이런 관점에서 'O－R－M' 구조 그 자체가 시조의 본령인 '단(單)시조시형'에 그대로 작용하고 있음을 감지하게 된다. 이러한 사실은 곧 우리 민족이 갖는 어떤 정서의 틀이 'O－R－M' 구조 즉 단시조시형에 의해 구현되고 있음을 반증하는 셈이다. 궁극적으로 단시조시형은 3장 구조가 갖는 '대상－관계－의미'라는 관계인식과 의미추구의 시학으로 대변된다.

김대행의 'O－R－M' 구조를 근간으로 한 단시조시형이 갖는 시적 개성은 함축성이나 함축미로 표현된다. 이러한 함축성과 함축미를 가능하게 하는 시적 요소가 바로 '압축'이다. 여기서 시적 압축이란 곧 시적 내용을 축약하는 힘을 말한다. 한 편의 시작품이란 언어의 축약에 의해 함축미를 드러낼 수 있어야 비로소 시(詩)다운 시편으로 인정받을 수 있기 때문이다. 한편의 시작품이란 그 시구(詩句) 하나

15) 김대행, 앞의 글, 17쪽.

하나가 갖는 함축성과 함축미에 의해 시로서 자격을 갖는다. 이런 측면에서 시(詩)가 시다움의 척도로 가늠되는 기준은 일반적인 시의 정의에서도 나타난다. 시란 최소의 언어로 최대의 의미를 드러내는 장르이기 때문이다. 그러므로 뭉칠 대로 뭉치고 다듬을 대로 다듬은 언어, 그 시형이야말로 시다움을 지닌 시라고 할 수 있다. 시에서 함축성과 함축미는 축약된 시어일수록 선명하게 드러나게 되는데 바로 시조시형이 그 자격을 갖추고 있는 것으로 판단된다. 그러한 시적 자격을 갖추고 있는 시조시형이야말로 바로 우리 민족의 정체성을 반영하는 '어떤 틀'인 것이다. 그리하여 단시조시형은 시조시형의 여러 형태 중에서도 'O－R－M' 구조의 틀을 단단하게 견지한 시조의 본령으로 인식된다.

시조시형에서 더 이상 나눌 수 없는 형태적 최소 단위는 '음보(音步)'로 정의된다. 그리하여 시조시형은 최소 단위인 음보를 기준으로, 즉 '3장 12음보'에 의해 구성된다. 이러한 시조시형은 각 장에서 4음보, 즉 4개의 시적 음보에 의해 시적 의미를 전개하는 구조를 갖는다. 시조시형은 '음보'라는 형태적 최소 단위, 즉 정형적 단위에 의해 시조의 형식적 특성을 갖는 구조이다. 시조시형은 한 음보가 '3~4음절'을 표본으로 하여. 두 음보의 대응구조에 의해 의미론적 단위를 이루게 된다. 이는 음보의 대응구조가 의미론적 율격을 형성하게 됨을 의미한다. 시조시형은 두 음보의 구성이 하나의 구(句)를 형성하면서 '3장 6구'를 기본구조로 한다. 즉 두 음보의 대응이 다시 두 번에 걸쳐 이루어지면서 한 개의 장(章)을 구성하게 된다. 그러므로 한 개의 장은 두 음보가 갖는 의미론적 단위의 확장에 의해 새로운 의미론적 자족성을 갖게 된다. 여기서 하나의 장(章)이란 의미론적 자족성을 가지게 되면서 시조시형의 골격을 형성하는 단위다.

시조시형에서 하나의 장이 갖는 의미론적 자족성은 '2구 4음보'의 구성에 의해 성립된다. 그리하여 각 장이 갖는 의미론적 자족성은 시조시형이 추구하는 함축미를 담아내는 동력으로 작용한다. 그 결과 시조시형은 세 개의 장이 각각 의미론적 자족성을 띠게 되면서 한 수의 시조 시편으로 탄생한다. 여기서 우리는 왜 하필이면 시조시형이 반드시 '3개의 장'으로 구성되어야 하는가에 대해 의문을 갖게 된다. 이는 3개의 장, 즉 초장・중장・종장이 갖는 각각의 의미론적 자족성이 상호 간에 어떤 시적 관계를 이루는가에 대한 물음이기도 하다. 또한 이는 3개의 장이 각각 상호 간에 그 어떤 무엇의 시적 관계성을 띠고 있다는 전제에서 한 수의 시조 시편이 갖는 시적 주제를 이해하는 사고이기도 하다.

앞에서 살펴본 논의를 요약하면, 김대행이 밝힌 시조시형의 구조는 3장 형식을 사고 구조의 문화 양식화라는 새로운 각도에서 조명한 것이다. 김대행은 시조시형의 구조를 '대상(O)－관계(R)－의미(M)'의 순차적 전개로 일반화할 수 있게 된다고 하여, 이를 'O－R－M 구조'라고 명명하고 있기 때문이다. 김대행은 특히 시가의 기본적 속성인 대상[O]과 주체[M]가 병렬인 점을 감안하면 시조시형 역시 시가의 기본적 속성을 나누어 가진다고 본 것이다. 그는 시조시형의 기본적 속성 구조에서 더욱 중요한 점으로 다른 시 장르와 달리 시조시형에는 '관계[R]'가 추가됨으로써 일반적 시가의 속성에 비해 특이성을 가지며, 바로 이 점이 시조시형의 비밀[16]이라고 밝힌다. 이러한 김대행의 'O－R－M 구조'는 특히 단시조시형이거나 선시조 시편을 이해하는 데 유익한 분석도구가 된다는 점에서 주목된다. 본서에서는 김대행의 'O－R－M 구조'를 참조하여 만해와 무산의 선적 시조 시편들을 읽어보게 될 것이다.

---

16) 김대행, 앞의 글, 16쪽.

3) 단시조시형

단(單)시조는 간결한 어조와 압축된 언어에 의해 함축미를 강하게 발산하는 시형이다. 단시조시형의 특징 그 자체가 함축미, 즉 간결성과 함축성에 있음은 '한글'이 갖는 조사와 어미의 활용으로부터 기인한다. 이는 "시조는 대단히 압축된 형태의 시로서 그 간결성이 두드러진 특징이다. 그러한 간결성을 형성하는 요인으로는 조사나 어미를 활용 또는 생략하는 변화의 자유로움을 들 수가 있다."[17]라는 점에서도 확인된다. 오늘날의 시대적 배경이 복잡성과 다양성을 갖는다는 점에서 시조시형이 갖는 정형성에 대한 새로운 인식이 필요해지고 있다. 하지만 단순히 시대적 변천만을 수용한 시조시형에 대한 피상적 사고는 오히려 시조의 정체성에 대한 오류를 초래할 수도 있다. 시조시형의 본령인 단시조시형을 밀어내고 오로지 현대성과 시대성이라는 차원에서 연시조시형에만 집착하는 것은 새로운 문제점이라 할 수 있다.

오늘날의 시조시인들은 고시조(古時調)에 대응되는 현대시조(現代時調)라는 이름으로 문학적 시조를 창작한다. 오늘날의 시조시인들은 주로 단시조에 비해 장형의 연시조를 선호하는 추세이다. 이러한 창작 경향은 오늘날의 시대적 상황이 복잡성과 다양성을 수용할 수밖에 없다는 측면으로부터 기인한다. 하지만 단지 시대적 배경에 의한 요건만으로 단시조시형인 '3장(章) 구조'의 속성을 간과하고 있다면 이는 재고의 여지를 갖는다. 특히 3수(首) 이상의 시형으로 장형화되는 경향은 자유시(自由詩)와의 변별성마저 무화시키고 있다는 점에서 신중하게 논의되어야 한다. 시조시형의 무분별한 장형화는

17) 김대행, 앞의 책, 157쪽.

어쩌면 시조 본령의 초상인 절제의 미학이라는 정서마저 간과한 것으로 보인다. 특히 이러한 장형화의 시적 의도는 시조의 미래를 담보한다는 점에서 더욱 신중하게 고려되어야 한다. 무엇보다도 시조시형은 시적 정형성을 바탕으로 함축미와 절제미학에 의해 향유되어야 하기 때문이다. 이는 시조시형의 존재적 가치가 연시조가 아닌 단(單)시조시형에 있음을 반영하는 것이기도 하다.

그렇다면 지금의 시대에 있어서 시조시형이 갖는 정통성과 정체성은 과연 어디를 지향하고 있는 것일까. 먼저 우리가 '시조(時調)'라고 부르는 그 일차적인 이유는 바로 시형의 특성에 기인하고 있음을 간과해서는 안 된다. '시조'는 형식 그 자체, 즉 시조시형이 곧 시적 내용으로 인식되기 때문이다. '시조'가 갖는 정형적 시형의 특징은 시적 내용만을 구성하는 '어떤 틀'이기 이전에 절제와 함축의 미학에 의해 시적 정서를 생성한다. 시조시형의 개방적 정형이 갖는 형식적 측면과 절제미이거나 함축미의 내용적 측면이 갖는 관계성은 시조시형의 완결을 이루는 동력으로 작용한다. 즉 시조시형이 갖는 '어떤 틀'은 구속이거나 제약이 아니라 축약과 함축의 동력에 의해 작용한다.

시조시형은 단순히 '어떤 틀'이라는 통제적 기능을 초월한 시적 언술이 잉태되는 시적 의식의 구조이다. 시조의 본령인 단시조시형은 단순히 간결한 시적 형식이라는 차원을 지나 무변광대한 세계를 응축할 수 있는 시적 공간으로 이해된다. 단시조시형이 갖는 시적 정체성은 형식적 측면과 내용적 측면이 둘이 아니라는 지점에서 만나게 된다. 국문시가의 정통성과 정체성을 온전히 이어온 단시조시형은 가장 시적인 시형이라 할 수 있다. 시조시형은 시대를 초월한 민족문학의 정수로서 오래도록 계승되어야 하는 당위성을 갖는다.

3. 시조시형의 율격

1) 음수율과 음보율

'시적 리듬'이란 언어가 소리와 의미의 복합체라는 점에서 언어에 대한 음악성의 유형화를 말한다. 이러한 시적 리듬은 크게 정형시의 리듬과 자유시의 리듬으로 구분된다. 그리고 시행(詩行)의 일정한 위치에서 유사한 소리의 음절(音節)을 반복시키는 것이 '압운(押韻)'인데, 이는 음절의 소리에 대한 엄격한 체계를 기초로 한 영시(英詩)나 한시(漢詩)에서 나타난다. 이에 비해 우리말은 체언과 어간에 각각 조사와 어미가 교착되는 첨가어이므로 엄격한 체계의 음절 구조를 가질 수 없다. 즉 시적 리듬이라는 측면에서 우리말은 압운이 아닌 '음수'이거나 '음보'의 율격을 갖는다.

우리말의 특성에 의해 만들어진 시조시형은 '음수율'을 우선적으로 수용하면서도 '음보율'도 함께 적용되는 형식이다. 본서에서는 음수율과 음보율이 갖는 두 가지의 유형을 복합적 구조로 이해하고자 한다. 시조시형의 율격은 '3・4조'의 음절을 기조로 하는 음수율에 따라 조정되면서도 궁극적으로는 시간적 등장을 나타내는 음보율을 수용하고 있다. 우리말의 율격이 갖는 특성과 정형의 틀을 갖는 시조시형의 리듬을 구체적으로 살펴보면,

> "율격은 고저, 장단, 강약의 규칙적 반복이다. 롯츠(J. Lotz)에 의하면 율격을 형성하는 운율의 자질에 따라 율격의 형태는 순수음절 율격과 복합음절 율격의 두 가지로 크게 나누어진다. 여기서 순수음절 율격이란 우리가 흔히 부르는 음수율, 즉 음절계산의 리듬이다. 이 음수율은 고려속요, 경기체가, 시조, 가사, 민요 등의 고전시가나 현

대시의 운율연구에서 지배적 방법이 되어왔다. 우리말은 첨가어이기 때문에 체언과 용언에 조사나 어미가 붙어서 한 어절이 대개 3음절 내지 4음절로 이루어지고 있다."[18)]

"고시조만 하더라도 음수율이 300여 가지나 되는 다양한 음절수로 되어있다고 한다. 물론 음절수의 가변성에서 인위적인 아름다움보다 자연스러운 멋을 느낄 수 있겠지만 원래 시가란 이름 그대로 음악과 밀접한 관계에 있기 때문에 음수율은 단순히 음절수에 의한 리듬보다 박자개념에 의한 시간적 등장성으로 파악하는 것이 더욱 타당할 것이다. 음수율보다 음보율이 우리 시가의 리듬으로 타당하다고 보는 것은 이 때문이다."[19)]

지금의 시대에 이르러 정형성을 갖는 시조시형의 율격에 대한 논의가 끊이지 않고 있다. 이는 주로 음수율에 따르느냐 아니면 음보율에 따르느냐에 논의의 초점이 맞추어진다. 시조의 율격은 흔히 '3・4, 3・4/3・4 , 3・4/3・5, 4・3'으로 표기한다. 이는 순수 음절 즉 음절 그 자체의 율격을 나타내는 것으로서 시조시형이 음수율에 의해 지배됨을 반영한 표기이다. 하지만 고시조의 율격 통계에서 나타나듯 음수율이 시조의 정형을 완전하게 지배하지는 못하고 있다. 그러므로 음수율이 시조의 정형적 율격과 과연 어느 정도의 영향관계에 놓이는지에 대해 고민하게 한다. 주지하다시피 우리말은 첨가어에 속하므로 어절 단위가 주로 '3~4음절'로 이루어진다. 이런 점에서 우리말은 음수율을 떠나 생각할 수 없게 된다.

---

18) 김준오, 앞의 책, 137~138쪽.
19) 김준오, 앞의 책, 139쪽.

우리말이 갖는 특수성에 의해 음수율과 음보율은 상호 영향관계에 놓일 수밖에 없어 보인다. 우리말은 호흡 개념의 음보 내에서 음절수가 율격을 형성하는 형태로 볼 수 있기 때문이다. 시조시형의 율격은 '음보율 내의 음수율'로 규정될 수 있다. 즉 시조시형의 율격구조는 '음수율'과 '음보율'이 병행하는 형태에 의해 시적 율격을 형성한다. 이러한 논의는 시조시형의 각 장에서 각 음보의 단위가 구성하는 음절의 수 역시 시간적 등장성에 의해 수용될 수 있다는 전제에서 비롯된다. 시조시형의 율격을 표기한 '3・4, 3・4/3・4, 3・4/3・5, 4・3'은 음절 구성을 바탕으로 하여 각 음보의 길이를 나타낸 표기다.

> "우리말의 어휘는 2음절과 3음절로 된 것이 압도적으로 많다. 이 어휘에 조사나 어미가 붙어 실제로 운용되는 어절은 3음절 내지 4음절이 된다. 따라서 시가에도 3음절 내지 4음절이 리듬의 기본단위가 된다. 통사적으로 배분된 어절이 끝난 다음에 휴지가 와서 3음절 내지 4음절을 휴지의 한 주기로 기대하게 된다. 음보란 이렇게 휴지에 의해서 구분된 문법적 단위 또는 율격적 단위다. 중요한 것은 휴지가 일정한 시간적 길이마다 나타나는 것이 음절수가 같기 때문이 아니라 율독을 할 때 호흡에서의 같은 시간적 길이 때문인 점이다. 다시 말하면 음보는 3음절 내지 4음절을 휴지의 일주기로 하여 동일한 시간양을 지속시키는 등시성에서 발생한다. …(중략)… 이제 시조는 3・4조의 음수율 때문에 정형시가 아니다. 3음절 또는 4음절을 휴지의 일주기로 한 시간적 등장성의 반복 때문에 정형시다."[20]

앞에서도 언급한 바와 같이 우리말의 어절은 주로 '3~4음절'로 이

20) 김준오, 앞의 책, 142~143쪽.

루어진다. 시조시형의 율격은 정형 조건의 필요조건을 가질 수 있게 된다. 즉 시조시형에서처럼 음수율에 의한 율격이 먼저 형성됨으로써 음보율의 규정을 따를 수 있는 조건을 갖추게 된다. 음수율이 율격에 미치는 영향은 정형적 리듬을 생성하는 음보율에 의해 안정감을 갖는 구조다. 음보율을 가능하게 하는 요소인 등시성(等時性)에 의한 호흡의 길이는 음절수가 갖는 절대적 길이의 영향관계에 놓인다. 음보율이 박자 개념에 의한 시간적 등장성(等張性)에 의해 지탱될 수 있는 조건은 음절수에 의해 좌우되기 때문이다. 시조시형의 음보율격은 순수 음절 율격인 음수율의 지배를 받을 수밖에 없다. 시조시형의 율격구성은 '음보율 내의 음수율'로 규정할 수 있다.

시조시형의 율격이 '3 · 4조'의 기조를 갖는 것 또한 우리말[한글]이 갖는 어휘적 음절수가 주로 '2~3음절'이라는 점에 기인한다. 즉 한글은 첨가어이기 때문에 '2~3음절'의 어휘에 자연적으로 조사나 어미가 교착됨으로써 주로 '3~4음절'로 이루어진다. 시조시형의 '3 · 4조' 율격 형태는 한글의 어휘적 특성을 반영한 시적 형식이다. 시조시형은 '음보율 내의 음수율'로 규정할 수 있는 형태문학으로서 그 1차적인 형태는 '3 · 4조'라는 음수율격에 의해 정의될 수밖에 없다. 하지만 한글의 어휘적 특성상 교착되는 조사나 어미의 변화에 의해 음수율은 고정적으로 유지되기 어렵다. 그래서 시조시형의 종장 첫 음보 외에는 자수(字數) 구성이 가감되는 형식을 취하게 된다. 물론 가감된 자수 구성은 각 구(句)의 2음보, 각 장의 4음보 구성이라는 형태성에 의해 음보율의 지배를 받게 된다. 음수율은 음보율과 상호 보완적 관계로 시조시형의 시적 형태를 완결하게 된다. 이러한 관점은 시조시형의 율격이 1차적으로 음수율로 정의되며, 2차적으로는 음보율로 정의될 수 있음을 말한다.

> "시조(時調)의 형식은 3장 4음보율과 종장의 자수율을 지키는 것이다. 음보율은 3장 모두에 지켜지고 자수율은 종장의 첫 구에만 엄격하니, 시조의 율격은 음보율 중심이지만 부분적으로 자수율을 지키는 것이다. 그러니 음보율이 차지하는 비중이 종장의 자수율보다 크다 할 수 있다. 따라서 시조 율격의 두드러진 특징은 3장 4음보율이다. 이것이 시조의 가락이다. 가사나 민요도 4음보율을 지니고 있지만, 3장에 4음보율을 지킨 것은 시조뿐이니, 이를 시조의 가락이라 명명해도 될 것이다. 이 용어를 확대 해석하여, 3장은 지키고 4음보율은 불안한 것이나, 4음보율은 지키면서 3장은 불완전한 것이나, 4음보율을 지키고 행과 연이 분명한 것을 시조의 율격을 지닌 것으로 보았다."[21]

시조시형의 율격은 "음보율은 3장 모두에 지켜지고 자수율은 종장의 첫 구에만 엄격"하다는 점에서 또 하나의 시적 특성을 갖는다. 물론 "음보율이 차지하는 비중이 종장의 자수율보다 크다 할 수 있"지만 종장 첫 구의 음수에 대한 엄격성으로 볼 때 시조시형은 음보율 못지않게 음수율에 비중을 더하는 것으로도 이해될 수 있다. "자수율은 종장의 첫 구에만"이라는 국한된 엄격성은 한편으로 시조시형의 음수율격이 상당한 신축성을 가질 수 있음을 반영하는 것이기도 하다. 무산의 시조 시편들은 만해의 시조 시편들에 비해 상당히 융통성을 보인다. 무산의 시조 시편들에는 초장과 중장 제1구 첫음절이 2음절, 즉 '2・3조'로 표현된 구조가 자주 발견된다. 이는 무산의 시조 시편에 적용되는 율격이 음수율보다는 음보율에 비중을 두고 있음을 보여준다. 무산의 시조시형은 주로 '음보율 내의 음수율'에 의한 정

21) 민병기, 앞의 글, 125~126쪽.

형성을 띤다. 그리하여 무산의 시조시형은 음수율의 융통성에 의해 음율[리듬]의 단조로움에서 벗어남으로써 현대적 감성을 수용하는 형태를 취한다.

무산의 시조 시편에서처럼 음수율에 대한 개방적 정형, 즉 신축성을 갖는 태도는 곧 형식적 구속의 탈피와 시적 효용성에 기인한다. 이는 음수율을 절대적인 시조시형의 전형으로 고정할 수 없음을 반증한다. 시조시형이 갖는 '어떤 틀'에 대한 함축미와 절제의 미학을 달성하기 위해서는 시조시형의 율격에 대해 현대적 감각으로 접근해야 한다. 시적인 시조 시편을 창작하기 위해서는 시대적 감각이 반영된 시적 정형성을 고려해야 한다.

2) 시조시형의 정형성

시조시형은 강약을 기저로 하는 영시(英詩)와는 다르게 우선적으로 음절수, 즉 자수(字數) 구성을 기저로 한다는 점에서 구별된다. 이는 앞에서 살펴본 바와 같이 시조시형의 율격은 대체로 '음보율 내의 음수율'이라는 범주에 있다는 점에서도 그렇다. 즉 음보율로 형성되는 시조시형의 율격은 곧 음수율의 자수 구성에 의해 좌우된다. 음보율이란 음절수의 영향관계에 의해 율독의 호흡 길이로 정의된다. 시조시형의 율격은 '음보율 내의 음수율'로 규정됨으로써 음수율과 음보율이 병행하는 율격을 갖는다.

해장사 해장 스님께
산일 안부를 물었더니

어제는 서별당 연못에

들오리가 놀다 가고

오늘은 산수유 그림자만
잠겨 있다. 하십니다.

—조오현, 「산일(山日)·2」 전문

초장 첫 구(句)의 "해장사"의 '3'음절은 "해장 스님께"의 '5'음절보다 느리게 읽고, 반대로 "해장 스님께"의 '5'음절을 "해장사"의 '3'음절보다 빨리 읽으면 두 음보의 율독은 동일한 시간량을 갖게 된다. 그리하여 율독의 동일한 시간량마다 휴지(休止)가 나타남으로써 시조시형은 각 장이 4음보로 된 정형시형을 갖게 된다. 이는 각 장(章)의 음절수가 가변적이지만 음보 수는 고정적인 형태를 갖는 우리 시가의 정통성에 기인한다. 시조시형은 시간적인 관점에서의 형태적 질서를 갖는 등시성에 의해 율격을 형성하게 된다. 등시성이란 형태의 시간적 동일성을 말한다. 율격, 즉 리듬은 동일 시간의 반복성에 의해 이루어지기 마련이다. 이러한 관점은 시의 정통성을 갖는 시조시형의 특성으로서 시간적 질서와 자아의 질서가 동일성을 갖는 시적 형태로 파악된다.

"리듬은 시의 행을 떠나서 존재할 수 없다. 왜냐하면 리듬이란 행을 등가체계로 만들어내는 것이기 때문이다. 예컨대 시조는 3·4조의 4음보의 리듬에 의해서 초·중·종의 3행이 분할된다."[22)]

"형태를 기준으로 할 때 시는 정형시와 자유시 그리고 산문시로

22) 김준오, 앞의 책, 149쪽.

분류된다. 여기서 형태란 물론 율격과 행 연의 배열형태를 가리킨다. 정형시란 일정한 운율을 갖추었거나 행과 연 그리고 행의 길이가 일정한 시형태다. 정형시는 시의 정통성이다. 이런 정형성을 파괴하고 이탈된 시형태가 자유시와 산문시다. 이런 점에서 이 양자는 시의 비정통성에 놓인다."[23]

시(詩)의 정통성과 비정통성의 구분은 시적 정형을 갖느냐 그렇지 않느냐에 달려있다. 즉 시적 정형의 시형은 곧 정통성을 갖는 시라고 할 수 있다. 이는 자유시가 낭만주의 관점에서 유래한 유기적 형식의 시형이라는 점에서도 확인된다. 즉 낭만주의 관점에서의 시적 형식이란 불확실성과 미규정성을 갖기 때문이다. 자유시는 말 그대로 비정통성의 시형에 속한다. 자유시의 '자유(自由)' 그것은 형식으로부터의 이탈이라는 점에서 과연 그것이 '무엇으로부터'의 자유인가를 되묻게 한다. 형식 그 자체가 '규정적 틀'이라면 그것은 확실성을 담보로 한 어떤 시관이 바탕이 될 것임은 자명하다. 하지만 '어떤 틀'을 파괴한 형식의 자유 그것이라면 이는 곧 내용 그 자체의 형식으로서 오직 행과 연의 구분에 의해서만 율격적 요소를 대신하게 된다. 이와 같이 자유시와 산문시가 '비정형의 정형'을 갖는다는 점에서 이것들은 단지 시의 정통성에 닿아있을 뿐 시적 정통성 그 자체와는 간격을 갖는다. 이러한 시적 형식에 비해 정형시로서의 시조시형이야말로 그러한 시적 정통성을 갖는 유일한 형식으로 평가된다.

"민족적 장르인 시조가 대부분 초·중장이 기·승에 해당하고 종

23) 김준오, 앞의 책, 154쪽.

> 장이 전 결에 해당하는 것도 전통적 결말 맺기의 좋은 보기가 된다. 우리 시가의 결말 맺기는 이처럼 시상을 전환시켜 결말을 맺은 것이 지배적 구조화 유형이다. 이런 결말 맺기의 구조화가 '목적론적 세계관'과 연관된다는 점이다. …(중략)… 그러나 현대시[자유시]는 반목적론의 개방형식을 지향하는 두드러진 조짐을 보이고 있다. 사실 정형시로부터 자유시로의 이행 자체는 결말 맺기의 수단들이 점점 극소화되어 가는 과정으로 볼 수 있다."[24)]

시조시형, 즉 시조문학에서의 시조 형식은 '3장[초·중·종] 6구[각 장별 2구] 12음보[각 구별 2음보]'로 규정하고 있다. 그러므로 우리는 시조시형에서 각 장(章)과 그 형태가 갖는 유기적 관계를 이해해야 하는 당위성을 갖는다. 특히 시조시형에서 하나의 장이 '4음보'를 기준으로 시적 의미를 전개한다는 측면에서 보면 각 장별로 단락을 지울 수 있을 것이다. 이는 각 장이 어떤 의미의 단락으로 종결되는 형식임을 보여준다. 시조의 형식을 '초장 3·4·3(4)·4, 중장 3·4·3(4)·4, 종장 3·5·4·3'이라는 음수에 따른 정립은 '3장 6구 12음보'의 형식을 일반화하는 계기가 된다. 즉 시조시형은 보편적인 기준을 갖게 되면서 시조 특유의 형식적 유기성을 획득하게 된다. 특히 단시조시형은 '3장 6구 12음보의 45자 내외'라는 정형적 틀에 있어서 그 어떤 시적 장르보다도 절제된 표현기교를 요구한다는데 그 특징이 있다. 시조시형이 갖는 시적 특징은 절제되고 정제된 시적 모형이라는 정형적 미학에서 찾을 수 있다.

24) 김준오, 앞의 책, 354~355쪽(B. H. Smith, Poetic Closure, 재인용).

3) 시조시형의 전개방식

주지하다시피 시조시형은 '3장 6구 12음보'의 형식으로 이루어진 한국의 대표적 정형적 시형이다. 시조 시편은 '초 · 중 · 종장'이라 부르는 3장의 구조에서 각 장이 두 개의 구(句)와 네 개의 음보로 이루어진 4음보격의 시형을 갖는다. 여기서 시조시형의 일반적 구조에 대비하여 게송과 선시조 시편에 기인한 시조시형의 3장 구성은 어떻게 이루어져 있는가에 대해 살펴보면,

(1) 시조시형의 일반론

가. '의미'의 형태에 따른 구조

가) 대상 · 관계 · 의미의 구조

김대행은 시조 시편의 자족적인 의미론적 단위와 3장 상호 간의 관계에 대해 시조시형이라는 하나의 양식을 특별한 것으로 인정하고 있다. 그는 한 편의 시조 시편이 작품의 주제를 드러내기 위하여 지니는 성격을 중심으로 살핀다면 '대상(對象)'－'관계(關係)'－'의미(意味)'의 구조를 띠는 것으로 보고 있다. 김대행이 논의한 글을 참조하여 구체적으로 살펴보면, 시조시형이 갖는 표현적 특징은 '3~4음절'이라는 음절수를 기준으로 한 음보의 기능에 있다. 음보와 음보 내의 음절이 갖는 관계성은 '어떤 틀'로 구성되는 시조시형을 이해하는 데 매우 중요한 요소로 작용한다. 시조시형의 형태적 최소 단위는 음절수를 기반으로 한 음보의 대응관계에 의해 구성된다. 음보와 음보의 대응관계, 즉 두 음보가 갖는 대응관계는 의미론적 율격의 최소

단위로서 작용한다. 그리하여 시조시형은 '두 음보'의 대응이 두 번에 걸쳐 이루어짐으로써 하나의 장(章)을 생성하는 특성을 갖는다. 즉 각 장은 두 음보가 갖는 대응관계에 의해 '의미론적 자족성'을 갖게 된다. 각 장과 장 사이에 존재하는 의미적 관계성은 시적 주제를 중심으로 밀착하게 되는, 즉 각 장이 '자족적인 의미론적 단위'의 형태로 이루어진다. 이런 관점에서 김대행은 "한편의 시조는 초·중·종이라는 세 개의 자족적인 의미론적 단위가 모여서 이루어지는 형식"[25)]으로 귀결된다고 밝힌다. 즉 시조시형의 '초·중·종장'은 '초장－대상' '중장－관계' '종장－의미'라는 시적 형태를 갖는다는 것이다.

> 우리 절 밭두렁에
> 벼락 맞은 대추나무
>
> 무슨 죄가 많았을까
> 벼락 맞을 놈은 난데
>
> 오늘도 이런 생각에
> 하루해를 보냅니다.
>
> －조오현, 「산일(山日)·1」 전문

초장에서는 「산일(山日)·1」의 시적 대상으로서 "벼락 맞은 대추나무"를 제시한다. 시적 대상으로서의 "벼락 맞은 대추나무"는 "우리 절 밭두렁"이라는 국한된 장소에 의해 묘사된다. 이는 시적 대상이

25) 김대행, 「시조의 전통과 현대시조의 과제」, 『경남시조』 20호, 211쪽.

갖는 어떤 관계성을 이어지는 중장에서 암시하고 있음을 나타낸다. 즉 중장에서는 초장의 "벼락 맞은 대추나무"로부터 암시된 "무슨 죄"를 이어받아 "벼락 맞을 놈은 난데"라는 어떤 관계성으로 표현되고 있다. 이러한 표현 형태는 시적 대상인 "벼락 맞은 대추나무"가 지니는 의미가 다양할 수 있음을 암시한다. 하지만 그 의미는 중장에서 드러나는 "난데"와 "벼락 맞은 대추나무"의 관계에서 "벼락 맞을 놈"으로 구체화된다. 중장에서 "무슨 죄가 많았을까"를 받는 시적 대상은 "대추나무"에 국한될 수 있지만 초장과 중장이 갖는 어떤 관계성에 의해 이어지는 종장에서의 시적 의미를 암시한다. 그리하여 이 시편의 시적 의미는 종장의 "이런 생각"으로 귀결되는 형식을 갖는다. 초장에서 제시된 "벼락 맞은 대추나무"라는 시적 대상에 관계된 중장의 "벼락 맞을 놈은 난데"라는 시적 의미는 시제 "산일(山日)", 즉 산에서 하루해를 보내는 화자의 심경으로 귀착된다. 이러한 시적 의미의 귀결은 "이런 생각"에 젖은 "오늘"이거나 "하루해"라는 시간이 등가(等價)를 이루고 있다는 점에서 시제 "산일(山日)"이 갖는 의미적 완결성을 보여준다.

그날 저녁은 유별나게 물이 붉다붉다 싶더니만
밀물 때나 썰물 때나 파도 위에 떠 살던
그 늙은 어부가 그만 다음날은 보이지 않네

—조오현, 「인천만 낙조」 전문

인용 작품의 초장은 부사 "유별나게"의 채용과 더불어 형용사 "붉다"를 반복적으로 표현함으로써 "물이 붉다"라는 현상을 강조하는 국면이다. "인천만 낙조"는 "그날 저녁은 유별나게 물이 붉다"라는 형상화에 의해 시적 대상으로 제시된다. 이러한 시적 대상에 대해

"유별나게 물이 붉"은이라는 형상화를 이어받는 중장은 초장과의 어떤 관계성을 암시한다. 즉 "유별나게 물이 붉다"라는 자연적 현상과 "파도 위에 떠 살던"이라는 주체적 관점이 상호 어떤 관계성을 갖는 것으로 암시된다. 그리하여 "유별나게 물이 붉다"라는 정경과 "파도 위에 떠 살던"이 갖는 시적 관계성에 의해 종장은 시적 의미를 생성하게 된다. 이는 곧 "물이 붉다붉다"와 "파도 위에 떠 살"고 있는 어떤 관계가 의미론적 자족성을 가지면서 종장의 시적 의미를 암시한 것이기도 하다. 여기서 초장의 "물이 붉다붉다"가 지니는 의미는 다양할 수 있겠지만 "늙은 어부"와의 관계에서는 "유별나게 물이 붉다"라는 의미로 구체화된다. 그것을 이어받은 시편 전체의 완결된 의미는 종장에 제시되는 "그만 다음날은 보이지 않네"로 귀착된다. 이는 초장의 "그날 저녁"과 종장의 "다음날"이라는 시간 사이에서 "그 늙은 어부"가 보이지 않은 의미로 귀결되고 있다. 그러므로 시적 대상으로 제시된 "인천만 낙조"는 각 장의 의미론적 자족성에 의해 한 편의 시조시형으로 완결성을 갖는다.

> 놈이라고 다 중놈이냐
> 중놈소리 들을라면
>
> 취모검 날 끝에서
> 그 몇 번은 죽어야
>
> 그 물론 손발톱 눈썹도
> 짓물러 다 빠져야

—조오현, 「일색변(一色邊) · 6」 전문

위 시편의 초장에서는 수행(修行)의 주체인 "놈"과 "중놈"을 교차시키면서 그 연장선에 "중놈소리"를 놓고 있다. 그러므로 "중놈소리"라는 시적 대상은 '중'이라는 주관적 시선이 아닌 '놈'이라는 타자(他者)의 시선에 의해 객관화되고 있다. 즉 "중놈"이라는 타자의 "소리 들을라면"에서는 중장에 관계될 시적 내용을 암시한다. 그리하여 이어지는 중장에서는 초장의 "중놈 소리"가 "취모검 날 끝"에 닿아있는 아슬아슬한 '관계'로 설정된다. 여기서 "그 몇 번은 죽어야"가 지니는 의미론적 자족성은 여러 가지의 관계성을 가질 수 있겠지만 중장에서는 수행자의 삶이 결코 쉽지 않은 과정이라는 관계로 구체화된다. 중장에 설정된 의미적 관계성을 따라 이를 이어받은 종장에서는 종장 첫 음보의 "그 물론" 이후에서 이 시편 전체의 시적 의미로 귀착된다. 여기서 "그 물론"은 의미의 전환구조 성격을 띠고 있는 것처럼 보이지만 전체적인 구조에서는 초장과 중장을 종합하는 형태로 파악된다. 종장의 "그 물론"이 받는 의미는 "중놈소리 들을라면" 곧 "취모검 날 끝에서/그 몇 번은 죽어야" 함을 강조하고 있다. 이를 이어받는 완결적 의미는 "짓물러 다 빠져야"라는 수행의 깊이와 강도를 나타낸다.

백담사 무금당 뜰에
뿌리 없는 개살구나무들

개살구 나무들에는
신물이 들대로 다 들어

그 한번
내립떠보는
내 눈의 좀 다래끼

—조오현, 「무자화(無字話)·4」 전문

“뿌리 없는 개살구나무들”은 “백담사 무금당 뜰”에 무자화두(無字話頭)를 들고 서 있다. 제시된 시적 대상은 “무금당 뜰”이라는 국한된 장소에 서 있는 “뿌리 없는 개살구나무들”이다. 이러한 대상의 제시는 곧 중장에서 표현될 어떤 관계성을 암시하고 있다는 점에서 “신물이 들대로 다 들어”버린 국면으로 있다. 여기서 시적 대상으로서의 “뿌리 없는 개살구나무들”과 이를 관계성에 의해 유인하는 ‘나’와의 관계가 설정된다. 이런 점에서 “뿌리 없는 개살구나무들”이 갖는 의미야말로 다양할 수 있겠지만 ‘나’와의 관계에서는 “신물이 들대로 다 들어”로 구체화된다. 이러한 관계 설정을 통해 맺은 의미는 종장에 제시되는 “내립떠보는 내 눈의 좀다래끼”로 귀착된다. 이와 같이 무산의 선시조 시편을 중심으로 시조시형의 표현 구조를 살펴본 결과, 대체로 각 장은 의미론적 자족성을 갖는 구조로 나타난다. 이런 점에서 초장과 중장에 제시한 대상과의 어떤 관계성을 이루는 시적 의미를 종장이 종합하여 결하고 있다. 이러한 시적 유형은 김대행이 논의한 ‘대상’—‘관계’—‘의미’의 구조라는 ‘3장 구조의 시형’을 통해 완결된 의미형태로 나타난다.

나) 병렬, 종합, 전환구조

시조시형이 ‘3장(章)’의 틀을 견지하면서 하나의 완결된 구조를 갖는 것은 시조시형 특유의 양식과 의미의 결합에 의한 것이라고 밝힌 장성진의 논의를 살펴보면,.

“시조가 3(章) 안에서 완결된 구조를 갖는 것은 그 3(章)의 독특한

> 결합 양식에 의해서이다. 시조가 정형시란 점에서, 또 극히 압축된 형태의 단형시(短形詩)란 점에서 이러한 결합 양식은 포괄성 있는 몇 개의 유형으로 종합될 가능성을 보이고 있고, 또 그러한 연구가 일찍부터 진전되었다. 여기에는 두 종류의 학설이 있는데, 한 가지는 시조의 논리구조를 몇 가지로 유형화한 분류와, 대표적인 하나의 유형을 설정하고, 이에 속할 수 없는 것을 변이형(變異形)으로 처리한 학설이 있다. 논리성을 지나치게 중시하면 시의(詩意)의 급격한 전환과 비약을 설명하기에 충분하지 못하며, 단일한 유형만을 설정할 경우에는 많은 작품을 예외시(例外視)해야 하는 난점이 있다."[26]

인용한 글에서, 시조시형이 초 · 중 · 종 3장(章)의 완결성에 의해 시적 유형을 갖는다는 점은 주지의 사실이다. 시조시형을 "독특한 결합 양식"에 의해 완결성을 갖는 구조라는 점 또한 정형성의 조건을 강조한다는 측면에서 그렇다. 위의 논의에서 시조시형이 "극히 압축된 단형시"라는 점은 단(單)시조가 시조시형의 본령임을 말해준다. 논자는 몇 가지의 의미구조 유형을 '병렬구조' '종합구조' '전환구조'로 분류한다.

(가) 병렬구조[초 → 중 → 종 →]

'병렬구조'란 시적 내용이 각 장에 동일한 비중으로 연결되어 순차적으로 진행되는 형태를 말한다. 이러한 형태는 그 어떤 기교나 꾸밈이 적은, 즉 평이하게 형상화된 구조를 갖는다. 특히 이 경우 각 장(章)의 구분은 정형적 가능성을 보여주는 단순한 외형적 구조로서

26) 장성진, 「시조의 서술단위와 그 성격」, 『문학과 언어』 제3집, 1982, 129쪽.

실질적 내용의 장별 나눔은 거의 일어나지 않는 형태이다. 그러므로 병렬구조는 다른 구조에 비해 시적 긴장미와 강렬미가 다소 떨어지는 경향을 보인다. 이런 점에서 병렬구조는 각 장이 의미나 이미지의 전환을 가져오지 않고 초장의 의미를 반복 또는 순진으로 나열함으로써 기지의 사실을 확인하려는 형태이다. 실제로 이 유형은 대부분 단순한 교훈의 나열이나 사물의 객관적 설명에 그치고 있는 경우가 많다.

> 걷어가고 있는 거다. 걷어가고 있는 거다. 때 아닌
> 저 바다의 적조(赤潮), 그리고 또 포말들을
> 이 겨울밤의 마적(魔笛)이 걷어가고 있는 거다.
>
> —조오현, 「무자화(無字話)·2」 전문(밑줄은 인용자 표시)

> 누가 건방지게 침묵을 하는 거다
> 온 몸이, 마른하늘이 흔들리는 이 혼질(昏窒)
> 이 한낮 깊은 내 오수를 흐너뜨리고 있는 거다.
>
> —조오현, 「무자화(無字話)·3」 전문(밑줄은 인용자 표시)

위에 인용한 두 작품은 무산 시조 시편에서 초·중·종장이 병렬구조의 형태를 갖는 대표적인 작품이다. 이 두 시편은 초장에서 의미를 반복하거나 초장의 의미를 종장까지 순행하는 구조로 이루어진다. 이런 구조는 두 시편의 시제에서 드러나는 것처럼 "무자화(無字話)", 즉 '무자화두'를 형상화하고 있다는 점에서 더욱 그렇다. 이와 같이 시적 형태가 '병렬구조'를 가짐으로써 시적 내용, 즉 시적 화두에 대한 의미를 반복하거나 순행하는 구조로 되기 쉬운 것을 차단하는 효과를 갖는다. 인용한 두 시편에 나타나는 반복 어조는 밑줄 친

바와 같이 "~는 거다"라는 점에서 병렬구조의 특성을 잘 보여주고 있다.

(나) 종합구조[초 → 중 → 종 ⇒]

'종합구조'란 초장과 중장에서 제시한 의미를 종장이 종합하여 종결하는 유형을 말한다. 이 유형은 시조시형이 3장 구성을 통해 완결된 의미 구조를 형성하는 정형 의식이 강하게 작용하는 구조이다. 이런 점에서 종합구조는 이완과 긴장이 융합된 의미 구조로 나타나면서 병렬구조에 비해 훨씬 집약적이고 긴장감 있게 표현되는 형태이다. 다시 말해서 종합구조는 초장이 '기(起)', 중장이 '승(承)'한 것을 종장에서 종합 내지 '결(結)'을 맺는 의미적 구조이다. 이러한 구조는 시조시형의 묘미가 가장 잘 드러나는 전형이기도 하다. 이러한 형식은 초장과 중장에서 제시한 의미를 종장이 결합하여 종결하는 유형이라는 점에서 주목된다. 이러한 관점에서 종합구조는 3장 구성을 통해 완결된 의미 구조를 형성한다는 정형적 의식이 강하게 작용하는 유형이기도 하다.

조실스님 상당을 앞두고
법고를 두드리는데

예닐곱 살 된 아이가
귀를 막고 듣더니만

내 손을
가만히 잡고

천둥소리 들린다 한다.

—조오현, 「파지(把指)」 전문

"조실스님 상당을 앞두"고 있는 시적 배경에서 "법고를 두드리"는 상황은 이 시편의 시적 대상으로 제시된다. 초장의 "법고를 두드리"는 국면을 통해 중장에 관계할 시적 내용을 암시하게 된다. 그리하여 그 "법고를 두드리"는 행위와 "파지(把指)"와의 시적 관계성이 드러나게 된다. 즉 "법고를 두드리"는 행위에 의해 법고의 소리는 "귀를 막"게 하는 관계성을 띤다. 그러므로 초장에서 "법고를 두드리"는 시적 의미는 다양하게 이해될 수 있지만, "예닐곱 살 된 아이"와의 시적 관계에서는 "귀를 막고" 싶은 의미적 관계로 구체화된다. 이러한 대상으로부터 관계성을 갖는 의미론적 자족성은 시편 전체가 드러내는 의미로 제시된다. 이러한 시적 의미는 완결된 의미 구조를 갖는 종장에서 "천둥소리"로 귀착된다. "내 손"은 '법고를 두드리는 조실스님의 손'과 '귀를 막고 듣는 아이의 손'이 교차됨으로써 "천둥소리"라는 의미로 완결된다. 이런 점에서 위 시편은 "종장에서 종합 내지 '결(結)'을 맺는 의미적 구조"에 속한다.

(다) 전환구조[초 → 중 → 종 ⇔]

'전환구조'란 초장과 중장에서 동일한 방향으로 기술하다가 종장에서 의도나 방향이 급전하여 종결되는 극적 구조를 갖는 유형이다. 이 유형은 제한된 3장 구조 안에서 다양하고 입체적인 표현효과를 나타내는 형태이다. 이 구조는 앞의 두 유형보다도 강한 시적 긴장을 가짐으로써 시조시형의 의미 구조상 가장 정제된 표현방법이기도 하다. 이 구조가 초장과 중장이 병렬이고 종장에서 종합되는 형태라는 점에서 논자는 이 유형에 대해, 초장과 중장에서 한 가지 방향으로 기술하다가 종장에서 의도나 방향이 급전하여 종결되는 극적 구조를 나타내는 유형이라고 보았다. 특히 시조시형의 가장 큰 특징이라고 할 수 있는 종장 첫 음보에서의 전환구조에 의한 긴장의 고조는 의미적 구조 측면으로 보면 가장 문학성이 높은 유형에 속한다고 볼 수 있다는 것이다.

> 한나절은 숲 속에서
> 새 울음소리를 듣고
>
> 반나절은 바닷가에서
> 해조음 소리를 듣습니다
>
> 언제쯤 내 울음소리를
> 내가 듣게 되겠습니까.

—조오현, 「산일(山日)·3」 전문

초장과 중장에서는 울음소리를 듣고자 하는 시적 화자의 의지가 시간과 공간을 초월하여 형상화되고 있다. 이러한 형상화는 초장의 "한나절" "숲 속"과 중장의 "반나절" "바닷가"에서 화자의 구도적 자세를 감지할 수 있게 한다. 특히 위 시편은 초장의 "새 울음소리"와 중장의 "해조음 소리"를 종장에 와서 "언제쯤"이라는 임의의 한 시점을 도입함으로써 시적 의미의 전환을 이루고 있다. 그리하여 화자는 임의의 시점에 서 있는 구도적 과정을 '아직도 내 울음소리를 내가 듣지 못했다'는 상황으로 돌려놓고 있다. 이와 같이 종장에서의 의미적 전환이 강렬하게 다가오는 것은 무엇보다도 초장과 중장에서

도입된 시적 의지들이 전제하고 있다는 데 기인한다. 이 시편은 화자가 "내 울음소리"를 스스로 들을 수 있게 될 때 비로소 구도자의 길에서 "새 울음소리"와 "해조음 소리"를 하나의 선적 경지에서 들을 수 있다는 구도자적 의지를 피력하는 의미로 파악된다. 이런 관점에서 이 시편은 "종장에서 의도나 방향이 급전하여 종결되는 극적 구조를 갖는 유형"인 것이다.

사랑도 사랑 나름이지
정녕 사랑을 한다면

연연한 여울목에
돌다리 하나는 놓아야

그 물론 만나는 거리도
이승 저승쯤은 되어야

—조오현, 「일색변(一色邊)·5」 전문

초장과 중장에서는 '진정한 사랑'으로 다가서고자 하는 의지가 '여울목에 놓인 돌다리'로 형상화된다. 이러한 의지가 종장에 이어지면서 의미의 점층적 전환구조로 바뀐다. 즉, "정녕 사랑을 한다"면 "여울목에/돌다리 하나는 놓"을 수 있어야 하며 그 '돌다리'의 길이는 "이승에서 저승쯤은 되어"야 한다는 것이다. 이와 같이 종장 첫구의 "그 물론"에 와서 시적 의미의 전환이 물굽이처럼 돌아갈 수 있다는 것은 역시 초장과 중장에서의 발심과 의지가 밑거름이 되기 때문이다. 특히 초장에서 드러난 시적 의지가 중장에서는 "돌다리"로, 종장에서는 "이승 저승"으로 점층적 표현으로 구성되는 것은 의미론적 완결성을 이루기 위한 전형적인 시적 구조임을 보여준다. 이런 관점에서 위 시편 또한 "초장과 중장에서 한 가지 방향으로 기술하다가 종장에서 의도나 방향이 급전하여 종결되는 극적 구조를 나타내는 유형"으로 읽힌다.

앞에서 살펴본 '의미'의 형태에 따른 무산 선시조의 시적 구조를 통해 시조시형이 갖는 공통분모의 속성은 동일시되어야 한다는 점을 이해하게 된다. 물론 고시조시형에 비해 분행(分行) 등 혁신적인 경향을 띠게 된 것이 현대적 시조시형임은 자명하다. 하지만 전통적 시조시형과 현대적 시조시형의 변별성에만 의미를 둔 채 시조시형의 기본적인 속성을 간과해서는 안 될 것이다. 이와 같이 시조시형이 갖추어야 할 시적 속성을 이해함으로써 그 본령인 단시조시형에 다가설 수 있다.

나. '어미'의 형태에 따른 구조

임종찬은 현대적 시조시형의 '3장 구조'에 있어서 장(章)의 자질을 갖추기 위해 초·중·종장이 형태상 또는 의미상으로 어떠한 구조로 삼분될 수 있는가 하는 것에 대해 논의하고 있다. 이러한 논의에서 아래의 '형식1~3'과 같이 고시조에서의 형식적 구성을 토대로 분석한 것을 살펴보면,

가) 형식·1

완전한 '월'의 형태를 이루어 각각 독립된 월이 3장으로 이루어진 경우이다. 여기서 "월이라 함은 상위 구조에서 더 이상 다른 짜임새

의 성분이 되지 않으면서 그 짜임새 안에서는 말마디끼리의 짜임새로 이루어져 있는 언어형식의 이름"[27]을 말한다.

> "정형시인 시조의 3장 형식은 자유시의 3행과는 다른 의미구조와 율격의 특성을 가지고 있다. 구(句)와 장(章)의 상(想)과 율(律)이 대구(對句)를 이루며 이어 흐르다 종장에서 집중되는 의미 구조의 종합적 내지는 집중성의 묘미를 갖고 있다. 자유시에 비해 시조는 언어의 절제를 통한 시의(詩意)의 응축을 요구하면서 시적 논의도 종장에서 종결하기를 요구한다. 자유시는 형식이나 내용이 자유분방함이 장점이라면 시조는 형식이나 내용에 있어 질서정연함이 장점이라 할 수 있다. 시조로서의 완결성이란 시조 3장이 의미상 유기적 결합을 하여 한 수(首)로서 시적 논의를 종결시키는 형태를 의미한다."[28]

논자는 인용한 글에서 시조시형의 3장과 자유시형의 3행이 갖는 의미 구조와 율격의 특성에 대한 차이점을 설명하고 있다. 이러한 논자의 설명은 정형의 틀과 자유형의 틀이 지향하는 시적 구조가 다를 수밖에 없음을 인식하는 가운데 시조시형이 갖는 우수성을 입증하고 있는 셈이다. 이는 자유시형이 정형시형에 비해 단순히 "형식이나 내용이 자유분방함이 장점"이라는 정도로는 시조시형이 갖는 3장 구조의 시적 완결성을 뛰어넘을 수 없음을 확인시켜주고 있는 것이기도 하다. 특히 인용한 글에서 "시조(時調)로서의 완결성이란 시조 3장이 의미상 유기적 결합을 하여 한 수(首)로서 시적 논의를 종결시키는 형태를 의미"한다라는 측면에서 시조시형의 시적 자격을 반증한다.

27) 임종찬, 『현대시조탐색』, 국학자료원, 2004, 24쪽.

28) 임종찬, 「현대시조의 완결성 연구」, 『부산시조』 14호, 195쪽.

①
물빛 닮은 산승이요
산빛 닮은 절입니다

깊은 꿈 그 골 깊이
잠겨드는 심상입니다

부연 끝 아픈 인경이
떨어지고 있습니다.

—조오현, 「겨울 산사(山寺)」 전문('①' & 밑줄은 인용자 표시)

②
하늘이 숨돌린 자리 다시 뜨는 눈빛입니다.
별빛이 흘겨본 자리 되살아난 불똥입니다.
마침내 오월 초록은 출렁이는 삶입니다.

—조오현, 「새싹」 전문('②' & 밑줄은 인용자 표시)

'①'과 '②'는 초·중·종장 모두가 종결어미 '~다'로 끝난 경우이며, 각 장은 하나의 의미적 완결성을 갖춘 경우이다. 초·중·종장 모두가 종결어미로 끝났고 완전한 하나씩의 독립된 월로서 장이 되어있는 경우, 각 장은 완전한 월의 형태로서 의미적 완결성을 갖추게 된다.

나) 형식·2

이 형식은 시조 시편의 전체적 완결성을 이루는 종장을 제외한 초 · 중장의 끝이 연결어미로 되어있어 앞장과 뒷장이 연결된 작품 형태의 경우이다.

③
강물도 없는 강물 흘러가게 해 놓고
강물도 없는 강물 범람하게 해 놓고
강물도 없는 강물에 떠내려가는 뗏목다리

—조오현, 「무자화(無字話) · 6—부처」 전문
('③' & 밑줄은 인용자 표시)

④
몇 겁(劫)을 울던 울음 모두 울어 버리고
몇 겁을 웃던 웃음 모두 울어 버리고
시방찰 문전 앞에서 허물 벗고 가거라

—조오현, 「백장야호(百丈野狐)」 전문
('④' & 밑줄은 인용자 표시)

'③'과 '④'는 초장과 중장의 끝 어절이 모두 다 연결어미 '∼고'로 종결되고 있어 형태상으로는 3장 전체가 하나의 월이 된다. 그러나 이러한 형식적 짜임새임에도 불구하고 초 · 중장이 각각 의미적 완결성을 갖추고 있다. 그러므로 의미상으로는 크게 3개의 월로 나누어지는 경우이다. 즉, '③'과 '④'는 의미상 세 개의 월로 나누어지는 구조를 갖는다. 이와 같이 '형식 2'는 앞에 나타난 월이 연결어미에 의해 하나의 마디로 구성된 뒤, 뒤에 오는 월을 이어가는 경우로서 겹월의 형태를 갖는다.

다) 형식 · 3

'형식 3'은 장의 끝 마디가 연결어미나 종결어미로 되어있지 않은 경우이다. 이는 초 · 중장이 형식상 한 월이 되는 경우와 중 · 종장이 형식상 한 월이 되고 있는 경우이다.[29)]

(2) 시조시형의 어조와 수사

브룩스[C. Brooks]와 웨렌[R. P. Warren]이 밝힌 시의 어조(語調)에 있어서 언어의 선택과 배열의 중요성에서 알 수 있는 바와 같이 어조는 시적 대상이나 독자에 대한 시적 자아의 태도, 또는 목소리를 말한다. "시(詩)에 있어서 어조는 작품 속에 화자의 주제에 대한 태도, 이따금 화자 그 자신에 관한 태도를 가리킨다. 이 말은 노래나 연설에서의 목소리의 토운(tone)에서 온 비유이다. 대화할 때에 우리는 어조에 의해서 스스로의 태도를 내포하고 상대방의 태도를 간파한다. 일상생활에서 나타내고자 하는 대부분의 의미를 어조에 의존한다. 시에서도 마찬가지로 시인은 표현을 풍부히 할 수 있는 육성에 대신하는 활자화된 말에 의존한다. 시인은 시가 교묘한 음영을 지닌 바람직한 어조로 전달될 수 있도록 언어를 선택하고 배열해야 한다."[30)] 이와 같이 어조는 시적 분위기나 정서와 관련을 맺으면서, 선택되는 시어와 서술어의 어미에서 드러나는데 대개 한 작품에서 일관되게 나타난다.

한 작품 안에서도 어조가 달라지는 경우가 있는데, 이는 주로 시적

29) 임종찬, 『현대시조탐색』, 국학자료원, 2004, 24~25쪽.
30) 정재완, 『한국현대시의 반성』, 형설출판사, 1981, 100쪽.

자아의 정서에 변화가 생길 때이다. 이를테면 기대감이 실망감으로 바뀐다든지, 체념적 정서에서 의지적 정서로 나아간다든지 할 때, 그런 정서의 변화가 어조에 반영되는 것이다. 어조는 화자의 사람됨, 신분, 정신상태 등이 나타날 뿐 아니라, 화자의 청자에 대한 태도와 대상에 대한 태도 등이 드러나게 된다. 즉 드러남의 형태에 따라 어조는 여러 가지 유형으로 분류되는데 대개 종결어미의 형태에 의해 결정된다. 특히 무산의 시조 시편은 주로 종장의 종결어미에 서술형 어미 '~다'를 많이 사용하였으나, 특히 감탄형 어미나 체언을 많이 사용하여 자기 표출성과 긴장미를 많이 나타내는 특징을 갖는다.

어조는 시의 내용과 밀접하게 관련되어 있음은 물론 화자와 청자와도 긴밀한 관계를 갖는다. 화자가 시인 자신이냐 퍼스나이냐에 따라 어조가 달라지고, 청자가 표면에 나타나느냐 나타나지 않느냐에 따라서도 달라진다. 즉, 시인 자신이 화자이면서 청자인 경우와, 퍼스나(persona)가 화자이고 청자가 숨겨져 있을 때 또한 어조가 달라진다. 이 점에 대하여 엘리엇의 『On Poetry Poets』라는 책은 명쾌한 이론을 제공하고 있다. '제1의 목소리'는 시인 자신이 자기에게 말하는 경우다. '제2의 목소리'는 시인이 자신에게 말하는 것이 아니라 청중에게 말하는 경우다. '제3의 목소리'는 퍼스나를 통해서 말하는 시인의 목소리다.[31] 어조가 화자와 청자, 퍼스나, 즉 "화자가 시인 자신이 아니고 가면의 탈(persona)을 쓰고 등장하는 경우가 있다. 이러한 화자를 '퍼스나'라고 하는데, 이는 허구적이고 극적인 인물이다. 즉, 시 속에서 타인의 탈을 쓰고 탈에 어울리는 역할을 하는 화자"[32]와 청자의 관계 속에서 어떻게 나타나는가를 살펴보면,

31) 민병기 · 신춘호 · 한승옥, 『문학이란 무엇인가』, 집문당, 2003, 73~74쪽.
32) 민병기 외, 앞의 책, 71쪽.

나이는 열두 살
이름은 행자

한나절은 디딜방아 찧고
반나절은 장작 패고……

때때로 숲에 숨었을
새 울음소리 듣는 일이었다

그로부터 10년 20년
40년이 지난 오늘

산에 살면서
산도 못 보고

새 울음소리는커녕
내 울음도 못 듣는다.

—조오현, 「일색과후(一色過後)」 전문

삶의 즐거움을 모르는 놈이
죽음의 즐거움을 알겠느냐

어차피 한 마리
기는 벌레가 아니더냐

이다음 숲에서 사는
새의 먹이로 가야겠다.

—조오현, 「적멸을 위하여」 전문

한나절은 숲 속에서
새 울음소리를 듣고

반나절은 바닷가에서
해조음 소리를 듣습니다

언제쯤 내 울음소리를
내가 듣게 되겠습니까.

—조오현, 「산일(山日)·3」 전문

「일색과후(一色過後)」는 화자가 행자(行者) 시절을 회상하는 국면으로 시화한 내용이다. 즉 40년 전에 이미 들었던 그 "새 울음소리" 마저 들을 수 없는 자성(自性)을 들여다보며, 지금에 와서는 정녕 화자 자신의 울음소리마저 듣지 못함을 형상화한 시편이다. 이런 점에서 「일색과후」는 화자가 독백 형태로 표현된 유형으로서 '제1의 목소리'에 해당된다. 그리고 「적멸을 위하여」는 생과 사의 경계를 넘나드는 불이(不二)의 태도로 형상화된 시조 시편이다. 이 시편에서 화자가 스스로를 "기는 벌레"라고 표현하고 있음은 "기는"이라는 어조에 의해 파악된다. 여기서 "기는 벌레"는 단순히 엎드려있는 작은 벌레가 아니라 깨달음의 숲속으로 난 무애(無碍)의 길을 기어가는 주체를 나타낸다. 즉 그래야만 비로소 "새의 먹이"가 될 수 있다는 것을 나타내고 있다. 이러한 형상화는 화자 스스로를 천길 벼랑으로 밀쳐

버리는 구도자의 독백으로 확인된다. 이러한 점에서도 「적멸을 위하여」는 '제1의 목소리'에 해당되는 어조를 갖는다. 그리고 「산일(山日)·3」 역시 앞에서 살펴본 시편과 다르지 않는 어조의 형태를 갖는다. 하지만 이 시편에서는 앞서 「일색과후」의 종장에서 '내 울음도 못 듣는다'라는 절망적 시간을 벗어나 "언제쯤 내 울음소리를/내가 듣겠습니까"라면서 한 가닥 희망 섞인 어조를 느낄 수 있다. 이와 같이 '제1의 목소리'로 이루어진 시편들은 주로 구도적 삶과 수행을 드러낸 시편들에서 확인할 수 있다.

대 내린다 대 내린다
신통(神通) 대 내린다

바늘 끝으로 찔려도 아프지 않던
양심의 살은 떨리고

이제사 내 무딘 손끝의
육감에 대 내린다.

피 받아라 피 받아라
공수 받듯 피 받아라

침(沈)담그듯 침담그듯이
떫은 생각은 다 우려내는

이 치하(治下) 살아갈 길의

대 내리는 피 받아라!

대 내리는 내 육감에
나는 오래 못 살 것 같은데

나와 같이 죽을
사람 없는 이 나라다

그러나 해돋이 마을
내가 묻힐 나라란다.

―조오현, 「1970년 방문(榜文)(1)」 전문

아무리 어두운 세상을 만나 억눌려 산다 해도
쓸모없을 때는 버림을 받을지라도
나 또한 긴 역사의 궤도를 바친
한 토막 침목인 것을, 연대인 것을

영원한 고향으로 끝내 남아 있어야 할
태백산 기슭에서 썩어가는 그루터기여
사는 날 지축이 흔들리는 진동도 있는 것을

보아라, 살기 위하여 다만 살기 위하여
얼마만큼 진실했던 뼈들이 부러졌는가를
얼마나 많은 사람들이 파묻혀 사는가를

비록 그게 군림에 의한 노역일지라도
자칫 붕괴할 것만 같은 내려앉은 이 지반을
끝끝내 받쳐온 이 있어
하늘이 있는 것을, 역사가 있는 것을.

—조오현, 「1980년 방문(榜文)(2)」 전문

민병기는 '제2의 목소리'에 관한 정의에서 "제1의 목소리보다 복잡하고 다양하다. 이는 시에서 흔히 들을 수 있는 목소리로 사회적 목적을 가진 시들, 즉 교훈이나 도덕을 설교하는 것이나, 세상을 풍자하는 성격을 띠고 있다"라고 밝힌다. 이와 같은 정의에 의해 위의 두 시편을 살펴보면, 「1970년 방문(榜文)(1)」은 1970년대의 숨 막히는 시절을 보내는 시인의 안타까운 심정이 그대로 형상화된다. 여기서 '내가 묻힐 나라다.'라는 표현으로 마무리 지어나가는 모습에서 당시의 세태에 대한 시인의 절박한 호소가 담겨 있다. 「1980년 방문(榜文)(2)」는 1980년대의 시대상을 신념이 넘치는 어조로 표현된다. 이 작품은 척박한 시대의 필요충분조건의 산물로서 조국의 '침목(枕木)'임을 호소하고 있는 '제2의 목소리'의 어조로 구성된다. 이러한 '제2의 목소리'로 이루어진 시적 어조는 특히 시조시형에 잘 부합되는 것으로 파악된다. 이와 같이 '제2의 목소리'로 이루어진 시적 어조는 1950년대와 1970년대 그리고 1980년대의 시대적 상황을 연작으로 담아내는 시조 시편에서 확인할 수 있다.

강원도 어성전 옹장이
김 영감 장렛날

상제도 복인도 없었는데요. 30년 전에 죽은 그의 부인 머리 풀고 상여잡고 곡하기를 "보이소 보이소 불길 같은 노염이라도 날 주고 가소 날 주고 가소" 했다는데요 죽은 김 영감 답하기를 "내 노염은 옹기로 다 만들었다 다 만들었다" 했다는 소문이 있었는데요

사실은
그날 상두꾼들
소리였데요

—조오현, 「무설설(無說說) · 1」 전문

우리 절 상머슴은
논두렁을 하다가는

시님요 시님요 사람들은
지 몸에서 도랑물 흐르는 소리가
들린다 카는데요

삶이란 얼레미 논바닥
목마름은 끝없니더.

—조오현, 「무설설(無說說) · 6」 전문

민병기는 '제3의 목소리'에 관한 정의에서, "제3의 목소리는 퍼스나(persona)를 통해서 말하는 것으로 퍼스나는 인물 설정에 적합하도록 씌어져야 할 것이다. 이 때 퍼스나는 단순히 시인의 대변자이어서는 안 되고 시의 분위기에 따라서 그 성격이 결정되어야 한다. 따라서 시인의 의식은 그만큼 제한을 받게 된다."라고 밝힌다. 이를 토대로 하여 위의 두 시편을 살펴보면, "상두꾼"과 "상머슴"이라는 퍼스

나를 통해 진술 위주로 창작되고 있다. 즉 '상두꾼'과 '상머슴'이라는 퍼스나는 시인과는 무관한 인물이다. 이와 같은 경우는 '제3의 목소리'를 갖는 시적 화자[persona]의 등장으로 진술해가는 표현방법이다. 이런 관점에서 위에 인용한 시편들은 '제3의 목소리'로 이루어진 어조로 구성된다.

다음은 시조시형의 수사적 측면을 살펴보기 위하여 먼저 '이미저리(imagery)'의 종류와 개념에 대해 밝힌 글을 인용하면,

> 일반적으로 이미지와 이미저리는 같은 의미로 사용되고 있으나 엄격하게 본다면 구분되어야 할 것이다. 이미지는 지각이나 상상, 환상에 의해서 정신 속에 기록되는 감각적 모습이라는 특징을 지니고 있다. 이러한 개별적인 이미지를 집합적 측면에서 보면 이미저리가 된다. 즉, 언어에 의해 생성되는 일련의 이미지군을 이미저리라고 할 수 있다. 따라서 시의 논의에서는 이미지보다 이미저리로 언급되는 것이 더 적절하다. 이미저리는 대체로 세 가지 유형으로 구분된다. 정신적 이미저리, 비유적 이미저리, 상징적 이미저리가 그것이다. 정신적 이미저리는 곧 시각적, 청각적, 후각적, 미각적, 촉각적, 근육 감각적 이미저리 등으로 세분할 수 있다. 청각적 이미저리는 대체로 음성 상징성을 띠며 음악적인 효과를 나타내는 리듬 의식이다. 시각적 이미저리는 색체를 나타내는 회화성을 의미한다. 후각적 이미저리는 후각성을 띠는 것으로 향기롭다든지 달콤하다든지 메스껍다는 등의 성격을 띠는 형용사로 표현될 수 있다. 미각적 이미저리는 맛을 나타내는 것으로, 쓰다든지 시다든지 화하다든지 하는 등의 형용사로 나타난다. 촉각적 이미저리는 열, 냉 등의 감각으로 표현된다. 근육 감각적 이미저리는 근육의 긴장과 움직임을 표상하는 것이다.[33)]

이미지(image)는 우리의 감각이나 지각 작용에 의해 체득된 경험이 마음속에 잠재해 있다가 새롭게 재생되는 것을 인식할 때 생성된다. 이렇게 성립되는 이미지는 우선 감각의 종류에 따라 시각적 · 청각적 · 촉각적 이미지 등으로 구분할 수 있고, 내용면에서는 정신적 · 지각적 · 비유적 · 상징적 이미지군(群) 등으로 나누기도 한다. 여기서 이미지군 혹은 이미저리(imagery)란 이미지의 집합체를 말한다. 다시 말해 '이미지'가 언어가 지시하는 구체적인 사물의 감각적인 영상이라면 '이미저리'는 그러한 감각적 영상의 무리를 말한다. 이러한 이미지와 이미지군은 여러 형태의 모습을 통해 한 편의 시조시형에 담김으로써 현대적 감각의 시편으로 시화되는데 중요한 역할을 한다.

서울 인사동 사거리
한그루 키 큰 무영수

뿌리는 밤하늘로
가지들은 땅으로 뻗었다

오로지 떡잎 하나로
우주를 다 덮고 있다.

—조오현, 「무자화(無字話) · 5」 전문

앞에서 살펴본 바와 같이 '이미지(image)'는 시인의 지각 작용에 의해 체득된 경험이 마음속에서 구체적으로 인식되어 생성된다. 인용

33) 민병기 외, 앞의 책, 50~51쪽.

한 시편에서는 "무영수" "뿌리" "밤하늘" "가지" "땅" "떡잎" "우주" 등이 바로 그러한 시적 이미지에 속한다. 이 시편은 이러한 이미지들을 중심으로 하여 하나의 이미지군(imagery)을 가짐으로써 시적 형상화를 주도하게 된다. 이미지의 집합에 의한 이미지군의 형태는 "뿌리는 밤하늘로 뻗고" "가지들은 땅으로 뻗은" "우주를 다 덮은" 등과 같이 상승과 하강을 나타내는 시어들이거나 압축과 확장 등을 나타내는 표현들에 의해 형상화된다. 이와 같이 무산의 시조 시편에서는 시적 정서를 불러일으키며 시인의 선적 사유를 구체적으로 보여주는 시적 장치로서 이미지와 이미저리의 역할을 들 수 있다. 한 편 시적 형상화는 이러한 이미지와 이미저리의 힘에 의해 이루어지는 산물임이 확인된다. 특히 현대적 시적 장르 중에서도 시조 시편이 시의 으뜸으로 우뚝 설 수 있는 조건은 이런 이미지와 이미저리를 시조시형에 온전하게 담아낼 수 있음으로써 가능하다.

제2장 만해 선시조 읽기

1. 들어가는 말

한국 문학사에서 '만해 문학'이 차지하는 비중이 결코 적지 않음은 주지의 사실이다. 이는 '만해 문학'에 스며있는 예술성과 더불어 우리 민족에게 예지와 용기를 돋아나게 한 역사의식 때문이다. 만해(萬海)는 역사의 오류에 치열하게 역류하면서도 구도적 삶과 실천철학으로 예술혼을 불어넣은 시승(詩僧)이다. 만해는 지고한 의지를 바탕으로 세속에 천착하지 않고 숭고한 사상과 철학으로 오로지 조국과 민족을 위해 헌신한 애국지사이다. 그의 내면적 숭고함과 구도적 사유는 '문학(文學)'과 소통함으로써 우리 민족의 소중한 자산으로 남아 있다. 이러한 그의 문학적 자산은 "늦은 봄의 꽃수풀에 앉아 마른 국화를 비벼서 코에 대는 것과 같을는지 모르겠다"(「독자에게」)라는 시적 성찰에서 나타나듯 '만해심(心)'의 향기로 선양되고 있다.

만해의 저작은 불교 경전(經典)의 편술로부터 사적(史蹟)·사화(史話)·강술(講述)·번역(飜譯)·주해(註解)·논설(論說)·시(詩)·소설(小說) 그리고 수필(隨筆)에 이르기까지 다양하다. 그의 저작은 『조선불교유신론』[1910]에서 시작되어 수필 「명사십리(明沙十里)」[1940] 및 『통도사사적』[1940, 미완]에 이르기까지 약 30년간에 걸쳐 있다.[1] 이와 같이 만해는 다방면에 걸쳐서 저술과 창작활동을 하였는데, 1920년대 이후부터 한시(漢詩)보다는 주로 시조 시편과 자유 시편 위주로 창작한다. 하지만 그는 시집 『님의 침묵』[1926] 이후부터 자유 시편은 거의 발표하지 않고 주로 선적인 시조 시편을 위주로 발표[2]한다. 만해는 일제강점에 의해 나라를 잃은 아픔을 민족문학 양식인 '시조시형'을 통해 구국의 목소리로 담아낸 것이다. 이와 같이 만해는 1926년 시조 부흥운동 이후부터는 한시나 자유시의 창작을 멀리하고 민족의 정통 시가 양식인 시조시형을 통해 선적 사상을 시화하고 있다. 만해는 민족정신을 회복함으로써 일제의 만행에 대항하기 위해 우리의 것이라는 정통성을 갖는 국문 시가 장르인 시조 시편을 지속적으로 창작하기에 이른 것이다.

'만해 문학'은 일제강점에 대항하기 위한 것에만 그치지 않고 그 당시 무분별하게 유입되는 외래문화에 대응하기 위해서도 만해심(心)의 경향을 갖게 된다. 그리하여 만해는 문학을 통해 혼란에 처한 민족적 가치관을 확립함으로써 일제강점에 대응하면서 조국의 광복을 앞당기기 위해 노력한다. 문학 장르 중에서도 만해는 특히 '우리의 것'을 계승하고 지키기 위한 방편으로서 우리 민족의 정통성을 견지하는 시가 양식인 시조시형에 대해 더욱 관심을 갖기 시작한다. 그 후 그는 자신이 주재한 『유심(惟心)』지를 비롯하여 『개벽(開闢)』 『불교(佛教)』 등의 잡지와 〈조선일보〉 〈동아일보〉 등의 지면을 통해 시

1) 김재홍, 『한용운문학연구』, 일지사, 1982/1996, 23쪽.

2) 김재홍, 앞의 책, 50쪽.

조 시편을 꾸준하게 발표하기에 이른다. 그리고 만해는 『불교』지를 인수 후 발행하게 되자 매 호마다 '권두언(卷頭言)'이란 이름으로 시조 시편을 발표하기도 한다. 이와 같이 만해는 타 장르에 비해 시조 시편을 본격적으로 창작하기 시작한 것이다. 이는 만해가 『님의 침묵』 발간 이후로 자유시는 거의 창작하지 않은 반면 오히려 시조를 왕성하게 창작[3]한 것이라는 논의에서도 확인된다. 그 예로서 「무궁화 심으과저」라는 시편은 1922년 9월 『개벽』 27호에 실린 만해의 대표적 옥중(獄中) 시조 시편이다. 이 작품은 1918년 9월 『유심(惟心)』지 제1호에 발표된 「심(心)」을 제외하고는 그 어떤 자유 시편보다 앞서 발표된다. 이와 같이 만해는 시조 부흥운동이 일어나기 이전부터 이미 시조 시편을 창작하고 있었던 것이다. 이러한 만해의 시조 사랑은 그가 『불교』지를 통해 시조 시편을 게재함은 물론 기타 잡지에도 꾸준히 발표[4]하였다는 점에서도 나타난다. 그리고 〈월간문학〉 〈독서신문〉 등에서는 만해가 입적한 후에 육필로 정리해 둔 시조 시편의 유고(遺稿)들을 찾아내어 발표함으로써 시조시인으로서의 만해와 만난다.

본고에서는 만해의 시조 시편에 나타난 '공(空)'과 '불이(不二)'를 중심으로 살펴보려 한다. 그리고 본고는 "그에 있어 시조는 한시로부터 자유시에 이르는 중간쯤에 끼어 시문학 장르의 전환을 가져오게 한 다리 구실을 한 셈이라고 추측된다."[5]는 주장에 대해 재고해보기

---

3) 이병기・백철, 『국문학전사』, 신구문화사, 1965, 359~360쪽.

4) 『불교』: 「還家」(1931.6), 「길」(1932.3), 「早春・1」(1932.4), 「春晝」(1932.6), 「禪境」(1933.2), 「早春・2」(1933.2), 「早春・3」(1933.11), 「국보적 한글 經板」(1936.10), 『三千里』: 「국보적 한글 경판」(1936.10), 『新佛教』: 「尋牛莊・1」(1937.12) 등.

5) 이명재, 「한용운문학연구」, 『중앙대 논문집』 20집, 1976, 179쪽.

로 한다. 만해는 '시조 부흥운동'이 일어나기 이전부터 이미 우리 민족정신의 정통성을 갖는 시조 시편을 창작한다는 점에서 그의 우리 것에 대한 관심을 짐작할 수 있다. 이러한 만해의 시조 사랑은 시기적으로 『님의 침묵』 발간 이후부터 한시나 자유 시편보다 오히려 시조 시편 창작을 지속하고 있다는 점에서도 확인된다. 비록 만해가 남긴 시조 시편의 편수가 한시나 자유 시편에 비해 다소 적은 편이나, 만해 문학의 후기에 와서는 오히려 자유 시편에 비해 시조 시편의 창작 편수가 월등히 많다는 점에 주목해야 된다. 이와 같이 만해가 후기로 접어들면서 한시나 자유 시편에 비해 시조 시편의 창작에 몰두한 사실은 무엇보다도 '만해심'의 발로에 기인된다.

만해가 창작한 시조 시편들은 신구문화사에서 발행한 『증보한용운전집』에 32편 41수가 전하고, 여기에 없는 것 3편 4수가 서문문고 246책 『한용운 시 전집』에 실려 있고, 또 3수는 같은 시조 시편인데 제목만 다르게 전하고 있다. 확인한 한용운의 시조 시편은 모두 35편 45수[6]이다. 만해는 『님의 침묵』[1926]에 앞서 〈무궁화를 심으과저〉를 『개벽』[1922]에 발표했을 뿐만 아니라, 자유 시편의 창작이 주춤하던 1930년대에도 시조 시편의 창작을 지속한다. 이와 같이 만해의 시조 시편들에는 독립운동가로서의 삶과 승려로서의 삶이 내재해 있기 때문에, 선적인 시조 시편을 통해서 그의 문학세계뿐만 아니라 총체적인 그의 삶을 조망하는데 부족함이 없음을 알게 된다.[7]

만해의 시조 시편이 정형시라는 형식면에서는 한시와 연관되지만, 비유적인 면에서는 『님의 침묵』에 더 가까운 중간적 특성을 가진다[8] 라고 한 김재홍의 주장은 앞서 이명재가 언급한 바 있는 시조 시편

6) 이종건, 「만해 한용운의 시조와 한시」, 『2005 만해축전』, 2005, 51쪽.

7) 여지선, 「한용운의 시조세계와 문학사적 의의」, 『2005 만해축전』, 2005, 128쪽.

8) 김재홍, 앞의 책, 67쪽.

이 한시와 자유 시편의 다리 구실을 한 셈이라는 논의의 범주에서 재고의 여지를 갖는다. 이러한 재고에 대한 해답은 여지선이 밝힌 논의에서 확인된다. 여지선에 의하면, 만해는 시집 『님의 침묵』 발행 이전부터 이미 시조 시편을 창작하였을 뿐만 아니라 1930년대 이후로는 자유 시편의 창작이 주춤한 반면 시조 시편의 창작을 지속하였다는 것이다. 이런 점에서 만해의 시조 시편 창작은 한시와 자유 시편과의 연관성이나 연장선에서 비롯된 것이 아니라 오로지 우리 민족의 정서를 반영한 정통성과 정체성에 기인하고 있음을 말해준다. 즉 만해는 민족적 정통성을 갖는 시가 양식인 시조시형을 통해 숭고한 얼을 되살리고자 한 것이다. 이러한 만해 정신은 앞에서도 언급한 바와 같이 '만해심(心)'으로 정의된다. 그래서 본고는 '만해심'이 낳은 선적 사유의 시조 시편, 즉 '선(禪)시조'에 내재되어있는 '만해행(行)'과 '님의 침묵'을 기저로 한 '공(空)'과 '불이(不二)'에 대해 다시 읽어보고자 한다.

2. 만해의 선(禪)과 不二

1) 유마경과 불이

만해는 여러 불교 경전 중에서도 특히 『유마경(維摩經)』과 깊은 인연을 갖는다. 『유마경』은 『유마힐소설경』의 약칭으로서 '유마힐'은 『유마경』의 주인공인 '유마힐거사'로서, '유마거사'라 부르기도 한다. '유마힐'은 정명(淨名)을 말하는 것으로서 『정명경(淨名經)』이라 칭한다. 만해가 대승불교의 여러 경전 중에서도 오직 『유마경』만 스스로 번역 후 강의를 했다는 점에서 '만해심(心)'의 근원을 알 수 있다. 이러한 만해의 유마정신은 그의 시조 시편 속에서 공(空)과 불이(不二)로 형상화된다. 만해가 창작한 시편을 통틀어 '유마경'이라는 경전 이름을 직접 표현한 장르는 시조 시편뿐이다. 이런 점에서 '유마상(相)'을 이어받은 만해심이 시조 시편에 확산되어있다. '유마상'은 만해의 선(禪)시조 시편 속에서 대승적 인간상인 보살행으로 형상화된 유마사상을 일컫는다. 즉 '유마상'을 통해 만해는 『유마경』의 불이법문(不二法門)에 닿은 유마거사의 진면목을 시조시형에 담아낸다.

『유마경』에서는 출세간뿐만 아니라 도심(盜心)에서도 도(道)를 성취할 수 있음을 설하고 있다. 그리고 출가사문뿐만 아니라 번뇌와 갈등 그리고 고통이 가득한 사회 환경 속의 재가자의 몸으로도 깨달음을 성취할 수 있음을 설한다. 이는 『유마경』이 이타(利他)의 정신에 의해 널리 이롭게 할 수 있다는 불이법문의 수행법을 제시하고 있음을 보여준다. '불이법문'이란 선(禪) 수행을 통하여 곧바로 깨달음으로 들어가는 문(門)을 말한다. 그리하여 만해는 『유마경』을 통한 '不二'의 선(禪) 정신을 펼치면서 승(僧)과 속(俗)이라는 외형적인 차별성으로부터 초월된 삶을 살아간다. 여기서 『유마경』의 선(禪) 정신과 不二에 닿은 만해의 시조 시편을 읽어보면,

> 따슨 빛 등에 지고
> 유마경(維摩經) 읽노라니
> 가볍게 나는 꽃이
> 글자를 가린다.
> 구태여 꽃 밑 글자를
> 읽어 무삼하리요.
>
> —한용운, 「공화난추(空華亂墜)」[9] 전문(밑줄은 인용자 표시)

초장에서는 "따슨 빛 등에 지고/유마경 읽"는 화자의 상황을 제시한다. 화자가 "따슨 빛"을 "등에 지고" 절간의 어디쯤에 앉은 상황은 경전을 읽는 배경, 즉 정적인 국면을 암시한다. 초장의 "유마경 읽노라니"에서 알 수 있듯이 만해가 경전 이름을 표현한 문학작품은 통틀어 시조 시편뿐이다. 이런 점에서 인용한 시조 시편은 '유마경'과 '시조시형'에 대한 만해의 의식세계를 보여준다. 중장에서는 "유마경"을 읽는 화자의 상황을 시제인 "공화난추", 즉 허공에 꽃잎이 흩날리는 풍경의 관계 속에 설정된다. 여기서 화자가 '유마경을 읽어야 하는' 현실적 상황이나 '유마경을 읽어가는' 그 의미는 여러 가지가 있을 수 있다. 그 중에서도 특히 "유마경 읽노라니"라는 상황과 "가볍게 나는 꽃"과의 관계에서는 "글자를 가"리고 싶은 의미로 파악된다. "공화난추"의 상황이 『유마경』의 "글자를 가"리는 국면에서 종장의 "꽃 밑 글자"를 반추하기 때문이다. 그러므로 꽃잎에 가려진, 즉 "꽃 밑 글자"를 이어받은 궁극적인 의미는 종장에 제시되는 "읽어 무삼하리오"로 귀착된다.

"공화난추"의 현상은 종장 첫 음보에서 "구태여"라는 어조에 의해 유마 정신의 국면으로 전환된다. 이는 "나는 꽃"과 "꽃 밑 글자"를 대비시키면서 공과 불이의 사상으로 귀착된다. 그리하여 만해의 시상은 『유마경』의 불이법문을 관통하면서 "가볍게 나는 꽃"으로 형상화된다. 특히 "따슨 빛"이 "등"을 넘어 "유마경 읽"으니 불이의 "꽃"은 자타(自他)라는 "글자를 가"리는 현상으로 형상화된다. 이러한 현상적(現象的) 형상화는 "꽃"과 "글자"가 불이로 현상되는 의미를 낳는다. 이는 "꽃 밑 글자"를 '읽는 것'과 '읽지 않은 것'이 불이, 즉 읽지 않아도 이미 읽은 것과 다르지 않음을 나타낸다. "공화난추"의 현

9) 『불교』지 96호 권두언.

상세계에서 '유마경을 읽어가는' 만해심이 유마일묵(維摩一默)에 닿음으로써 공과 불이로 승화되는 국면을 갖는다. 이러한 국면은 일제강점기라는 암울한 시대를 空과 불이로 승화하고 있다는 점에서 만해심의 깊이를 들여다보게 한다. 이는 만해 선사의 대승적 제도심이 "가볍게 나는 꽃잎"으로 표상되면서 "공화난추"의 현상적 세계를 비추고 있음을 보여준다. 종장에서는 '유마의 침묵'과 '님의 침묵'을 동일화시키는 국면을 갖는다. 즉 "꽃 밑 글자"인 절대 자유와 평등의 경지마저 초월한, 즉 "가볍"게 눈짓하는 깨달음의 경지에 이르고 있다. 이런 점에서 만해의 자유 시편이 '참선하는 중'(「세모(歲暮)」)[10] 이라면 정형시로서 시조 시편은 어떤 깨달음에 닿은 '선적(禪的) 화두를 제시'하는 중이다.

봄날이 고요키로
향을 치고 앉았더니
삽살개 꿈을 꾸고
거미는 줄을 친다.
어디서 꾸꾸기 소리
산을 넘어 오더라.

—한용운, 「춘주(春晝)」 전문

인용 작품의 초장에서는 "향을 치고 앉"은 화자의 모습이 "봄날의 고요"함 그 자체로 제시된다. 중장에서는 '꿈을 꾸고 있는 삽살개', '줄을 치는 거미'와 화자와의 어떤 관계가 설정된다. "향을 치고 앉"

10) 산 밑 작은 집에/두어 나무의 매화가 있고/주인은 참선하는 중이다.//그들을 둘러싼 첫 겹은/흰 눈, 찬바람 혹은 따스한 빛이다. —「세모」 전문(한용운, 『님의 침묵』, 어문각, 1985, 133쪽).

은 상황은 "봄날이 고요키"라는 분위기로 제시된다. 하지만 화자의 내면에는 고요한 봄날을 통해 지난 시간의 회상이라든가 기타 여러 가지의 시적 상상이 떠오르게 된다. 그리하여 화자와의 관계 설정이 "삽살개"와 "거미"로 구체화된다. 즉 중장은 초장에서의 국면에 연속성을 띠면서도 다음에 이어지는 종장의 국면을 예고하는 관계성을 갖는다. 이러한 국면의 전환은 종장에서 "山을 넘어오"는 "꾸꾸기 소리"로 귀결된다. 초장에서의 "고요"한 세계 속에 등장하는 중장의 "삽살개"와 "거미"의 행위는 '고요한 봄날'을 꾹 누르는 현상으로 있다. 이러한 현상적 국면은 종장에 와서 "꾸꾸기 소리 산을 넘어 오"면서부터 흔들리기 시작한다.

이러한 세 국면의 조합은 곧 "춘주(春晝)"의 현상적 사실의 세계로 표상된다. 만해의 "봄날"은 늘 "따슨 빛"(「공화난추」)이 내리는 한낮처럼 "고요"하기만 하다. "향"내음이 "고요"하게 앉은 봄날, "삽살개"는 "꿈"속에서 침묵하고, "거미"는 그 침묵을 풀어 "줄"을 치는 현상적 국면이다. 침묵한 "봄날" 위로 "어디서 꾸꾸기 소리"가 "산을 넘어"오면서부터 "춘주"의 매듭은 풀리기 시작한다. 화자의 내면세계는 '침묵'도 '침묵 아닌 침묵'도 아닌, 즉 '있음'도 아니고 '있음 아닌 있음', 즉 '없음'도 아닌 불이의 경지인 일원상을 "향"처럼 머금은 국면으로 있기 때문이다. 화자가 추구하는 세계는 "산을 넘어"오는 소리, 곧 '님의 침묵'으로 역설되어 어떤 깨달음으로 들고 있는 것이다. 이렇듯 역설의 부정으로부터 "봄날"에 "향을 치고 앉"은 곳에서 들려오는 "꾸꾸기 소리"의 국면에서 화자의 심경을 읽을 수 있게 된다. 위 시편은 "향을 치고 앉"은 유마거사가 "산을 넘어오"는 불이의 세계와 소통하면서부터 "봄날" 저만치 "따슨 빛 등에 지"(「공화난추」)고 '공(空)'의 선정에 들고 있음을 표현한다.

간밤 가는 비가
그다지도 무겁더냐.
빗방울에 눌린 채
눕고 못 이는 어린 풀아
아침볕 가벼운 키스
네 받을 줄 왜 모르느냐.

—한용운, 「춘조(春朝) · 1」 전문

위 시편의 초장에서는 "간밤"에 "가는 비"가 내렸다는 상황을 제시한다. "가는 비"가 "그다지도 무겁더냐."는 이어받을 중장에 등장할 주체의 성격을 암시한다. 초장 첫 구(句)와 둘째 구는 "가는 비"라는 사실적 현상과 "무겁더냐"라는 진술이 대구(對句)를 취하는 형식이다. 이어지는 중장에서는 "간밤 가는 비"와 "눕고 못 이는 어린 풀"과의 긴밀한 관계, 즉 초장에서의 "무겁더냐"의 진술을 이어받아 "눌린 채"라는 사실적 현상의 관계로 설정된다. 초장의 "간밤"에 내린 "가는 비"가 나타내는 이미지는 시공간을 배경으로 한 사실적 이미지로서 그 의미를 쉽게 짐작할 수 있다. 중장에서의 "빗방울"은 곧 초장에서의 "가는 비"와 동일성을 갖는다는 점에서 "어린 풀"과 수평적 관계를 갖는다. "빗방울"과 "어린 풀"이 갖는 관계에서는 그 의미를 짐작하기란 쉽지 않을 수 있다. 하지만 그 의미는 초장의 "그다지도 무겁더냐"를 종장에서 "네 받을 줄 왜 모르느냐"라는 화두로 암시된다. 화자가 애써 부르짖는 화두는 '님'을 향한 "춘조(春朝)"의 모습이기 때문이다. 이러한 의미는 줄곧 "간밤" "가는 비" "어린 풀"의 이미지로 나열되는 표현에서 알 수 있듯이 절망적 환경과 억눌린 가슴을 가누지 못하는 존재의 애환으로 표상된다.

간밤에 내린 가느다란 빗방울에 눌린 채 일어서지 못하는 "어린 풀"에게 다가선 "아침볕 가벼운 키스"는 대자연의 섭리이면서 자주 독립에 대한 열망 그 자체다. 이른 봄의 아침 풍경에 던져진 화두는 "가는 비"와 "어린 풀"이 둘이 아니듯 조국과 민족이 둘이 아님을 일깨우는 불이(不二)이다. "춘조(春朝)" 즉 '봄날 아침'의 풍경은 불이가 가득 담긴 침묵으로 존재하는 공(空)의 자리이며, 이는 님의 침묵이요, 민족의 침묵이며, 조국의 침묵으로 승화되는 '만해심(心)'의 자리이기도 하다. 위 시조 시편은 '침묵'을 근저로 "어린 풀"을 의인화하여 일방적 대화 형식으로 표현하고 있다. 이러한 형식은 '봄날 아침'을 관통하며 피어난 꽃잎처럼 맑은 볕살, 그토록 맑고 가벼운 입맞춤을 차마 받을 수 없는 현실, 그 현상을 동경하는 시심으로 형상화된다. 이러한 시심은 초장과 중장에서, 지난밤 내린 빗물에 짓눌리어 일어서지 못하는 '어린 풀'을 의인화함으로써 실현된다. 이러한 국면은 만해가 3년여의 긴 투옥 생활 끝에 출감하여 쇠약해진 신체적 조건과 정신적 무력감으로 인해 고통에 처한 자신을 의식적으로 표출하고 있다. 화자는 이른 봄의 "아침볕 가벼운 키스"를 받고 의연히 일어서는 "어린 풀"처럼 정감을 토로한다.

이른 봄 작은 언덕
쌓인 눈을 저어 마소
제 아무리 차다기로
돋는 움을 어이하리.
봄옷을 새로 지어
가신 님께 보내고자.

—한용운, 「조춘(早春)·1」 전문

새 봄이 오단 말가

매화야 물어 보자.
눈바람에 막힌 길을
제 어이 오단 말가.
매화는 말이 없고
봉오리만 맺더라.

—한용운, 「조춘(早春)·2」 전문

「조춘(早春)·1」의 초장에서는 "이른 봄 작은 언덕"에 눈 쌓인 풍경이 제시된다. 이어지는 중장에서는 "쌓인 눈"과 "돋는 움"과의 관계가 설정된다. "이른 봄 작은 언덕"에 "쌓인 눈"의 차가움이야 더할 나위 없겠지만 자연적 섭리를 좇아 "돋는 움을 어이하리."라며 화자의 심정을 구체화시킨다. 이어받는 종장에서는 "돋는 움"으로 "봄옷을 새로 지"어 "보내고"자 하는 의미로 종결된다. 여기서 "새 봄"은 바로 생멸이 교차하는 시간적 의미를 갖는다. "작은 언덕 쌓인 눈"은 봄볕에 녹아내리기 마련이지만, 봄기운을 받아 눈송이를 뚫고서 "돋는 움"은 생(生)의 걸음을 딛는다. "이른 봄"이면 삼라만상은 생기(生氣)를 받아 멸(滅)의 세계로부터 탈출하기 시작한다.

「조춘(早春)·2」의 초장에서는 화자가 "매화"에게 "새 봄", 즉 "이른 봄"(「조춘(早春)·1」)을 기다리는 심정을 토로한다. 하지만 "매화는 말이 없"으니 화자 또한 "눈바람에 막힌 길"을 바라보면서 늦겨울의 차가움만 만지작거릴 뿐이다. 이와 같이 초장과 중장에서 봄소식을 기다리는 화자에게 매화는 "봉오리만 맺"는 유마일묵의 국면이다. 이러한 국면은 바로 대자연의 설법인 염화시중(拈華示衆)으로 읽힌다. 염화시중은 이심전심(以心傳心), 즉 마음에서 마음으로 전하는 것을 말하는데, 석가모니 부처가 연꽃을 들어 대중에게 보였을 때 마하가섭만이 그 뜻을 깨달아 미소를 지었다는데서 유래한 말이다. "매화"는 화자에게 "새 봄"이 오고 있음을 언어적 관념 대신에 사실적 현상으로 제시한 사물이다. 어찌 '매화의 봉오리'뿐이겠는가. 삼라만상은 모두 다 그와 같이 염화시중의 설법의 국면으로 있다. 이심전심 그 자체가 바로 불이(不二)이며 또한 공(空)이거늘 불이가 불이로 돋는 섭리이니 어찌 생과 멸의 근원이 다르지 않는가라는 공의 화두를 세우고 있다. 이렇듯 "쌓인 눈"과 "돋는 움"의 대립과 "눈바람"과 "매화"의 대립은 불이의 관계로 승화된다.

이와 같이 인용한 두 시조 시편은 시적 소재들을 시간적으로 배열하면서 '님의 침묵'을 일깨우고자 선적인 공과 불이를 노래하고 있다. 두 작품은 차갑게 "쌓인 눈" 아래로 "돋은 움"에게 "봄옷을 새로 지어" 보낸들 "무삼하리오"(「공화난추」)라며 유마일묵으로 일관한다. 이러한 선적 일관은 조국을 일제에게 강점당한 뼈아픈 상황을 제시하고 있다. 이는 또한 그토록 뼈아픈 처지를 극복하기 위해 몸부림치는 민족의 혼(魂)을 봄날 다시 "돋는 움"에 비유하고 있다. 이렇게 찾아온 "새 봄"에게 "눈바람에 막힌 길을/제 어이 오단 말가."라며 가슴을 뜯는 심정으로 노래한다.

이와 같이 만해는 자유 시편에서 단순히 '님의 침묵'만을 노래했다면, 선(禪)시조 시편에서는 님의 침묵을 깨우고자 소리 없는 공과 불이를 외치고 있다. 만해에게 시조시형은 '님의 침묵'을 깨우는 크나큰 범종에 새긴 '선(禪)'의 자리인 것이다. 이렇듯 공과 불이를 외치는 만해의 시조 시편은 선시조의 본질이 지향하는 시적 경향을 잘 보여주고 있다. 세계를 반영하는 자리에 문학적 언어가 놓여 있다면 선적 존재론이라고 할 수 있는 선(禪)시조는, "석가모니가 보리수 아래에서 정각(正覺)한 내용은 일체유정(一切有情)의 삶이 역설임을 전제로 하고 있다. 중생은 그 자신의 본성 속에 불성[如來藏心]을 구유하고 있으면서도 동시에 끝없는 업의 연기(緣起) 속에서 생사번뇌의

윤회를 되풀이하며, 연기의 이법 또한 그 자체 불일불이(不一不二)의 법으로서, 결국 삶이 있으므로 죽음이 있고, 죽음이 있으므로 삶이 있는 것이라고 보았기 때문이다. 따라서 양자는 개별적[차별상]인 존재[不一]이지만 궁극적으로는 동일한 존재[不二]라는 역설을 성립시킨다."[11]고 할 수 있다. 즉 만해는 궁극적으로 깨달음의 세계를 선(禪)시조시형을 통해 역설적 의미화 시키고 있는 것으로 이해된다.

2) 만해 심우도

「심우도(尋牛圖)」는 「십우도(十牛圖)」[12]라고도 하며, 목동이 스스로 잃어버렸던 '소[牛]'를 다시 찾은 후 야성으로 되돌아간 그 '소'를 길들이고, 그 '소'와의 일체를 실현해가는 과정을 그린 10폭의 그림이다. 즉 인간이 참된 자아를 회복해가는 자각의 과정을 10가지 경지로 나누어 도시한 그림으로서 사원(寺院)의 벽화에는 빼놓을 수 없는 테마(theme)이기도 하다. 이러한 「심우도」는 '마음'과 싸워, 마침내 '마음'으로부터 걸림을 지워가는 일련의 과정을 보편화한 내용으로 구성된다. 이는 자성을 '소'에 빗대어, '소'를 발견하고 '소'를 길들여, 마침내 '소'로부터 벗어나는 과정을 나타냄으로써 궁극적으로는 깨달음으로 나아가는 길을 제시한다. 만해는 「심우도」에서 '소 찾기' 즉 '심우'의 화두를 시조시형에 온전하게 담아 '만해 심우도'를 완성한다. 만해가 시조시형에 그린 「심우도」를 공과 불이에 비추어 읽어보면,

11) 오세영, 『현대시와 불교』, 살림, 2006, 25쪽.

12) 十牛圖는 尋牛, 見跡, 見牛, 得牛, 牧牛, 騎牛歸家, 忘牛存人, 人牛俱忘, 反本還源, 入纏垂手의 10단계로 구성된다.

잃은 소 없건마는
찾을 손 우습도다.
만일 잃을시 분명하다면
찾은들 지닐소냐.
차라리 찾지나 말면
또 잃지나 않으리라.

—한용운, 「심우장(尋牛莊)·1」 전문

'심우(尋牛)'란 「심우도」 과정의 첫 단계로서 잃어버린 '소[牛]'를 찾아나서는 출발 단계를 말한다. '심우'는 잃어버린 참된 자아를 찾기 위한 수행의 과정이 시작되는 첫걸음이다. 「심우장·1」의 화자는 초장에서 "잃은 소 없"는데 "찾을 손"이 어찌 "우습"지 않을 수 있겠는가 하고 자아를 반추한다. 이는 화자의 불성(佛性)이 이미 참된 자아의 행방을 관통하고 있음을 나타낸다. 화자는 두두물물(頭頭物物)이 애초부터 다 '있는 그대로'의 불성을 지녔거늘 무엇을 어디에다 잃었는가 하고 자문한다. 그리고 이미 잃어버리지 않았는데 또 무엇을 찾겠다며 나서겠냐고 되묻고 있다. 진정 이미 잃어버린 게 분명하다면 "찾은들 지닐소냐"며 "차라리" 잃어버린 그대로 머물기를 바라고 있다.

만해는 위 시편에서, 본래면목 그대로의 '불이(不二)'를 아상(我相)의 실체가 존재하는 문으로 들어서고 있음을 보여준다. 즉 중생(衆生)이 곧 보살정토이니 잃고 찾음이 둘이 아니라는 불리(佛理)를 보여주고 있다. 그리고 만해는 "잃을시 분명하다"면 "찾은 들" 다시 잃게 된다는 '공(空)'의 법문을 설하고 있다. 만해가 '심우장'에서 여생을 보낸다는 점에서 「심우장·1」은 '심우'를 지나 이미 '인우구망'의 일원상(一圓相)에 닿아있다. 여기서 '일원상'은 절대 허무가 아닌 공을 의미하는 것으로서 '망우존인'까지의 모든 업(業)이 사라지면서 '절대무(絶對無)'의 경지에 들어 있음을 나타낸다. '절대무'에서 다시 새로운 출발의 다짐으로 표출된다는 점에서 위 작품은 공과 불이로 들어서는 깨달음 그 자체를 표상하고 있다.

만해는 위 작품을 통해 본래에 '나[本來面目]'와 '내 것[牛]'이 있지 않았고, 내[我相]가 여기에 있는 것도 없는 것도 아님을 보여줌으로써 나를 관통하는 두두물물에 대한 무소유의 심상을 나타낸다. 이는 모든 것이 다 마음에 달려 있다[一切唯心]라는 의미와 소통함으로써 아상과 아집을 떨치는 국면이다. '나와 내 것'이란 곧 나와 너를 갈라놓고 나만을 위해 살아가는 아상(我相), 아집(我執) 때문에 '내 것'이라는 관념을 말한다. 여기서 불이(不二)를 나타내는 것은 '나'와 '내 것'을 분별하는 마음이 사라질 때 비로소 두두물물이 '내 것'이 되어 하나가 되는 공(空)의 자리를 말한다. 이와 같이 '不二'는 불교의 가르침 중에서 가장 으뜸이며 지혜와 자비를 오직 하나로 관통하는 사상이다.

소 찾기 몇 해런가
풀길이 어지럽구야.
북악산(北岳山) 기슭 안고
해와 달로 감돈다네.
이 마음 가시잖으면
정녕코 만나오리.

찾는 마음 숨는 마음
서로 숨바꼭질할 제
골 아래 흐르는 물

돌길을 뚫고 넘네.
말없이 웃어내거든
소잡은 줄 아옵소라.

—한용운, 「심우장(尋牛莊)·3」 전문

「심우장·1」에서 화자는 "잃은 소 없"다고 하였으나 「심우장·3」에서는 "소 찾기"를 하고 있다. 화자가 찾는 '소'는 '자리의 소'이겠는가 아니면 '이타의 소'이겠는가. '자리의 소'는 "이 마음 가시잖"고 "해와 달로 감"돌고 있다. 하지만 "숨는 마음"이 있으면 "찾는 마음"이 생기는 법, 결국에는 제자리걸음으로 찾아지는 불이(不二)의 섭리가 바로 '이타(利他)의 소'다. 그 자리에서 '이타의 소'를 보고 "말없이 웃어"보이거든 '깨달은 줄 알아라'고 선언한 것이다. 화자는 「심우장·3」에 이르러 비로소 한 폭의 산수화 풍경에 어떤 깨달음, 즉 '어지러운 풀길'을 지나 "해와 달로 감돈" "이 마음"에 다가서고 있다. 이는 "골 아래 흐르는 물"인 '인우구망'을 지나 "말없이 웃어내"는 무심의 경지인 '반본환원'에 들었음을 선언하고 있다. 이는 "골 아래 흐르는 물"이 "돌길을 뚫고 넘"는 묘오(妙悟)의 경지에서 "숨바꼭질"의 정체를 파악할 수 있기 때문이다. 화자는 공부가 더욱 깊어져 "말없이 웃어내"는 무심의 단계에 이르러 '반본환원'의 득도를 이룬 모습이다. '반본환원'이 근원으로 되돌아간다는 의미라는 점에서, 화자는 "말없이 웃어내"는 까닭은 바로 그 본원으로 돌아간 본래면목의 참된 모습이 바로 화자 자신이기 때문이다.

산(山)집의 일없는 사람
가을꽃을 어여삐 여겨
지는 햇빛 받으려고

울타리를 잘랐더니
서풍(西風)이 넘어 와서
꽃가지를 꺾더라.

—한용운, 「추화(秋花)」 전문

초장에서는 "일없는 사람"이 살아가는 "山집"이고 보면 그 한가로운 정취가 산(山) 그림자처럼 저절로 묻어나는 국면이다. 특히 때는 바야흐로 가을철에 접어들었으니 산 빛은 더욱 한가로워 구석구석에 "가을꽃"이 한창이다. 중장에서 화자는 "지는 햇빛"이나마 고이 받아 '어여쁜 가을꽃'에게 건네려고 한다. 그러나 화자는 나지막한 울타리마저 키를 낮추어보지만 종장에서 서풍은 기다렸다는 듯이 키 낮은 울타리를 넘어 와 "꽃가지를 꺾"고 만다. 이와 같이 화자는 "가을꽃을 어여삐 여겨"서 오히려 "꽃가지를 꺾"은 격이 되고 보니 다시 "산(山)집의 일없는 사람"이 된다. 이를 공(空)의 섭리로 다시 읽으면, 집 안에 핀 꽃은 서쪽 울타리 너머 키만치 턱을 받치며 섰다. 하지만 자꾸만 짧아지는 햇빛을 붙잡기에는 역부족이다. 잘라낸 "울타리"너머로 "가을꽃"들의 함성은 "서풍"을 역행하며 울 너머로 달려간다. 하지만 이를 어쩌겠는가, 발돋움을 하면할수록 바람이 세차게 불어오는 섭리를 피할 길 없으니 말이다. 위 작품과 같이 만해의 시조 시편에는 자연과 시간이 시적 소재로 대두되면서 그 중요성이 더해진다. 시간이란 시의 배경으로도 중요하지만 대상으로서도 그 의미가 남다르기 때문이다. 만해의 시조 시편에서 시간은 밤, 아침, 새벽이 중심을 이루며, 계절로는 시제를 기준으로 볼 때 봄,[13] 가을[14] 순으로 그

13) 「早春」「春朝」「春晝」.
14) 「秋花」「코스모스」「秋夜夢」「秋夜短」.

려진다. 그리고 '달[月]'을 소재로 한 작품이 다수를 이루는 점으로 보아 '달빛'을 통한 상상력으로 만해의 정서는 서정과 명상에 자리매김하고 있다. 화자는 방방곡곡에서 크고 작은 독립의 아우성이 물결치고, 이를 총칼로 짓밟는 왜놈들의 무지한 행위를 고발하는 국면으로 형상화된다.

3. '님'과 不二

만해(萬海)는 일제강점기가 오래도록 지속될지도 모르는 민족의 자괴감이 땅 속 깊이 스며들 때쯤, 민족의 자존을 위한 불씨를 홀로 애타게 지켜나가야 했다. 그 불씨가 바로 '불이(不二)의 님'이요, '조국의 님'이다. 이렇듯 만해에게 '님'은 깨달음의 불씨이며, 조국에게 '님'은 침묵의 불씨이다. 만해는 "님은 갔지마는 나는 님을 보내지 아니하였습니다."(「님의 침묵」)라며 울부짖는 그 '침묵의 님'을 향해 깨달음의 노래를 부르고 있다. 만해에게 '님'이 떠난 그 자리에 남겨진 불씨는 바로 '침묵' 그 자체였으며, 그 침묵은 다시 '님'을 찾아나서는 불씨가 되어 공과 불이의 순환을 이루고 있다. 이와 같이 만해의 선적인 시조 시편 속에는 오직 '님'만을 그리워 찾아나서는 불심(佛心)과 시심(詩心)이 "가을꽃"(「秋花」)처럼 피어 있는 듯하다. 만해에게 '님'은 둘이면서 둘이 아닌[不二] '침묵의 님'이며, 그토록 '침묵하는 님'의 땅에는 오직 하나 '님의 침묵'만이 존재한다.

가을밤 빗소리에 놀라 깨니 꿈이로다
오셨던 님 간 곳 없고 등잔불만 흐리구나
그 꿈을 또 꾸라한들 잠 못 이뤄 하노라

—한용운, 「추야몽(秋夜夢) · 1」 전문

인용한 작품은 "등잔불만 흐"린 "가을밤 빗소리"에 "잠 못 이뤄 하"는 화자의 현실적 배경이 선명한 시편이다. 이러한 국면과 "꿈"에서 "오셨던 님"을 다시 만나기 위해 "그 꿈을 또 꾸"려는 화자의 환상이 시적 대비를 이룬다. 여기서 화자는 현실이 아닌 환상 속에서만 '님'을 만날 수 있다는 사실에 몸서리치듯 "가을밤 빗소리"에 의지할 수밖에 없음을 나타낸다. 그리하여 "놀라 깨"어난 화자의 심중(心中)엔 침묵하는 '님'의 존재만 각인될 뿐이다. 화자는 "밤 근심이 하 길기에/꿈도 길 줄 알았더니/님을 보러 가는 길에/반도 못가서 깨었구나."(「꿈과 근심」)에서처럼 꿈[침묵]과 근심[현실]의 사이에서 간절하게 꿈과 둘이 아닌 '님'을 애써 부르고 있다. "등잔불만 흐린" 조국의 모습 속에서 화자는 수없이 '님'을 불러보지만 "그 꿈을 또 꾸"지 않는 한 만날 수 없음을 깨닫기 시작한다. 이는 화자의 "잠 못 이뤄 하"는 심정을 '깨어나는 꿈'과 '꾸려하는 꿈'의 틈에서 불이의 정신으로 복원하고 있음을 나타낸다.

야속다 그 빗소리 공연히 잠을 깨노
님의 손길 어디 가고 이불귀만 잡았는가
베개 위 눈물 흔적을 씻어 무삼하리오

—한용운, 「추야몽(秋夜夢) · 2」 전문

인용한 작품에서는 "잠"을 '꿈'의 자리에 놓고 "이불귀"와 "베개"라는 이미지로 형상화함으로써 가을밤 꿈의 "무삼"함을 나타낸다. "사랑의 속박이 꿈이라면/출세의 해탈도 꿈"(「꿈이라면」)이라고 노래한 것처럼 "님의 손길"을 사랑의 속박으로, "이불귀만 잡"은 손길을 꿈으로 표상한다. "야속"한 "눈물 흔적"을 남기는 "가을밤 빗소리"(「추야몽 · 1」)에 화자는 현실을 뉘우치며 환상의 세계에서 만난 '님'을 그리워한다. 이는 만해 시작(詩作)의 전모라고 할 수 있는 '님'에 대한 존재방식을 나타낸다. 화자는 "공연히 잠을 깨"는 "그 빗소리"가 "야속"하기만 하다. 잠에서 깨어난 화자의 손에는 "님의 손길"이 아닌 "이불귀"만 잡힌 국면에서 화자의 조국 잃은 심정을 드러내고 있다. 이러한 화자의 답답한 심정은 "눈물 흔적을 씻"은들 무슨 소용이 있겠는가라는 空의 자리를 표상한다. 그리고 화자는 조국을 되찾으려는 결심 하나로 '님'의 존재와 부재(不在) 사이를 불이(不二)의 자리로 건너고 있다.

> 꿈이거든 깨지 말자 백번이나 별렀거만
> 꿈 깨자 님 보내니 허망할손 맹세로다
> 이후는 꿈 깰지라도 잡은 손은 안노리라
>
> ―한용운, 「추야몽(秋夜夢) · 3」 전문

인용한 시조 시편은 '꿈'과 '님'의 존재의식을 '꿈'과 '깸'이라는 동일화에 의해 형상화한다. 특히 문학 존재의 본질이 정신과 사물을 '언어'라는 동일성 차원으로 이끌어가는 방법이라고 할 때, 위 시편은 '꿈'이라는 정신세계와 '님'이라는 사물[현실]세계의 결합으로 표상된다. 이러한 점에서 시적 정신이라고 할 수 있는 시적 세계관의 본질이 자아와 세계의 동일성에 기댐으로써, 이는 만해의 시조 시편에 나타나는 시적 동일성의 추구와 닿아있다. 화자는 "아아, 발자취 소리나 아니더면 꿈이나 아니 깨었으련마는 꿈은 님을 찾아가려고 구름을 탔었어요."(「꿈 깨고서」)에서처럼 공존할 수 없는 현실세계를 구름 위에 올려놓고 있다. 초장에서 화자가 꿈속에서 꿈에게 말을 건네는 국면은 꿈이 꿈으로 있는 시간을 통해 공의 배경으로 '인연(因緣)'을 내세우고 있다. 인연이란 곧 '연기(緣起)'로서 이것은 저것으로 말미암아 일어난다는 뜻을 갖는다. 이것이라는 것은 저것이라는 것과 상응하고 의지하는 관계에 놓이게 때문이다.

> 님의 발자취에 놀라 깨어 내다보니
> 달그림자 기운 뜰에 오동잎이 떨어졌다.
> 바람아 어디 가 못 불어서 님 없는 집에 부느냐
>
> ―한용운, 「추야몽(秋夜夢)·4」 전문

"오동잎이 떨어"지는 소리에 "놀라 깨어"난 화자의 심정은 "달그림자 기"운 애환과 "님 없는 집"에 불어오는 "바람"을 원망하는 심정으로 다가선 국면으로 있다. "바람도 없는 공중에 수직의 파문을 내이며 고요히 떨어지는 오동잎은 누구의 발자취입니까."(「알 수 없어요」)라고 노래한 것처럼 화자는 "오동잎이 떨"어진 "달그림자 기운 뜰"을 '님'의 존재로 표상한다. 그리고 "당신이 여름날에 더위를 못 이기어 낮잠을 자거든, 나의 꿈은 맑은 바람이 되어서 당신의 주위에 떠돌겠습니다."(「나의 꿈」)에서 "바람이 되"고픈 심정을 노래한 것처럼 화자는 "님 없는 집에 부"는 바람을 역설적으로 표현한다. 만해의 시조 시편에 나타난 '님'의 존재론적 의미는 '꿈'의 존재 방식으로 형상화된다. '님'은 현실 속에서는 부재하지만 꿈속에서는 발자취로서 그 존재를 드러내기 때문이다. 선행 연구들에서 '님'의 존재를 다의미성과 애매 모호성을 지닌 시적 상징으로만 분석할 수밖에 없었듯이 '님'의 존재는 곧 꿈이며, 꿈의 존재는 곧 침묵이기에 만해의 '님' 그 자체의 손길은 공(空)과 불이(不二)에 닿아있다.

만해(萬海)는 「추야몽(秋夜夢)」 연작 외에도 대부분의 선적인 시조 시편에서 '님'을 노래하고 있다. 만해는 '꿈'을 통해 '님'에 다가서며 "아아, 나는 만족을 얻었노라. 아지랑이 같은 꿈과 금실 같은 환상이 님 계신 꽃동산에 둘릴 때에 아아, 나는 만족을 얻었노라."(「만족」)에서처럼 비록 '꿈'과 '환상'일지라도 '님'을 향한 시심으로 공과 불이를 승화시키고 있다.

> 어즈버 해가 차거든/우리 님께 드리리라. —「우리 님」 부분[종장]
>
> 아마도 님 찾는 길은/그뿐인가 하노라.
>
> —「무제(無題) 一三首·1」 부분[종장]
>
> 그보다 높고 깊은 것은/님뿐인가 하노라.
>
> —「無題 一三首·2」 부분[종장]
>
> 님보다 비 먼저 오시니/ 그를 슬퍼하노라.
>
> —「無題 一三首·3」 부분[종장]
>
> 술 빚고 봄옷 지어/오시는 님을 맞을까.
>
> —「無題 一三首·9」 부분[종장]
>
> 두어라 님의 품에서/기른 회포 풀리라.
>
> —「無題 一三首·12」 부분[종장]
>
> 달아 달아 밝은 달아/님의 거울 비춘 달아
>
> —「무궁화(無窮花) 심고자」 부분[2수 초장]
>
> 님께는 주시는 사랑/하기루어 (다시와요)
>
> —「환가(還家)」 부분[종장]
>
> 다른 때 다시 만나/남은 회포 풀리라.
>
> —「명사십리(明沙十里)」 부분[종장]

"오셨던 님"은 꿈과 함께 사라졌지만, 그의 가슴에는 흐릿한 "등잔불"이 가슴속 깊이 스며든다. 이는 몽상(夢想)을 통해서라도 민족의 독립에 대한 열망의 '불씨'를 지켜나가야 했던 절대 절명의 심중(心中)이 그대로 형상화된다. 만해는 '꿈'과 '바람'을 결코 원망하거나 밀치지 않는다. 만해가 조국과의 기약 없는 이별을 운명으로만 받아들일 수 없었음은 자명한 일, "님 찾는 길"이 오직 "그뿐"이기에 애써 "이불귀"(「추야몽 · 2」)만 두 손 모아 잡는다. 만해는 이 세상의 그 어떠한 존재보다도 소중한 것은 '님'이라는 사실을 깨닫는다. 그에게 "님"뿐인 그 '님'이란 바로 '조국 해방'이요, '자주 독립'의 길과 '님의 길' 뿐이다. 그는 "술 빚고 봄옷 지"어 "오시는 님 맞"이하고자 저만치 나섰다가 '님'이 채 당도하기도 전에 영원히 '침묵'으로 들고 말았으니 이 어찌 슬프지 않겠는가. 하지만 그는 "님의 품에"서 "회포 풀"며 영원히 살아있다. 만해는 조국의 하늘에서 "밝은 달"님이 되어 다시 한 번 "남은 회포 풀"리라며 환하게 비춘다.

만해(萬海)가 다른 문인들과는 확연히 차별화되는 점은 오직 '님'을 되찾기 위한 절규로서 문학 작품을 창작한데 있다. 문학 작품에 표상된 '님'은 '침묵'이거나 '불이'이며 '달빛'이거나 '등잔불'이다. 만해는 시공(時空)을 붙잡고 조국의 앞날과 후손을 생각하며 글을 짓는다. 그는 오직 "계수나무 베어 내고 무궁화를 심고"(「무궁화 심으과저」)자 글을 짓는다. 그리고 만해의 '님'은 곧 '만남'이자 '불이'였으며, 불이는 곧 '침묵의 만남'과 다름 아니다. 나와 민족이 둘이 아니듯 나와 조국, 민족과 조국도 둘이 아니기에 그는 늘 불이의 사유로 일어서고 있다. 하나가 아니면서 둘이 아닌 불이를 생명보다 더 귀하게 여기는 그 사람, 그가 바로 '만해'이다.

억세고 악독하던 그 첩첩한 어두움이 걷히기 일 년 남짓 앞두고 마침내 만해 선사는 열반에 들고 말았으니, 그가 훌훌 떠난 날은 1944년 5월 9일이다. 뒷날 그를 두고 위당(爲堂) 정인보가 다음과 같은 시조 시편을 읊는바, 누가 있어 감히 '님의 침묵'을 오늘 이 순간엔들 향기 없다 하며 빛 잃었다 하랴.[15]

풍란화(風蘭花) 매운 향내
당신에야 견줄손가.
이 날에 님 계시면
별도 아니 더 빛날까.
불토(佛土)가 이 외 없으니
혼(魂)하 돌아오소서.

4. 나오는 말

만해는 그 시대의 으뜸가는 선승(禪僧)이며 역동적인 독립운동가요, 진정한 문인이다. 그는 "조선 청년은 한용운을 배워라, 한용운은 인도의 간디와 같은 인물이다"[16]라고 외치게 하던 주인공이다. 만해는 한시, 시조, 자유시, 소설, 수필 등 문학의 전 장르에 걸쳐 붓을 들었던 지성인이다. 그는 또 시승(詩僧)으로서 맑고 아름다운 정서를 통해 침묵한 '님'의 정신을 일깨우고자 우리 민족에게 혼(魂)을 불어넣은 불굴의 선구자이다. 이러한 그에게 진정으로 다가선 '님의 침묵'은 시조시형 속에서 공(空)과 불이(不二)로 담겨있다.

만해 선사의 시조 시편들은 정서와 형식이 선적 깨달음과 전통문학 양식에 온전히 닿아있다. 이는 그가 옥중(獄中)에서도 "계수나무

15) 한국현대시문학대계, 『한용운』, 지식산업사, 1981, 223~224쪽.
16) 위당 정인보 선생이 강연 끝에 한 말.

베어내고 무궁화 심으과저"(「무궁화 심으과저」)라는 시조 시편을 지었다는 점에서도 확인된다. 이와 같이 '만해심(心)'의 끄트머리에는 늘 시조시형이 자리하고 있다. 그리고 우리의 것은 모두다 '님'이라는 지고한 정신이 숨 쉬고 있다. 만해가 사상, 생활, 감정, 정서 등의 표현에 있어서 선(禪) 정신을 시조시형에 온전히 담아내고 있다. 만해의 시조 시편들은 하나같이 '님'을 일깨우기 위해 유마일묵(維摩一默)으로 할(喝)을 들고 있다.

만해는 정형시인 한시(漢詩)와 선(禪)시조, 비정형시인 자유시 등을 골고루 창작한 진정한 문인이다. 만해는 시조 부흥운동이 일어나자 시조 시편 창작에 더욱 관심을 기울이며, 시집 『님의 침묵』 발간 이후부터는 한시나 자유 시편보다 오히려 시조 시편의 창작에 몰두한다. 이러한 사실은 이명재의 주장과는 동떨어져 있음을 확인할 수 있다. 이병기의 말과 같이, 만해는 『님의 침묵』 발간 이후로 자유 시편은 거의 창작하지 않은 반면 오히려 시조 시편을 왕성하게 창작했다는 사실에서도 확인된다.

만해의 선(禪)시조 시편을 공과 불이이라는 관점으로 재조명한데는 『유마경』이 자리하고 있다. 이는 만해가 수많은 불교 경전 중에서도 『유마경』과 깊은 인연을 가졌음을 말해준다. 그리하여 만해의 '유마심(心)'은 그의 시조 시편에 불이의 깨달음으로 고스란히 담겨있다. 만해의 자유 시편이 일제의 강점에 짓밟힌 민족적 정신을 잃지 않도록 호소한다면, 시조 시편은 선적 깨달음으로 피어난 시심으로 민족의 혼을 소통시킨 통로로 작용한다. 이런 점에서 만해의 선적 시조 시편이야말로 공과 불이이라는 만해 정서의 결정체인 것이다. 그의 시집 『님의 침묵』에서도 찾아보기 어려운 공과 불이의 사상을 만해의 선시조 시편을 통해 읽을 수 있기 때문이다.

만해(萬海)는 방방곡곡을 누비며 오직 '님'을 되찾기 위해 '선(禪)'

을 바탕으로 창작활동에 열정을 쏟은 독립 운동가로서 일생을 마친다. 그는 유마적 공과 불이로 선(禪)시조 시편을 지속적으로 창작하였으며, 작품마다 표상된 '님'은 침묵을 넘어 불이를 밝히는 혼의 등불로 시화된다. 만해의 시조 시편에서 '님'은 곧 불이였으며, 불이는 곧 민족의 혼이요, 조국의 품이다. 만해는 해가 거듭하면 할수록 시조 시편의 꾸준한 창작을 통해 민족의 가슴에 불씨를 지피고자 한다. 그 불씨가 다름 아닌 '님'이었으며, 그 '님'은 '불이의 님'이요, '조국의 님'이었다. 이렇듯 만해에게 '님'은 깨달음의 불씨이며, 조국에게 '님'은 침묵의 불씨로 작용한다. 만해는 "님은 갔지마는 나는 님을 보내지 아니하였습니다."라고 간절히 외치면서 민족의 가슴 속에 '님'이 다시 새겨지길 기원한다. 그에게 '님'이 떠난 자리는 '침묵'의 시간과 공간일 따름이며, 기나긴 그 '침묵'은 억압받는 우리 민족에게 다시금 '님'을 찾아나서는 혼의 불씨가 되어 피어나게 된다.

제3장 무산 선시조 읽기

1. 들어가는 말

1) 무산의 선(禪)과 不二

문학의 양식으로 자리 잡은 '시조시형'을 선방(禪房)에서 구도적 수행으로 쓰고 있는 시조시인이 바로 무산(霧山) 조오현이다. 무산의 시조 시편은 '승(僧)'과 '속(俗)'을 넘나드는, 즉 승속불이(僧俗不二)에 닿은 작품에서부터 구도적 작품에 이르기까지 다양하다. 선적 사유를 담은 무산 선사의 시조 시편들은 묘오(妙悟)가 반짝거리는 수작(秀作)으로 평가받고 있다. 무산의 시조 시편에서 감지되는 시적 묘오의 발현은 그의 선풍(禪風)에 깊이 관련되어진다. 이러한 선풍에 기인한 시적 묘오는 그가 선승(禪僧)으로서 구도적 삶에 생성되는 화두 그 자체를 하나하나 시조시형에 온전하게 담은 까닭에서다.

무산은 1932년 경남 밀양에서 태어나 1939년 8살의 어린 나이로 절간에 소머슴으로 입산한다. 그 후 그는 줄곧 절간에서의 생활을 통해 심신을 수행하는 자세로 임하다가 조계종 종정을 지낸 고암(古庵,

1899~1988) 큰스님으로부터 수계(受戒)하여 1959년에 조계종(曹溪宗) 승려가 된다. 무산은 1977년부터 설악산 산감으로서 백담사 무금선원(無今禪院)에 칩거하며 신흥사 등 회주로 있다. 조오현 선사의 법명은 무산(霧山)이며, 법호는 만악(萬嶽), 자호는 설악(雪嶽)이다.

무산 조오현은 1960년대에 들어 이태극·조종현·정완영 등 당대의 대표적인 시조시인들과 교류하면서부터 시조문학과 인연을 맺는다. 무산은 1966~68년 사이 시조 시편 「몸을 씻어 주세요」, 「전야월」, 「봄」, 「관음기」 등으로 『시조문학』에 천료 등단한다. 그의 첫 시조시집은 등단 후 10여 년이 지난 1978년에 발간한 『심우도』[한국문학사]이다. 그 이후 『산에 사는 날에』[태학사, 2000], 『만악가타집』[만악문도회, 2002], 『절간이야기』[고요아침, 2003]를 발간한다. 그의 주요 저서로는 『선문선답』[장승, 1994], 『벽암록』[불교시대사, 1997], 『신경림 시인과 오현 스님의 열흘간의 만남』[아름다운 인연, 2004], 『죽는 법을 모르는데 사는 법을 어찌 알랴』[장승, 2005] 등이 있다.

본서에서 읽을 무산의 '선(禪)시조'는 『만악가타집』을 텍스트로 한 시편들이다. 『만악가타집』에는 주로 그의 시집 『심우도』와 『산에 사는 날에』에 실렸던 작품들을 재구성 후 수록하고 있다. 이는 『만악가타집』이 무산의 시세계를 총체적으로 드러내는 시집임을 암시하고 있다. 먼저 무산의 초기 시세계를 살펴보기 위해, 1983년에 도서출판 밀알에서 펴낸 『스님 열둘의 글 모음집-할 말은 해야지요』에서 무산을 소개한 글을 읽어보면,

> "조오현 스님은 경남 밀양에서 태어나 1959년 성천사에서 삭발, 삼랑진 금무사 약수암에서 6년간 정진했다. 68년 문단 데뷔 후, 총무원 교무국장, 민족문화협회 감찰위원, 강원도 도정 자문위원, 한일 친선대회 한국대표, 제3교구 본사인 설악산 신흥사 주지 등을 역임했

다. 저서로는 『고행자 수첩』과 시집 『심우도(尋牛圖)』가 있고, 현재 불교신문사 논설위원으로 있음."

무산(霧山)은 고암 큰스님으로부터 수계한 그 해, 즉 1959년 고향 인근에 있는 암자에서 수행정진을 시작한다. 그 후 무산은 승려로서의 구도적 정진 중에 문단에 데뷔함으로써 시승(詩僧)으로서의 삶을 살아간다. 그는 문단에 데뷔한 연유로 인해 〈불교신문〉에 관여하는 등 주요 요직을 두루 거치게 된다. 산문에 들어서자마자 "약수암에서 6년간 정진했다"는 사실에서 그의 구도적 정진의 깊이를 짐작할 수 있다. 특히 무산은 수행 정진을 하는 동안 문단에 데뷔함으로써 자연스레 구도적 시작(詩作)이라는 시적 방법론을 갖게 된다. 무산은 선(禪) 수행을 통해 일찌감치 승과 속의 경계를 넘나들며 선승과 시승의 길을 함께 열어가게 된다. 무산은 걸림이 없는 구도적 걸음에 의해 무산 특유의 시학을 펼쳐나가기 시작한다. 이러한 무산의 거침없는 행보는 그가 스스로가 밝힌 글에서도 확인되는데, 1997년에 역해한 『벽암록(碧巖錄)』의 서문을 읽어보면,

"나는 본시 천하 게으름뱅이였다. 예닐곱 살 때 서당에 보내졌으나 개울가에서 소금쟁이와 노느라고 하루해가 짧았고, 철이 조금 들어 절간의 소머슴이 되었으나 소가 남의 밭에 들어가 일 년 농사를 다 망쳐 놓건 말건 숲 속의 너럭바위에 벌렁 누워 콧구멍이 누긋누긋하게 잠자는 것이 일이었다. 그랬으니 한 절에 오래 붙어있지를 못했다. 이 절에서 쫓겨나면 저 절로 갔고, 거기서 쫓겨나면 또 다른 절을 찾아 나섰는데, 어느 사이 절집 안에서 '그 놈은 천하의 게으름뱅이'라는 사발통문이 돌아 결국 머슴살이를 할 절도 없게 되었다. 그토록 게을러빠진 놈이 어떻게 중이 되었는지 그것은 나도 모르겠다. 좌우

지간 그런 놈이 중이 되었으니 강당이나 선방의 명사(名師)를 찾아가 공부를 해야겠다는 발심이 일어날 리가 만무했다. 어느 때는 산에 살고 있는 자신이 우스워 시중에 나가 잡배들과 어울렸고, 어느 때는 잡배가 된 자신을 보고 놀라 백운유수(白雲流水)에 발을 담그고 '일없이 한가한 사람[無事大閑人]' 흉내를 내기도 하였다. 돌이켜보면 사내로 태어나 평생을 그렇게 허송했으니 중이라고 할 수 없다. 오늘 북망촌의 영마루에 올라 내가 나를 바라보니 어느덧 몸은 뉘엿뉘엿 한 해가 되었고, 생각은 구부러진 등골뼈로 다 드러나고 말았다. (하략)"[1)]

인용한 글에서, 소년 조오현으로부터 선승 무산(霧山)에 이르기까지의 모습을 낱낱이 읽을 수 있다. 스스로를 "천하 게으름뱅이"라고 확언하는 사람, 그가 바로 '무산'이라는 점에서 범상치 않음을 읽게 된다. "천하 게으름뱅이"라거나 "소금쟁이와 노느라고 하루해가 짧았"던 그의 유년시절은 어쩌면 지금 설악에 앉아있는 '무산'의 모습을 예고하는 듯하다. 그가 철이 조금 들었을 때, 이 절에서 저 절로 쫓겨 다니던 때나 잡배가 되어 시중(市中)을 떠돌던 때나 그리고 다시 백운유수에 발을 담그고 앉은 모습에서 '무산 심우'의 행보를 느낄 수 있다. 즉 청년 조오현에게 닥친 헤아릴 수 없는 그 고행(苦行)들이 있었기에 지금의 시대에 와서 그를 으뜸가는 선승이거나 시승으로 살아가게 한 것이다.

무산(霧山)이 자신을 들여다보며 "어느덧 몸은 뉘엿뉘엿한 해가 되었고, 생각은 구부러진 등골뼈로 다 드러나고 말았다"며 아쉬움이 그윽한 눈빛으로 뒤돌아보는 모습, 이것은 그의 작품 「산에 사는 날

1) 조오현 역해, 『벽암록』 서문, 불교시대사, 1997.

에」의 셋 수(首) 중 첫째 수의 초장과 중장을 이루고 있는 "나이는 뉘엿뉘엿한 해가 되었고/생각도 구부러진 등골뼈로 다 드러났으니"에서 시적 표현으로 승화된다. 여기서 「산에 사는 날에」는 그의 두 번째 시집의 제목이기도 하다. 산에 살면서 산을 떠난 무산은 중[僧]이면서 중이 아니며, 살아 있으면서도 죽을 일만 남았다고 말한다. 이런 점에서 무산이야말로 생사를 초월한 공과 불이의 경지에 이른 시승으로 부를 수밖에 없다.

이와 같이 시승으로밖에 부를 수 없는 그 사람, 무산은 구도적 행보로부터 빚어진 공과 불이의 사유를 시조시형에 담아내어 선적 형상화를 추구하는 대표적 시조시인으로 거듭나게 된다. 그는 1970년대에 들어 당시의 한국 시단에 신선한 충격을 불러일으키는 시풍을 형성하면서 '개안(開眼)의 시' 혹은 '개안의 시인'이라고 일컬어지기도 한다. 즉 무산은 이 시대의 현대적 시조 시편이 문학적으로 부흥의 길을 모색하던 시기에 단시조 시편과 연시조 시편을 아우르며 선시조시형을 추구함으로써 새로운 시풍을 형성하기에 이른다. 이는 무산의 시적 의식이 선시(禪詩)의 자장 안에 있으면서도 관념적인 형이상의 세계에 머무르지 않은 까닭에서 비롯된다. 이러한 무산의 선(禪)시조시형은 공과 불이의 사상을 관통하는 초월의식과 더불어 보살사상에 기초한 구원과 자비의 형상화에 의해 시화된다는 점에서 그 가치 또한 실로 소중하다 하겠다.

2) 무산의 시관과 한국 시단

무산(霧山)의 창작활동과 문학관에 대해서는 이근배가 쓴 「개안(開眼)의 시, 회부(恢復)의 시－조오현의 섬광(閃光)」이라는 글을 인용하지 않을 수 없다.

"조오현은 하나의 경이(驚異)다. 1970년대의 한국시가 조오현과 만나게 된 것은 획기적인 일이다. 이러한 나의 모두(冒頭)가 과장(誇張)이 아님은 그의 첫 시집인 이 「심우도(尋牛圖)」의 40여 편의 시가 입증할 것이다. 다시 말하거니와 오늘의 한국시단에서 한국시의 정통적 맥락을 현대적 감성으로 개발하고 있는 천재는 서정주(徐廷柱) 이후에 대(代)를 끊긴 느낌이다. 50년대의 몇몇 인허 받고 있는 시인들도 서정주의 영역을 뛰어넘지 못하고 있는 까닭에 오늘의 한국시는 좌절하고 있는 셈이다. 한 시인의 명명을 아류적 기법(亞流的技法)과 언어의 조립능력만으로는 허용할 수가 없다. 시(詩)는 그의 모태인 나라와 겨레의 언어와 사상의 정혼(精魂)임을 깨우칠 때 어떻게 쓸 것인가에 앞서 무엇을 쓸 것인가가 결정되어야 한다. 그 『무엇』의 한계는 결코 단순하지가 않다. 역사와 생활과 자연과 신(神)과의 문제들이 서로 함수관계를 맺고 있는 요체(要締)에 자기개안(自己開眼)을 하지 않으면 안 된다. 우리나라에 시인의 수는 많지만 『개안(開眼)의 시(詩)』를 만나기는 어렵다. 앞머리에서 조오현을 〈경이(驚異)〉라고 한 것은 바로 그의 개안(開眼)이 좀처럼 만나기 어려운 희귀의 광석(鑛石)이기 때문이다. 조오현은 오히려 운문(韻文)이 어울리지 않게 정신이 사뭇 거칠다. 그럼에도 그는 시(詩)를 쓰는데 있어서 시조(時調)의 형식을 박여서 쓴다. 그의 개안(開眼)은 바로 이것이다. 무한한 정신의 황야에서 빛깔고운 꽃을 다듬어 피우는 것 같은 〈사상(思想)의 감성화(感性化)〉를 그는 언어와 운율로써 여과시키고 있는 것이다. 그의 눈은 목숨의 내부에 있다. 곧 의식으로 사물을 보는 것이다. 흔히 말하는 인식의 방법에서 그는 뛰어난 솜씨를 보이고 있다. 그의 직관은 다분히 비전문적이고 비문학적이다. 어쩌면 우리나라의 시인들이 금기로 삼아온 세계를 그가 먼저 문(門)을 따고 들어선 것인지도 모른다. 문(門)을 따고 들어섰을 때 그의 정신, 사상, 사물은 모두

가 시로 둔갑이 되어 버린다. 인간의 본체에서부터 삶, 죽음 따위가 한꺼번에 어떤 해결로 풀려버린다. 조오현은 거기에서 시를 시작한 시인이다. 때문에 어떤 선입견 없이(선입견이 있어도 마찬가지지만) 조오현의 시를 대할 때 경이를 느끼는 것은 너무 당연하다. 일반적으로 시(詩)를 보는 관습은 불과 60년 안팎의 우리 시사(詩史)의 줄기를 따져보며 툭 불거진 시인들의 작품 경향과 거기에서 얼마만한 발전을 이룩했는가를 가지고 시(詩)의 우수성내지는 시인의 우수성을 말하고 있다. 그러나 조오현은 예외이다. 그의 시(詩)가 근접한 시인을 들자면 서정주이겠는데 더욱 세밀히 따져 들어가면 서정주의 그것과는 너무도 이질적이다. 서정주의 시는 화려하나 조오현의 시는 오만하다. 서정주의 시는 살이 붙어 있으나 조오현의 시는 골격의 시다. 서정주는 가꾸고 있으나 조오현은 버리고 있다. 그러면 조오현은 어디서 시를 가져왔는가. 그의 비방(秘方)은 적어도 신시(新詩) 70년사(年史) 속에는 들어있지 않다. 조오현은 고려 선승들의 게송을 터득한 것이다. 조오현이 적(籍)을 갖고 있고 그가 시보다는 영혼의 세척에 더 많은 시간을 몰입하는 생활을 하고 있음을 안다면 그가 어떻게 오늘의 한국시에 새로운 유형으로 맞서고 있는가는 쉽게 간파될 수 있을 것이다. 손끝만으로는 각자(刻子)되지 않는 확호(確呼)한 전신연소를 조오현은 해내고 있다. 이른바 신시(新詩) 이후의 우리 근대시, 그리고 자유시가 서구 19세기시의 영향에서 비롯된 것이라면 한국시는 시의 핵심을 잃어버린 영원한 모방으로 가는 것이라고 볼 수 있다. 바로 이런 현상이 조오현의 출현을 눈부시게 한다. 이병기(李秉岐), 이은상(李殷相), 조운(曺雲), 이호우(李鎬雨), 김상옥(金相沃)으로 이어지는 시조가 거슬러 올라가면 7백년의 전통에 뿌리내린 것이지만 오늘에 와서 서구적 기류에 휘말린 자유시와 분별되지 않을 만큼 변질되어가고 있음을 상기한다면 조오현이 왜 고집스럽게 시조(時調)

의 형식을 쓰고 그 안에서 단절된 7백 년 전 것을 재구성하는가를 높게 평가하는 것은 어렵지 않다. (하략)"[2]

이근배의 글을 통해 알 수 있듯이 무산은 이미 70년대에 상재한 시집 『심우도(尋牛圖)』에서 한국 시단에 충격을 가하는 시적 성과를 거두고 있다. 이러한 시적 성과는 바로 "개안의 시" 혹은 "조오현은 하나의 경이다"라는 선언에서 확인된다. 특히 "한국 시단에서 한국 시의 정통적 맥락을 현대적 감성으로 개발하고 있는 천재는 서정주 이후에 대를 끊긴 느낌"이라는 단언에서 알 수 있듯이 무산의 현대적인 선적 감성은 새로운 시조시형의 방법론을 모색하게 되는 원동력이 된다. 서정주가 자유 시편에서 그 맥락을 이어갔다면 조오현은 정형시로서의 시조 시편을 통해 으뜸가는 현대적 감성의 소유자로서 그 맥락을 이은 셈이다. 특히 천재 시인 서정주에 버금가는 무산의 시적 무게는 "서정주의 시는 화려하나 조오현의 시는 오만하다", "서정주의 시는 살이 붙어 있으나 조오현의 시는 골격의 시다.", "서정주는 가꾸고 있으나 조오현은 버리고 있다."에 알 수 있듯이 '오만'과 '골격', 그리고 '버림'에 의해 충격되어진다.

무산에게 문학과 종교는 결코 둘이 아니기에 버릴 수 있었고, 버리면 버릴수록 시적 무게가 더해진다. 그리하여 무산은 지금의 시대에 이르러 시의 흐름이 좌절할 때 자유시형이 아닌 시조시형을 택한 것이다. 이는 특히 무산이 선승으로서 시적 인식에 있어 다른 시인과 변별되는 직관을 가진다는 점에서도 주목된다. 무산은 "고려 선승들의 게송을 터득한 것"으로부터 새로운 시적 방법론을 추구하고 있기

2) 이근배, 「개안(開眼)의 詩, 회부(恢復)의 詩-조오현의 섬광(閃光)」, 『심우도』, 한국문학사, 1978.

때문이다. 이런 점에서 무산은 출세간과 세간의 사이에서 그 누구도 이루지 못한 현대적 시조시형의 새로운 모색을 주도하기 시작한 것이다. 이와 같이 그의 시적 경지는 선적 인식에 기인한 묘오(妙悟)의 세계에 깊이 스며있다. 묘오의 세계는 선(禪)과 시(詩)가 만나는 곳이며, 선과 시가 맞대어 자아를 깨어나게 하는 자리로서 바로 무산의 구도적 자세와 만나게 된다.

묘오(妙悟)는 "극치에 이르기까지 깊이 깨달음을 의미하는 말로서 불가어에서는 '열반무명론(涅槃無名論)'에 〈玄道在於妙悟 妙悟在於卽眞〉이라고 설명되고 있다. 깊은 이치는 오묘한 깨달음에 있고 오묘한 깨달음은 참으로 나아가는데 있다는 뜻이다. 여기서 묘오란 불리(佛理)를 전수하고 깨우치는 신비한 직관적 인식을 말한다."[3] 최고의 경지에 존재하는 그 깨달음은 무슨 의미를 갖는 것일까. 어쩌면 무의미, 즉 텅 빈 의미로 그냥 그렇게 있는 도(道) 내지 진(眞)의 자리일지도 모른다. 그러므로 묘오는 깨달아서 앎이 아니라 앎으로부터 깨달아 무위(無爲)로 회귀하는 자리이다. 여기서 엄우(嚴羽)는 "점수(漸修), 점진적(漸進的) 수련 끝에 얻은 지혜를 종합하여 전체에 통하는 이치를 깨닫게 된다고 생각했다. 즉 가슴속에서 발효된 것이 오래되면 절로 오입(悟入)하게 된다는 것이다."[4] 오입(悟入)은 시에서 가장 고차원적인 위치를 말하는 데, 즉 그 어떤 시적 대상 앞에서라도 가장 적합한 시를 써낼 수 있음을 말하는데 엄우는 이를 입신(入神)으로 표현하고 있다. 결국 엄우에게 가장 적합한 시(詩)란 대상 세계를 반영하면서도 개인적 정서와 의식으로서의 예술을 떠나 자연을 모방하는 것이다.

---

3) 박남훈, 「묘오론과 하이데거 시론」, 『동서시학의 만남과 고전시론의 현대적 이해』, 새미, 2001, 65쪽.

4) 박남훈, 앞의 글, 같은 쪽.

묘오, 즉 '묘오론(妙悟論)'에는 시는 선(禪)의 공통점 혹은 상호보완적인 몇 가지 요소들을 가지고 있다. "첫째, 선에 들어가는 태도와 시의 창작태도 사이에는 일치점이 있다. 둘째, 자신과 세계를 관조하며 인생에 대한 여유를 보여준다는 점에서 공통점이 있다. 셋째, 선어(禪語)와 시어는 상징과 비유를 자주 사용한다. 넷째, 선(禪)에서는 이심전심(以心傳心)이라 하여 언어로서는 도저히 전달할 수 없는 것을 강조하는데 이것은 시에서 언외지경을 중시하는 것과 일맥상통한다."[5] 선과 시가 닿아가는 지점이 통일성을 갖는다는 점에서 깨달음의 문은 다르지 않으며, 세계로부터 자신을 관조함으로써 시공간적 한계를 가진 삶이지만 그 끝은 늘 여유로움을 지향한다. 그러나 엄우는 "단순하게 선이 시고 시가 곧 선(禪)이라는 논리를 주장하지는 않는다."는 점에서 윤재근은 선과 시의 소통관계에 대해 "시도 마음을 자유롭게 하고 선도 마음을 자유롭게 하지만 시의 그러한 자유는 선(禪)처럼 궁극의 정각에 도달하여 깨달음을 성취하는 자유는 아니다. 의미의 걸림을 거부하는 시의 자유와 시비의 걸림을 부정하는 선의 자유가 서로 통하고 있을 뿐이다. 그러므로 선은 구도의 방법이지 그 자체가 목적은 아니다. 그러나 시는 그 자체가 바로 하나의 자유존재다. 이러한 존재로서 시는 언어와 문자의 구속을 벗어나야 한다. 시의 이러한 존재론적 자유를 성취하는데 선은 그 방법을 암시해준다. 즉 선사상은 시의 자유를 이해하는데 도움을 주고 동시에 시의 자유 자체가 선적 성질을 갖는다."[6]고 밝힌다. 이와 같이 '시의 자유'와

5) 임석, 「한산자선시연구」, 『중어중문학연구』 14, 서울대학교 중어중문학회, 32~33쪽 참조(박남훈, 「묘오론과 하이데거 시론」, 『동서시학의 만남과 고전시론의 현대적 이해』, 새미, 2001, 64쪽 재인용).

6) 윤재근, 『시론』, 둥지, 1990, 124쪽(박남훈, 「묘오론과 하이데거 시론」, 『동서시학의 만남과 고전시론의 현대적 이해』, 새미, 2001, 64쪽 재인용).

'선(禪)의 자유'가 서로 통하는 자리에서 선(禪)시적 시형은 형성될 수 있게 된다.

무위(無爲)를 깨닫는 선(禪) 수행과 같이 "시의 경우도 마찬가지다. 시는 어려운 사색을 거쳐야 하며, 사색한 후에 전체 시의 경계가 마치 신비로운 빛이라도 나타나듯 갑자기 눈앞에 드러나서 마음이 넓어지고 정신이 상쾌해지며 일체를 잊게 된다. 이런 현상이 '영감(靈感)'이다. 시의 경계의 돌연한 출현은 모두 이 영감에서 비롯된다. 영감이란 결코 신비로운 것이 아니고 직관이며, 상상이며 선가(禪家)에서 말하는 '깨달은 오(悟)'다. 정신을 집중하여 관조할 때 마음속에는 사물과 자아를 모두 잊게 되는 물아일체(物我一體)의 경지에 이른다. 자아의 정서와 사물의 이미지가 상호 교류하여 정서와 사물의 이치가 서로 침투하는 것이다."[7] 선이거나 시에서 이르고자 하는 경지는 곧 무위의 사유에 있다고 할 때 순수와 고요를 이루는 선(禪) 수행과 시세계를 통해 깨어있게 된다는 것이다. 묘오는 영감이며 직관으로서 오입(悟入)의 경지에서 무위의 심상으로 있다. 이와 같이 선적 인식의 경지에서 발하는 선의(禪意)를 시 속에 온전하게 불어넣는 시승이 바로 무산 조오현이다.

"아주 우연한 기회에 시(詩)를 만났습니다. 저는 선생님처럼 학교도 제대로 다니지 못했습니다. 소머슴으로 절에 들어와서 처음에는 한문도 배우고 불경도 읽었는데 묘한 인연 때문에 그것도 제대로 못했습니다. 한동안 문둥이도 따라다니면서 방황하다가 삼랑진 금무산에 있는 약수암이라는 암자에서 한 5년 열심히 수행을 한 적이 있습

7) 주광잠, 정상홍 역, 『시론』, 동문선, 1991, 77~78쪽(박남훈, 「묘오론과 하이데거 시론」, 『동서시학의 만남과 고전시론의 현대적 이해』, 새미, 2001, 77쪽 재인용).

니다."[8)]

무산(霧山)이 스스로 회상한 이 글은 신경림 시인이 "스님은 어떻게 해서 시를 쓰게 됐습니까. 저의 문학 이력은 여기저기서 하도 많이 말을 해서 알려졌지만 스님은 어떻게 해서 문학을 했는지 뒷이야기가 알려진 것이 없어서 사람들이 궁금해 할 것 같습니다"라는 질문에 무산이 답한 내용이다. 우선 무산이 "아주 우연한 기회에 시를 만났"다는 고백에서 그의 삶은 늘 숲속으로 통하는 한줄기 바람결 같은 인연에 닿아있음을 느낄 수 있다. 시승(詩僧)의 길이란 아무나 그저 만나게 되는 길이 아닐지도 모른다. 어쩌면 글이나 말로 나타내지 않았을 뿐이었지 그는 이미 소머슴이면서 선심(禪心)에서 싹튼 이심전심으로 살아왔을지 모를 일이다. 그가 소머슴이면서 한문(漢文)도 깨우치고 불경(佛經)까지 읽게 된 인연이나, 문둥이를 따라다녀야 하는 예측할 수 없는 인연은 긴 세월동안 동굴 속에서 정진하게 한 불씨로 남아있다. 무산은 자신의 삶의 무게를 오직 인연에 기대어 때로는 방황의 길을, 때로는 수행의 길을 걸으면서 궁극적으로는 묘오를 건너 선(禪)을 넘어 시(詩)와 소통하게 된다.

"저에게는 별다른 문학수업이라는 것이 없었습니다. 사실 저는 처음에는 중이 산에서 무엇을 하는 사람인지도 모르고 절간 소머슴이 됐습니다. 그러니 문학이 무엇인지 알 리가 없었습니다. (…) 시를 쓰게 된 것 또한 우연한 만남에 의해 선택한 것이지요. (…) 어느 날 동가식서가숙(東家食西家宿)할 때 알았던 이제우, 강홍남이라는 친구가 기고만장한 문학청년이 되어 깊은 골짜기로 저를 찾아왔어요.

8) 신경림·조오현, 『열흘간의 만남』, 아름다운 인연, 2004, 259쪽.

두 친구는 그들이 쓴 시와 시조(時調)를 보여주면서 인생이 어떻고 문학이 어떻고 하면서 며칠을 가지 않고 떠들어대는 것이었습니다. 암자에는 먹을 것도 없는데 말입니다. 그래서 그 따위 시나 시조는 하룻밤에 100편도 쓰겠다고 큰소리를 쳐 놓고 밤새도록 끙끙거리며 시조 한 편을 썼는데 그게 '할미꽃'이라는 시조입니다. (…) 그런데 강홍남이라는 친구가 이때 쓴 '할미꽃'과 쓰다 만 작품을 나 몰래 가지고 간 모양이에요. 그가 이 작품을 65년도 동아일보 신춘문예에 투고를 했다가 최종심에서 떨어졌다고 안타까워하며 신문과 함께 장문의 편지를 보내 왔습니다. 친구의 편지를 읽고 조금은 흥분해서 밀양읍에 나가 『현대문학』과 시집 몇 권을 사들고 들어와 한동안 시와 시조 짓기에 미쳤습니다. 그래서 이태극, 조종현, 정완영, 서정주 선생에게 편지를 보내기도 하면서 말하자면 문학수업을 한 것이지요. 그러다보니 이태극, 조종현 선생이 『시조문학』이라는 듣도 보도 못한 잡지에 1년에 1편씩 3년에 걸쳐 추천을 해서 68년에 천료(薦了)를 했습니다. 이때부터 주변 사람들이 저를 시조시인이라고 했습니다. 그 무렵 경상도 지방을 중심으로 활동했던 김교한, 서벌, 박재두, 김호길 시인 등이 『율(律)』이라는 동인집을 만들면서 저도 끼워주어서 같이 했습니다."9)

인용한 글은 신경림 시인이 "그러면 문학수업은 그때 한 것인가요"라는 질문에 무산이 답한 내용이다. 무산은 중[僧]이 뭐하는 사람인지, 문학이 무엇을 말하는지도 모르면서 어느 날 중노릇이 무엇인지를 알게 되었듯이 그렇게 시와 만난다. 무산이 인연에 의해 절간에서 유년시절을 보내게 되고, 인연에 의해 수행의 길을 걸어가다가 문

9) 신경림 · 조오현, 앞의 책, 261쪽.

득 선을 대하듯 "기고만장한 문학청년"에 의해 시와 소통하게 된다. 무산이 "그따위 자유시나 시조라면 하룻밤에 100편이라도 쓰겠다"고 자신하던 그 자리에 묘오의 극치가 자리하고 있었던 셈이다. 밤새 쓴 작품과 쓰다 만 작품들이 신춘문예 최종심까지 올랐다는 사실 하나만으로도 그의 천재성을 짐작할 수 있다. 이러한 무산의 시재(詩才)는 당대의 으뜸가는 시인들의 눈에 띄게 됨으로써 비로소 세상에 모습을 드러내게 된다. 무산은 앞서 인용한 이근배의 '조오현은 하나의 경이(驚異)다'라는 표현이 아니더라도 이미 묘오(妙悟)의 시세계 속에서 시승으로 살아가야 할 운명을 지닌다.

"제가 금무산 토굴에 들어갈 때는 석가모니처럼 6년을 기약하고 들어갔는데 시가 지상에 발표되고 하니 스님들이 찾아오는 거예요. 정휴 스님과 지금은 환속했지만 우명, 도과, 도현 등과 친교를 맺게 되었는데 결국 정휴 스님과 당시 직지사 총무였던 우명 스님 손에 이끌려 5년 만에 금무산을 버리고 금릉에 있는 계림사라는 절로 옮겼습니다. 그때 김천에는 정완영 선생이 계셨습니다. 당시 정완영 선생은 김천역 앞에서 양지다방을 경영하셨는데 그 다방에서 문단의 대가이신 이호우, 이영도, 김상옥, 박재삼 선생들과 임종찬, 김상훈 등 많은 문학 지망생들을 만날 수 있었습니다. 따라서 한 2년간은 정완영 선생에게 시조강의를 많이 들었습니다. 제가 시보다는 시조에 몰두하게 된 것은 조종현, 정완영 선생의 영향이라 해야 할 것입니다. 이야기가 좀 빗나갔습니다만 제가 시 쓰기를 포기하다시피 한 것은 그때만 해도 지방의 문인들이 발표할 지면이 없었습니다. 문단에도 학맥, 인맥, 문맥 같은 것이 중요했는데 저는 그런 것이 없으니까 지면을 얻지 못했습니다. 그러다보니 자연 시에는 소홀해졌습니다. 그래서 이름만 걸어 놓고 시는 안 쓰는 게으른 시인이 되고 만 것이지요."[10]

인용한 글은 신경림 시인이 "스님도 한동안 글을 안 썼던 것 같더군요. 많이 쓴다고 좋은 작품을 남기는 것은 아니지만 등단 30년이 넘는 시인치고는 과작(寡作)이 아닌가 싶은데, 아까 말씀대로 문학이 본업이 아니라서 안 쓰신 것인지 어떤지 궁금합니다"라는 질문에 대해 무산이 답한 내용이다. 무산은 "시(詩)가 지상에 발표되"고 난 뒤부터 많은 것이 바꾸어지기 시작함을 느낀다. 무산은 김천에 있는 사찰로 옮겨와 백수(白水) 선생과 시조문단의 대가들을 만나게 된다. 무산은 그 시대 최고의 시조시인들과 교류하면서 자연스럽게 시조문학 공부에 전념하게 된다. 무산이 백수(白水)로부터 시조문학 강의를 듣게 된 인연과 그로 인하여 유능한 문우들과 교류할 수 있었던 환경이 시재(詩才)를 다시 태어나게 한 동력이 된 셈이다. 무산이 70년대에 쓴 시조 시편 중에 스승인 '백수 정완영 선생님께'라는 작품을 읽어보면,

감감히 뻗어간 황악(黃嶽)
하늘 밖에 가 잠기고

금릉(金陵) 빈 들녘에
흩어진 갈대 바람

구만리(九萬里) 달돈는 밤은
한등(寒燈) 하나 타더이다.

---

10) 신경림·조오현, 앞의 책, 264쪽.

—「한등(寒燈)—백수(白水) 선생」 전문

이 시조 시편은 「직지산 기행초」 7편 연작 중에 여섯 번째 작품이다. 이 작품은 첫 시집인 『심우도』와 최근 시집인 『만악가타집』에 함께 실려 있다. 무산은 김천 감문산에 자리한 계림사로 옮기면서 백수 정완영 시조시인을 만난다. 무산은 백수로부터 시조창작에 대해 강의를 듣게 된 인연으로 사제지간을 맺는다. 위 시편은 시인이 스승을 그리워하며 지은 작품으로서 무산과 백수의 사제 인연은 "황악"이 "하늘 밖에 가 잠"겼으니 "감감히 뻗어간" 비로봉에 닿아있다. 얼마나 사무치기에 "하늘 밖"에 잠긴 "황악"이었을까. 그토록 '감감한 황악' 속에는 직지사의 말사인 계림사가 있다. 황악산은 직지사가 자리한 곳이니, "금릉"은 "황악"이 내려다보이는 곳으로서 김천의 옛 이름이다. 무산은 "구만리 달돋은 밤" 계림사 절간에 앉아 스승을 생각하며 "한등 하나 타더이다"라며 간절한 사모의 정을 나타낸다. 이 시편을 통해 시조시형을 맞잡고 다져진 두 사제지간의 더할 수 없는 포근함을 감지하게 된다.

다음은 신경림 시인이 "스님은 어떤 때 시를 쓰십니까. 스님은 수행자니까 그냥 수행만 하면 될 텐데 굳이 시를 쓰는 이유가 무엇인지도 궁금하고요"라는 물음에 무산이 답한 글을 읽어보면,

> "다만 저는 무슨 말을 하고 싶을 때 그것을 시로 씁니다. 어떤 서러움이나 기쁨이나 하여튼 그런 감정이 일어나면 그것을 문자로 붙들어 놓은 것이 시가 됩니다. 그러나 그런 생각은 마치 전광석화와 같아서 말이 생각을 따라가지 못하는 경우가 많습니다. 예를 들면 물에 비친 달그림자는 그것을 볼 수는 있어도 손으로 건져 낼 수는 없

> 습니다. 물에 손을 담그는 순간 달그림자는 부서지고 마는 것이지요. 이 부서지기 이전의 상을 시를 담아낸다는 것이 매우 어렵습니다. 그것 마치 깨달음을 시로 표현하는 것이 어려운 것과 마찬가지입니다. 저는 시작(詩作)을 전업으로 하지도 못하지만, 시를 많이 쓰지 못하는 것도 부서진 달그림자를 다시 살려내지 못하기 때문이다."[11]

무산(霧山)은 '물에 비친 달그림자'를 예로 들면서 그의 시관을 설명하고 있다. '물에 비친 달그림자', 즉 '수중지월(水中之月)'은 '공중지색(空中之色)'이나 '경중지상(鏡中之象)'과 함께 시를 설명하는데 자주 사용된다. 이러한 말들은 모두 깊은 여운을 남기는 선적 인식의 경지를 일컫는다는 점에서 선과 시의 관계를 이해하는데 도움을 준다. 여기서 깊은 여운을 남기는 몽롱한 '수중지월'은 묘오의 상태를 말하는 것으로서 시작(詩作)을 구도(求道)에 비기고 있음이다. 시인이 바라보거나 느끼는 이 세계는 무한의 시간과 공간의 대상으로 있게 마련이다. 시인은 그토록 무궁무진한 대상 세계를 묘오의 경지, 즉 극치에 이르는 깊은 깨달음이 동반하는 가운데서 가장 적합하고 이상적인 시구(詩句)를 붙잡게 된다.

무산에게 시적 작업이란 어떤 대상을 만나 한마디의 말마저 하지 않으면서도 모든 시의(詩意)를 심어가는 일일 것이다. 무산에게 "무슨 말을 하고 싶을 때"란 과연 언제이든가. 그는 늘 선승이거나 시승의 자세와 의식으로 절간에서의 삶을 살아간다는 측면에서 "무슨 말"이란 도대체 무엇에 닿아있을까도 싶다. 그는 선적 의식으로 대상 너머의 대상을 만나고 그 대상을 어루만져주며 산 생활의 도인(道人)으로 있기 때문이다. 이런 그가 산속에 묻혀 살면서 오직 선적 의식

11) 신경림 · 조오현, 앞의 책, 247쪽.

을 바탕으로 작시(作詩)한 작품은 곧 깨달음의 산고(産苦)에서 비롯된 공과 불이의 깨달음이다.

무산은 감정을 문자로 붙잡아 둔 것을 '시(詩)'라고 생각한다고 피력한 바 있다. 그렇다, 그가 과작가(寡作家)라는 점은 문자로 붙잡는 일에 소홀할 뿐 그 이상도 그 이하도 아닐 것이다. 문자로 붙잡는 일이란 선승으로서는 달갑지 않은 일일지도 모를 일이기 때문이다. '수중지월(水中之月)' 앞에 서 있는 무산은 '허공지공(虛空之空)'의 경지에서 말하지 않아야 할 것을 문자에 실어 묘오의 소리를 보이고 있는 격이다. 공의 세계를 가득 채운 묘오의 소리는 다름 아닌 무산의 선적 시조 시편을 통해 이해하게 된다. 무산은 이토록 묘오한 공의 세계에서 구도적 자세로 시적 깨달음을 문자로 옮겨 담았으니 어찌 무산이 붙잡은 문자가 세속적 문자와 변별되지 않을 수 있겠는가. 그가 붙잡은 문자를 지나 그의 시조 시편을 자세히 들여다보면 온전한 달그림자의 미소가 할(喝)과 같이 담겨있음을 알게 된다.

앞에서 살펴본 정형적 시조시형을 관통한 무산의 시관(詩觀)을 요약해보면, 게송이나 선시를 시조시형에 담아내고자 한 뜻은 선시일체(禪詩一體)로 나아가는 거대한 발상에서 비롯된다. 무산은 불가(佛家)의 선(禪)을 우리 전통문학의 형식을 이어받은 시조시형에 담아내어 선시(禪詩) 일체를 이룬 시승이다. 특히 무산은 선 수행의 과정과 선의 진수를 시조시형에 담아 일관되게 표현하고 있다는 점에서 그의 시조에 대한 관심을 짐작할 수 있다. 이와 같이 무산은 선승의 구도적 삶으로부터 잉태된 시심을 우리 전통시가의 양식인 시조시형에 담아낸 업적은 실로 크다 하겠다.

3) 시조시형의 특징

무산(霧山)은 연작시조 창작에 있어서 주로 시편의 제목[시제]에 일련번호를 붙이는 형식을 취하고 있다. 이러한 형식을 갖는 시편으로는 「무설설(無說說)·1~6」「산일(山日)·1~3」「산승(山僧)·1~3」「무자화(無字話)·1~6」「일색변(一色邊)·1~8」「달마도(達磨圖)·1~10」「해제초(解制抄)·1~3」「1970년 방문(榜文)·1~15」「1980년 방문(榜文)·1~4」 등과 같이 『만악가타집』에 실린 136편 중에서 58편(43%)이 이에 해당한다. 이는 시조 시편의 전체 작품구성에서 보면 단시조와 연작시조의 편수가 골고루 창작되고 있음을 보여준다. 그리고 무산은 연작시조의 구성에 있어서도 연시조시형보다는 주로 단시조시형으로 작시하는 경향을 갖는다.

이러한 경향을 항목별로 정리해보면 아래 〈표 1〉, 〈표 2〉와 같다.

〈표 1〉 시조 유형별 창작 경향 분석-『만악가타집』

구분	계	단(單)시조	연(聯)시조	(연작시조)
선취조	60	40(67%)	20	(5)
선기조	57	42(74%)	15	(7)
우범조	19	5(26%)	14	(2)
계	136	87(64%)	49	(14)

『만악가타집』을 기준으로 분석한 시조 유형에 있어서 〈표 1〉과 같이 무산은 주로 '단(單)시조' 위주로 창작하고 있다. 이는 『만악가타집』의 전체 시편에서 단시조가 차지하는 점유율이 64%라는 점에서 확인된다. 이러한 유형별 창작 비율은 연작시조시형 내에서의 단

시조 점유율 66%와 비슷하게 나타난다는 점에서 주목된다. 그리고 전체 시편에서 연(聯)시조가 차지하는 비율은 32%이며, 특히 '2수(首) 연시조'와 '3수 연시조'의 형태 위주로 작시되고 있다. 하지만 후기에 들면서 무산은 「1980년 방문(榜文)」과 같이 '4수 연시조', 즉 장형의 시편을 발표한다는 점에서 주목된다.

〈표 2〉 연작(連作)시조 경향 분석－『만악가타집』

구분	연작시조	단시조	연시조
선취조	무설설	6	
	견춘삼제	3	
	산일	3	
	산승	3	
	직지사 기행초	7	
선기조	무자화	6	
	일색변	8	
	만인고칙·1	10	
	만인고칙·2	8	
	무산심우도		10
	달마도	10	
	해제초		3
우범조	1970년 방문		15
	1980년 방문		4
계		64(66%)	32

〈표 2〉에서, 『만악가타집』을 텍스트로 하여 분석한 결과 '연작시조'의 구성에 있어서도 연시조보다는 단시조를 선호하는 경향으로 나타난다. 이러한 연작시조시형은 『만악가타집』의 「무설설」 「견춘

삼제」「산일」「산승」「직지사기행초」「무자화」「일색변」「만인고칙」「무산심우도」「달마도」「해제초」「1970년 방문(榜文)」「1980년 방문(榜文)」 등이다. 연작시조 내의 단시조 점유율 역시 약 66%를 차지하고 있다. 이러한 분석을 통해 무산의 창작경향은 '단(單)시조'가 주류를 이루고 있음을 알 수 있다. 이와 같이 무산은 주로 연시조시형에 비해 단시조시형으로 창작되고 있다.

4) 시조 시편의 형식 바꿈

무산(霧山)은 그의 첫 시집 『심우도』에 실린 작품을 『만악가타집』에 재수록하면서 시적 형식인 수(首)와 행(行)의 구분에 변화를 주고 있다. 무산은 수/행의 형식을 바꾸거나 수와 장(章)을 재배치하면서 현대적 시조시형으로 구성하고 있다.

〈표 3〉 수와 장/행의 바꿈

작품명	『심우도』	『만악가타집』
할미꽃	3수 9행	3수 18행
오후의 심경	3수 18행	2수 12행
설산雪山에 와서	5수 30행	5수 15행
무산심우도-심우	2수 9행	2수 6행
무산심우도-견적	2수 9행	2수 6행
무산심우도-견우	2수 9행	2수 6행
무산심우도-득우	2수 9행	2수 6행
무산심우도-목우	2수 9행	2수 6행
무산심우도-기우귀가	2수 9행	2수 6행
무산심우도-망우존인	2수 9행	2수 6행
무산심우도-인우구망	2수 9행	2수 6행

무산심우도－반본환원	2수 9행	2수 6행
무산심우도－입전수수	2수 9행	2수 6행

시조시형에서 배행의 형식이 변화를 갖는 시점은 '부르는 시조'로부터 '읽는 시조'가 독립할 때부터라고 판단된다. 전통적으로 기사되어 전해오던 시조시형이 새로운 배행으로 변화를 이루기 시작한 것은 '읽는 시조'로서의 시각적 효과와 더불어 시적 율격을 고려한 것으로 보인다. 이런 관점에서 시조 시편의 배행을 살펴보면, 단시조는 각 장의 각 구별 배행인 '6행'으로, 연시조는 장별 배행의 구조인 '2수 6행'의 기사 형식을 주로 취하고 있다. 이와 같이 시조 시편에 있어서 배행 구조는 음수율보다는 음보율에 대한 적극적인 수용과 함께 율격에 대한 변화를 반영한 것으로 파악된다. 이러한 무산 시조의 배행 구조를 『만악가타집』에 수록된 작품을 기준으로 살펴보면,

> 철옹성의 빗장보다 굳게 닫힌
> <u>관문(關門)</u>
> <u>관문</u>
> <u>관문</u>
> 무슨 포교처럼 지나가는 사람들을
> 그 모두 다 불러 놓고 점검하는 고함소리
>
> －조오현, 「흠산삼관(欽山三關)」 전문(밑줄은 인용자 표시)

이 시편은 연작시조 「만인고칙 · 2」의 세 번째 작품이다. 이 시편은 단시조의 형식을 가지면서도 초장의 배행에서는 반복에 의한 강조와 율격을 반영한 배행을 취하고 있다. 즉 초장의 4음보, 즉 2행의 "관문(關門)"은 초장 둘째 구에서, "관문/관문"은 중장의 첫 음보를

분행한 형태로 볼 수 있을 것이다. 그러나 음보율이라는 측면에서 보면 "관문(關門)/관문/관문"을 모두 초장 마지막 음보에 귀속시킬 수도 있을 것이다. 이는 "관문(關門)"을 자연스럽게 반복어법에 의해 강조되고 있는 국면으로 이해한 것이다. 결국 "관문(關門)/관문/관문"의 분행 구조는 반복어법에 의한 강조와 '읽는 시조'의 자격으로서 시적 리듬을 갖는 형태라고 볼 수 있다. 이러한 구조적 시도는 특히 장별 배행 율격의 단조로움을 피하고 시각적 조형미와 구체화된 의미 전달에 기여하려는 의도로 파악된다.

> 지곡하라. 지곡하라. 곡비(哭婢)여 지곡하라.
> <u>삶이란 바깥바람</u>
> <u>죽음은 강어귀 굽이</u>
> 이 집안 소식도 결국 살아 생이별이다.
>
> —조오현, 「개사입욕(開士入浴)」 전문(밑줄은 인용자 표시)

> <u>걷어가고 있는 거다. 걷어가고 있는 거다.</u> <u>때 아닌</u>
> 저 바다의 적조(赤潮), 그리고 또 포말들을
> 이 겨울 밤의 마적(魔笛)이 걷어가고 있는 거다.
>
> —조오현, 「무자화(無字話) · 2」 전문(밑줄은 인용자 표시)

「개사입욕(開士入浴)」은 중장에서만 "삶이란 바깥바람/죽음은 강어귀 굽이"와 같이 구별 배형의 형태를 취함으로써 율격의 단조로움에 변화를 보이고 있다. 또한 자연스럽게 "삶"과 "죽음"이라는 이항 대립적 구조를 가지면서 강조의 대구적 국면을 이루고 있다. 그리고 「무자화 · 2」는 중장의 첫 음보 "때 아닌"을 초장의 끝 음보에 연이어 붙인 배행의 형태를 취한다. 이러한 배행구조는 시조 시편에서 일반적으로 찾아보기가 쉽지 않은 형태로 초장의 "걷어가고 있는 거다"라는 시점에 대한 정황을 강조하는 시적 효과를 갖는다. 이러한 배행은 전통의 기본적 정형 율격을 따르면서도 시각적 효과와 율독상의 흐름은 물론 강조어법까지 고려하는 표기인 것이다. 이와 같이 선승으로서의 깊고도 넓은 선적 사유는 시편의 배행에 있어서도 자연스레 반영되고 있다.

앞에서 읽어본 바와 같이 무산의 시조 시편은 편(篇) 길이에 있어서 전통적 정형율을 중시한다. 특히 무산의 시조 시편은 3장 구조의 의미론적 특징과 함께 연작시조 시편의 활발한 창작 등을 들 수 있다. 이와 같이 무산은 시조의 전통적 정형에 대하여 다양한 시도를 추진함으로써 '선(禪)시조시형'이라는 새로운 영역을 구축한다. 무엇보다도 무산은 시조시형에 있어서 하나의 음보 내에서의 음절수를 신축성 있게 사용함으로써 율격의 다양화를 실현시키고 있다. 이와 같이 시조시형에 대한 다양화된 율격의 시도야말로 유기적 형식으로서의 현대성을 표현한 것으로 파악된다. 이러한 관점에서 무산은 율격과 시어 그리고 어조, 배행 등에서 다른 시조시인들에게서는 쉽게 발견할 수 없는 특징을 갖는다.

2. 空과 不二의 시세계

1) 가타의 선적 세계

무산(霧山)은 구도자로서 수행의 삶과 삶 그 자체의 수행을 위해 늘 깨어있는 시승의 자세를 견지한다. 그는 구도적 생활로부터 싹트는 선적 깨달음을 시조시형에 온전하게 담아내기에 이른다. 무산이 이룬 시조시형에 있어서 선적 사유의 수용은 그 누구도 다가서지 못한 자리에 있다. 무산이 취한 선적 세계는 시조시형에 고스란히 수용됨으로써 현대적 시조시형이 지향해야할 모태로 자리매김한다. 이러한 무산의 시적 작업은 연작시조시형 「만인고칙」 등이 실려 있는 시조시집 『만악가타집』에서 확인할 수 있다. 이러한 점에서 본서가 텍스트로 삼은 『만악가타집』은 무산이 지향하는 '가타(伽陀)'의 세계를 담고 있다는 특징을 갖는다. 그리고 이 시집은 게송을 시조시형에 온전하게 담아내고 있다는 점에서도 주목된다. 이는 시조 시사에서 일찍이 없던 시도로써 현대적 시조시형 혹은 선(禪)시조가 지향해야 할 방향을 제시한다. 그리하여 무산은 현대적 감각과 시적 깨달음을 형상화한 시조시형을 추구함으로써 시적 의미 확장에 기여하게 된다. 먼저, 무산의 게송집이라고 할 수 있는 『만악가타집』에 대해 살펴보면,

> "2002년 여름에 만해축전으로 백담사에 갔을 때 스님은 나에게 『만악가타집』이라는 작품집을 하나 내 놓으셨다. '이거 다 어따 땡겨 버릴 수도 없고…… 이래 하나 묶었어' 하시며 여간 쑥스러워 하시는 게 아니었다. 시집이라고 하기에는 볼품이 전혀 없는 보통 복사용지 크기의 책이었다. 내가 그것을 넘기다 말고 그냥 워드로 쳐서 마스터 인쇄를 한 것이기에 '스님 제가 내드릴 것인데, 말씀하시지 않으셨어요?' 하니 '전에도 한 번 신세를 졌는데 그 무슨.' 하시면서 스님은 100인 시집 발간 때를 또 들추어냈다. '시집이라는 게 그냥 한 번 보는데 의미가 있는 것이지, 쓰잘 데 없이 낭비하고 그럴 필요 무에 있노 이래 읽어도 다 읽을 수 있는데. 그래도 그건 내가 꼼꼼히 교정을 다 봤어. 한 백 권 정도 아는 사람한테 한 권 씩 줄려고 맹글었어.'

나는 어안이 벙벙하여 더 말을 이을 수가 없었다."[12)]

인용한 글에서 무산은 쑥스러운 듯 묶은 시집을 한 백 권 정도에 한정하여 발간한 점에 대해 언급하고 있다. 이렇듯 선사(禪師)의 의식은 선에서나 시에서나 그 어디에서도 걸림이 없어 보인다. 필자도 여러 문인들에게 『만악가타집』의 소장 여부를 확인하였지만 구하여 읽기가 쉽지 않았다. 뒤에 우연히 〈2006 세계시조사랑축제〉 준비모임에 참석하기 위해 마산에 내려온 박구하 선생으로부터 『만악가타집』을 건네받을 수 있었다. 필자는 『만악가타집』을 읽으면서 무산의 시감(詩感)에 놀라움을 금할 수 없었다. '만악가타'라는 시집의 제목에서 드러나는 것처럼 무산은 '가타', 즉 '게송(偈頌)'을 시조시형에 접목시킴으로써 새로운 형식을 추구하기에 이른 것이다. 선시가 중국 고유의 정형시 장르인 한시의 형식을 바탕으로 이루어진 반면 무산은 불가(佛家)의 게송을 철저하게 시조시형에 담아냄으로써 새로운 시조 형식의 선적 지평을 열어놓았다. 무산은 가타, 즉 게송을 여과 없이 시조시형에 온전히 담아냄으로써 현대적 게송 또는 선(禪) 시조시형을 추구한 최초의 시조시인으로 평가된다.

"게송(偈頌)이라 하면 선가의 시게(詩偈)·송고(頌古)·가송(歌頌) 등을 통칭한다. 게송의 범어는 가타(伽陀)·기야(祇夜)라 한다. 가타 또는 게타(偈陀, Gatha)를 음역하면서 게(偈)라 했던 것이고, 이것을 한역하면 '송(頌)'이 된다. 따라서 게송이라 함은 찬송이란 뜻이 범한혼용(梵漢混用)된 용어이다. 게타가 원래 유운(有韻)의 시작이었으므로 그것이 한역되면서 한시(漢詩)의 고유한 형식에 맞춰졌던 것이다.

12) 이지엽, 「번뇌와 적멸의 아름다운 설법-조오현」, 『월간 현대시』 2003년 5월호

그래서 이 게타는 시(詩)로서 독립되어 있고, 기야(祇夜, Geya)도 송(頌)의 의미이기는 하나, 이것은 경문의 산문적 법리를 다시 시(詩)의 형태인 게송으로 되풀이 설명하는 형식이다. 그래서 이것을 중송(重頌)이라 한다."[13]

무산(霧山)은 '게송'을 터득함으로써 시조시형을 통해 선적 시세계에 발을 들여 놓게 된다. 무산은 곧 선시(禪詩)의 유형을 바탕으로 게송을 시조시형에 접목한다. 무산은 게송의 내용과 시조의 형식을 접목함으로써 종교와 문학이라는 새로운 방편으로서 선적 시세계에 다가선다. 무산은 그 누구도 다가서지 못한 선적 시세계에 발을 들여놓음으로써 '선(禪)시조'의 새로운 지평을 열어간다. 주지하다시피 선문(禪門)에서는 일상적 언어와 문자를 초월하는 불립문자(不立文字)가 선(禪)의 언로(言路)로 굳어져 있다. 이는 일상적 언어 그 자체가 실재하는 현물의 맞은편에서 타자(他者)의 입장으로 존재한다는 모순적 사고의 발견에서 이루어진 세계관이다. 선적 세계관은 일상의 모든 언어가 어떤 사실과 사물을 바로 세우기도 하지만 때로는 오류를 낳을 수 있다는 측면을 고려하게 된다. 선적 세계관은 '선(禪)'이 언어 이전의 세계 그 자체로 존재한다는 관점에서 있는 그대로의 존재 그 자체의 모습으로 관조하는데 있다. 즉, 문자를 사용하지 않는 것이 아니라 그 문자를 초월한 경지에서 '선(禪)'이 존재하고 있음을 보여주는 것이 바로 선적 세계관이다. 이런 관점에서 불립(不立)이란 용어는 문자를 세우려하지 않음이 아니라 이중부정을 나타낸다. 즉, 이중 부정에서 부정(否定)이란 '부정 아닌 부정'을 의미하는 것으로서 일상적 언어이면서도 일상을 초월하는 언어를 말한다. 게송과 시

13) 이상보 외, 『불교문학연구입문』, 동화출판사, 1991, 55쪽.

와의 연관성을 살펴보면 선어와 시신(詩神)이 만나는 자리를 파악하게 된다.

> 평범의 비평범, 이것이 바로 게송(偈頌)의 특질이요, 선사(禪師)들의 초범인성(超凡入聖)의 표현이다. 그러므로 이 게송을 듣는 대중도 범속을 초탈하여 오도(悟道)하는 한 계기가 되는 것이다. 게송하는 선사의 처지에서는 결코 평범할 수 없는 큰 진리를 평범하게 표현 한 것이요, 그것을 받는 대중의 처지에서는 평범의 초탈, 비평범성의 해오(解悟)에서 돈오(頓悟)가 되는 것이다. 여기서 다시 게송과 詩의 상관성을 이해할 수 있으니, 선(禪)의 오입(悟入)과 시(詩)의 신해(神解)가 만나는 자리이다. 이 점은 조선시대 천경대사가 갈파한 바 있으니, "시(詩)는 선(禪)과 같으니 선(禪)은 깨달아 입정(入定)함으로 비롯되고, 시(詩)는 신령(神靈)으로 해득(解得)함이 귀하다[詩猶禪 禪由悟入 詩貴神解]."[14)]

인용한 글은 '게송'이 갖는 특질과 함께 게송과 시의 연관성, 즉 선과 시의 관계를 설명하고 있다. "평범의 비평범"이란 범인(凡人)의 초월적 자리를 일컬음이니 이는 곧 연역적 사고와 그 맥락을 같이한다. 즉 연역된 의식에 의해 게송은 태어나며 그 게송은 곧 '평범'을 전제로 하여 이끌어낸 것이므로 '비평범의 평범'이라는 진리와 동일한 궤를 형성하게 된다는 것이다. 이와 같이 '평범'과 '비평범'이 둘이 아닌 관계에서 게송은 존재하게 된다. 물론 게송의 특질은 "평범의 비평범"이라 할 수 있겠지만, 그 게송은 게송 이전의 세계인 '비평범의 평범'에서 비롯된다. 그러므로 이 세계를 이루는 모든 진리

14) 이상보 외, 앞의 책, 59~60쪽.

그 자체는 '평범'과 '비평범'의 사이에서 하나의 게송처럼 연기적 작용에 의해 존재로 나타나게 된다. 게송이란 평범과 비평범의 사이에서 "초범인성"으로 표현되는 선시와 다르지 않다. 선사는 어떤 진리인 '비평범의 평범'을 범인에게 이르니 그 매개체가 곧 게송이며, 그러하므로 선사는 초범인이기 이전에 범인과 다르지 않다고 할 수 있다. 궁극적으로 선사의 게송은 선과 시가 만나는 자리에서 생성되는 것이므로 선과 시가 곧 '불이(不二)'의 관계를 갖는다. 다시 게송과 시에 대한 연관성을 파악하기 위해 먼저 진각국사의 게송을 읽어보면,

> 어제 아침부터 오늘까지 비가 계속해
> 물길이나 뱃길이 모두 불편 하겠구나
> 온몸이 젖기를 바라지 않을라치면
> 집안에서 편히 앉아있는 것만 하랴.
>
> —진각국사, 『인우시중(因雨示衆)』 전문

인용한 게송에서, "어제 아침부터 오늘까지 비가 계속" 내리는 현상은 자연의 순환적 진리 그 자체로서 화자가 관조하는 태도에 의해 보이는 그대로 존재한다. 첫 행이 대상세계를 있는 그대로 표현한 것이라면 둘째 행은 대상세계와 관계하는 국면이다. "물길이나 뱃길이 모두 불편 하겠구나"라는 국면에서 "불편하겠구나"라는 표현은 곧 인간 중심적 사고에 의한 관점이다. 자연의 진리 그 자체라 하더라도 인간적 사고에서는 오도이거나 진각으로 관조하는 상태와 다르지 않다. 이러한 관점은 있는 그대로의 자연적 진리라 하더라도 '오도(悟道)' 즉 '깨달음'으로서 평범의 비평범과 다르지 않음을 말해준다. 비록 진리 그 자체라 할지라도 평범한 일상이거나 자연적 섭리의 범주

를 벗어나 존재할 수 없다. 단순히 "어제 아침부터" 줄곧 내린 빗줄기에 의해 "물길이나 뱃길이 모두 불편 하"게 된 인과의 섭리야말로 둘이 아닌 관계로 이해된다.

앞에서 살펴본 바와 같이 "물길이나 뱃길"은 자연적 현상이며 "불편 하겠구나"는 인간적 사고를 나타낸다. 자연적 현상에 의해 관조되는 인위적 의식은 자연과 인간의 "평범의 비평범"인 관계로부터 기인한다. 여기서 일상이라고 일컬어지는 '평범' 그 자체마저도 늘 진리에 닿아있기 때문이다. 자연적 현상 그 자체는 '진리'로 존재함으로써 상징되는 것이지만 그 진리라는 것마저도 인간과의 관계에서는 하나의 "불편"으로 마주하게 된다. 그렇다면 자연과 인간의 "불편"한 관계로부터 어떻게 하면 "편히 앉아있는" 관계로 설정될 수 있는 것일까. 바로 이에 대한 해답은 위 게송의 후반부 두 행에서 하나의 화두로 형상화되고 있다. 즉 집안에서 편히 쉬는 것이 오히려 밖에서 온몸을 젖게 하는 것보다 진리에 더 가깝다는 것이다. 이는 속성에 물들지 않는 방법을 가르치는 선사(禪師)의 말이기도 하지만 비 내리면 비에 젖고 비 그치면 햇살에 젖는 "평범의 비평범"을 게송으로 보여주는 것이기도 하다. 또한 이러한 게송은 한 편의 시이거나 커다란 선(禪)일 수 있음을 보여주는 것이기도 하다. 그저 평범한 언어로 표현되는 일상적 진리지만, 게송은 선과 시가 닿아 있는 곳에서 초월적인 선리를 표현하고 있음을 말해준다.

무산(霧山) 자신이 편저한 『선문선답』의 '머리말'에서,

"대부분의 사람들은 각자가 쳐놓은 지식의 울타리 속에 갇혀 산다. 그들은 울타리 밖의 세계를 알지도 못하고 알려고 하지도 않는다. 그러나 한 발자국만 문밖을 나서면 거기에는 참으로 넓고 무한한 세계

가 있다. 아무리 뛰어가도 땅 끝에 닿을 수 없고, 아무리 욕심을 내도 잡을 수 없는 허공과 같은 대자유의 세계가 있다. 사람들이 문밖에 펼쳐져있는 대자유의 세계로 나가지 못하는 것은 울타리 속의 소아小我에 집착하기 때문이다. 불교의 선(禪)은 이 소아(小我)의 울타리에 갇혀있는 사람들을 대아(大我)의 세계로 나아가게 한다. 허울과 상식에 얽매여 뒤틀리고 왜소해진 사람들에게 옹졸하지 않고, 허심탄회하며 솔직담백한 무엇인지를 깨닫게 해준다. 우주질서와 하나가 되는 무애자재한 해탈의 세계를 유유자적하면서 참다운 자유의 삶이 어떤 것인지를 보여주는 사람들이 바로 불교의 선사들이다. 그들의 말과 행동은 인위적 지식에서 나온 것이 아니라 우주질서와 일체가 된 체험적 지혜에서 나온다. 그러므로 선사들의 삶과 일거수일투족은 그 자체가 구름이고 바람이고 물결이다."

인용한 글에서 무산이 사유하는 선(禪)의 세계는 물론 선사들의 행적을 감지하게 된다. 대부분의 사람들은 지식을 삶과 동일시(同一視)하면서 그 지식에 가려져 허우적대며 살아간다. 여기서 지식이란 인간 스스로가 세워놓은 자아를 둘러싼 '울타리'와 다름 아니라는 것이다. 이는 지식의 깊이만큼 그 울타리의 높이도 점점 높아짐을 말해준다. 그리하여 우리는 지식이 쳐놓은 울타리를 허물 수 있는 방법은 과연 무엇일까에 대해 고민하게 된다. 지식이란 울타리 속에 갇혀 사는 우리는 진작 그 울타리를 볼 수도 만질 수도 없기 때문이다. 지식으로 둘러싼 울타리 그 자체는 단지 안과 밖이거나 여기와 저기이거나 이것과 저것을 구분하는 어떤 경계선에 불과할 뿐 뛰어넘을 수 없는 장애는 아닌 것이다. 그러므로 우리는 지식의 울타리를 넘어 바깥세상을 관조하기 위해서는 선(禪)의 세계에 발을 들여놓아야 한다는 것이다. 바로 그 자리에 무산 선사가 있다. 그는 "허심탄회하며 솔직담백"한 시승이며, "무애자재한 해탈의 세계를 유유자적"하는 선승이다. 또한 그는 "구름이고 바람이고 물결" 그 자체와 더불어 살아가는 대자유인으로서 대표적인 선시조라 일컬어지는 「만인고칙」을 짓는다. 『만악가타집』에 연작으로 수록된 「만인고칙」은 무산이 선방의 화두를 시조시형에 담아 작품화한 전형적인 선(禪)시조이며 게송이다. 무산은 구도적 삶을 게송에 담아 유유자적하며 자연의 섭리와 우주의 질서가 일체된 체험적 지혜를 통해 선시조 시편을 창작한 것이다. 이와 같이 선적 화두를 참구하는 과정에서 게송의 발상이 이루어진다는 점에 대해, 무산은,

> "명상에 관한 것입니다. 한국불교의 명상법은 간화선(看話禪)이라고 해서 화두(話頭)를 참구하는 방법인데 저는 그 중에서 '부모미생전본래면목(父母未生前本來面目)'을 명상하라고 합니다. 즉 '부모가 나를 낳기 이전의 나는 어떠했는가?'를 명상하는 것인데 제가 제시하는 것은 좀 독특합니다. 우리는 보통 5살 정도까지는 어린 시절을 기억합니다. 하지만 그 이전의 기억은 가물가물합니다. 그런데 의식을 집중하는 명상훈련을 하면 4살 때가 기억에서 살아납니다. 이렇게 집중하다 보면 망상이 사라지고 마음이 편안해집니다. 이것은 제가 젊은 시절 삼랑진 토굴에서 공부할 때 체험한 것인데, 이번에 제 경험과 방법을 가르쳐 주었더니 다른 수행법보다 쉽다면서 매우 좋아하는 것 같았습니다."[15]

'간화선'이란 본래 깨달아 있는 존재로부터 본래 부처임을 전제로 한 선 수행법의 하나다. 즉 간화선은 본래 부처의 모습을 보기 위해

---

15) 신경림 · 조오현, 앞의 책, 20쪽.

화두를 들고 수행하는 참선법인 것이다. 그리고 간화선이란 화두를 들고 그 화두를 타파하여 본래의 자유로운 나, 평화로운 나의 모습을 파악하는 수행법으로 알려져 있다. 한편으로 간화선은 선을 통해 생활 속에서 여러 가지 경계를 화두로서 잠재우고 활달하게 살아가는 수행법이기도 하다. 명상공부에서, 무산이 권유하는 화두는 '부모미생전본래면목(父母未生前本來面目)'이다. 그렇다, 이 한 몸이 부모로부터 심신을 받기 이전에는 과연 무엇으로 존재하였던가. 만일 '부모미생전'에 이 한 몸이 존재하지 않았다면 지금의 나는 과연 어디로부터 왔는가. 물론 이는 '생전'이냐 '생후'냐에 대한 물음이지만 그 경계를 선명하게 알 수는 없다.

현존재인 인간이 갖는 기억력이나 집중력도 알고 보면 그것의 연장선은 결코 무한대일 수는 없다. 이러한 자연적이거나 의식적인 한계성은 삼라만상이 모두 인연에 의해 지속적으로 생멸하고 있음을 보여준다. 이는 현존재 스스로도 어찌 '내[我]'를 '나'라고 부르겠느냐는 이치와 다름 아니다. 나를 나라고 부르지 못할 때 비로소 나의 존재는 다시 무한한 연장선에서 허공처럼 무념무상의 상태로 될 수밖에 없다. 화두, 그것은 삶이라는 마당 위에서 내가 서 있는 위치를 밝혀줄 뿐만 아니라 인생이라는 길을 따라가는 나를 다시금 뒤돌아보게 하는 고귀한 나침반인 셈이다. 우리는 의식적 근간을 이루는 이러한 화두를 참구함으로써 비로소 무산의 시작품을 온전하게 이해할 수 있다. 이런 관점에서 무산의 선(禪)을 통한 가타적 구도가 시조시형에 어떻게 담겨져 있는가를 살펴보려 한다.

『만악가타집』은 우선 시집의 목차에서부터 일반 시조시집들과 변별점을 갖는다. 『만악가타집』의 목차구성이 일반 시집에서는 찾아볼 수 없는 선적 항목으로 분류하고 있기 때문이다. 『만악가타집』은 목차를 ‘선취조’ ‘선기조’ ‘우범조’로 대분류에 의해 구성하고 있다. 『만악가타집』은 ‘가타(伽陀)’에서도 나타나듯 선적 시형으로 이루어진 시집이라는 것을 암시하고 있다. 이런 관점에서 『만악가타집』은 현대적 시조시사에서 선시조시형으로 이루어진 최초의 시집이라고 할 수 있다. 무엇보다도 『만악가타집』은 선(禪)시조 시편들을 선취조 등으로 대분류하여 상재하고 있다는 점에서 무산의 행적을 온전히 담아내고 있다. 이 시집은 무산이 등단 후 40여 년의 세월동안의 구도행을 총체적으로 담아내고 있다. 무산은 시조시형과의 인연을 통해 시작의 길에 들어선 지 결코 짧지 않은 세월 동안 오로지 선적 시조 시편에 의해 선(禪) 수행에 다가서고 있다.

본고가 텍스로 삼은 『만악가타집』에 대해 구체적으로 살펴보면, 『만악가타집』은 무산이 걸어온 구도적 수행의 흔적들을 다시 꿰매고 손질하여 묶은 시집으로서, ‘이제 더 이상 무슨 말을 하겠는가.’라는 선문과 화두를 던지고 있다. 그러므로 『만악가타집』에 수록된 시조 시편들은 모두 ‘화두의 시’이며 ‘불이(不二)의 시’다. 이와 같이 무산의 시조 시편들은 하나같이 침묵으로 통하는 ‘깨달음의 시’로 반영되고 있다. 이러한 무산의 시조 시편은 일찍이 그 누구도 시도하지 못했던 선시조시형이라는 점에서 주목된다. 그리하여 무산이 선방과의 인연을 통해 선시조 시편을 창작하였다는 점에서 새로운 선적 시조의 지평을 활짝 열어 놓았다는 평가를 받고 있다.

『만악가타집』의 제1장 ‘선취조’의 시편들에는 시인의 입장에서 관조한 선적 혜안에 의해 형상화된 작품으로 구성되어있다. 특히 선적 수행의 길을 걸으며 동행한 있는 그대로의 존재와 서정을 형상화한 작품들이 주류를 이루고 있다. 특히 선취조 편에는 주로 무산 자신이 ‘60년대 말 백수(白水)의 영향을 받고 그 때의 심경에 일고지는 희비의 어룽을 그려본 것들’이라고 어필한 작품들이 수록되어 있다. 제2

장 '선기조'에서는 무산의 시조 시편이 포교적인 차원이 아닌 순수함 그 자체의 선적 함축성을 내포한 시편을 수록하고 있다. 특히 선기조편에서는 무산 자신이 70년대 초 경허 선사와의 만남에서 얻어진 것들이라고 말한 작품들을 주로 싣고 있다. 특히 18수로 이루어진 연작시조 형태인 『만인고칙』은 불가(佛家)의 전통적인 화두에 대한 게송을 학인들의 교화를 위해 시화한 작품으로서, 선(禪)의 진경(眞境)을 있는 그대로 표현하고 있다. 또한 『만인고칙』에는 선방에서 이심전심, 불립문자(不立文字)라는 불가의 진리를 일깨우는 선사의 진면목이 들어있다. 제3장 '우범조'는 승과 속이 불이(不二)라는 깨달음에 의한 무산의 발걸음이 시화되어 있다. 특히 무산의 행보가 '입전수수'의 걸음, 즉 세간을 향해 걸음을 나누는 시적 풍경으로서 중생 제도의 관문을 드나들고 있는 시편들로 구성되어 있다. 일생을 하루같이 달려온 무산의 선적 행보는 '방문(榜文)'을 통해 보살행을 걸음하고 있다.

(1) 희비의 어룽, 선취조

'선취조(禪趣調)'란 선적 흥취를 나타낸 시조 시편을 말하는데, 선적 세계가 시어 속에 함축됨으로써 문학성이 가장 두드러지게 나타나는 형태를 말한다. 선취조에서는 무산 자신이 '60년대 말 백수(白水)의 영향을 받고 그 때의 심경에 일고지는 희비의 어룽을 그려본 것들'16)이라는 작품들이 주로 수록되어 있다. 이러한 시편들을 무산

16) 「할미꽃」 「연거」 「산목단」 「겨울 산사」 「산승 · 1」 「산승 · 2」 「산승 · 3」 「玩月」 「오후의 心境」 「雪山에 와서」 「明日의 念」 「直指寺 紀行抄」 「1950년 염원」 「1950년 봄」 「終緣詞」 「觀音記」 「戰夜月」 「몽상」 「앵화」 「남산골 아이들」 「日月」 「바다」 「早春」 「對嶺」 「새싹」 「범어사 정경」 등 26편이다.

이 걸어온 선적 수행의 길과 나란히 읽어보면,

이른 봄 양지 밭에
나물 캐던 울 어머니

곱다시 다듬어도
검은 머리 희시더니

이제는 한 줌의 귀토(歸土)
서러움도 잠드시고.

이 봄 다 가도록
기다림에 지친 삶을

삼삼히 눈 감으면
떠오르는 임의 양자(樣子)

그 모정(母情) 잊었던 날의
아, 허리 굽은 꽃이여.

하늘 아래 손을 모아
씨앗처럼 받은 가난

긴긴 날 배고픈들

그게 무슨 죄(罪)입니까

적막산(寂寞山) 돌아온 봄을
고개 숙는 할미꽃.

―조오현, 「할미꽃」 전문

「할미꽃」은 무산(霧山)의 첫 시조시집 『심우도』의 맨 앞쪽에 수록된 시편이다. 무산은 "그 따위 시나 시조는 하룻밤에 100편도 쓰겠다"고 큰소리를 쳐놓고 밤새도록 끙끙거리며 겨우 시조 한 편을 썼다고 한다. 그 작품이 바로 「할미꽃」이다. 무산은 신춘문예가 무엇인지, 문단추천이 무엇인지도 모를 때, 어떤 친구가 이때 쓴 「할미꽃」과 습작 중인 작품들을 몰래 가져가서는 1965년도 동아일보 신춘문예에 투고했다가 최종심에서 떨어졌다고 안타까워하는 것을 보았다고 술회한다. 특히 「할미꽃」은 청년 무산이 어머니를 그리워하는 심정을 형상화하였다는 점에서 그의 시심이 태동하는 지점을 감지할 수 있다. "이른 봄 양지 밭에/나물 캐던 울 어머니"에서 무산은 순수하고 소박한 어머니에 대한 기억과 추억을 형상화하고 있다. 이는 어머니에 대한 그리움이 "이른 봄 양지 밭에" 나물처럼 돋아나는 국면으로 형상화된다. 무산은 어머니의 사랑이 꽃잎처럼 피어날 나이에 어머니의 손을 놓고 말았으니 모정(母情)에 대한 그리움이야 남달랐을 것이다. "이제는 한 줌의 귀토(歸土)/서러움도 잠드시고"에서 흙으로부터 태어나서 흙에서 살다가 흙으로 돌아간 "어머니"와 "할미꽃"을 대비하여 반추하고 있다. 화자는 허리 굽은 모정을 부여잡고 서 있는 할미꽃에서 "하늘 아래 손을 모아/씨앗처럼 받은 가난"이 무슨 죄가 되느냐고 반문함으로써 "울 어머니"에 대한 그리움을 한(恨)으로 되새기고 있는 것이다. 화자는 다시 "울 어머니"를 끝내 고개 숙인 삶의 "귀토(歸土)"였으리라 소리쳐 부르고 있다. 위 시편을 통해 출가(出家)에 대한 무산의 견해를 살펴보면,

> "절 집에서는 이를 발심출가(發心出家)와 인연출가(因緣出家)로 나누어 말합니다. 발심출가란 부처님처럼 인생에 깊은 회의를 가지고 진리를 터득하기 위해 출가하는 경우를 말합니다. 인연출가란 다른 이유, 즉 여러 가지 인연에 의해 출가하는 경우지요. 저는 후자에 속합니다. 해방 이후 여러 가지 어려운 상황에서 절에 의탁하면서 출가의 길을 걷게 됐습니다. 그러나 출가란 어떤 인연으로 하는가가 중요한 것이 아니라 제대로 출가생활을 하느냐가 중요합니다. 출가에는 세 가지 뜻이 있습니다. 첫째는 육친출가(肉親出家)입니다. 부모, 형제, 처자로부터 떠나는 출가를 말합니다. 애욕에 사로잡힌 보통사람으로서는 사실 이 출가가 가장 어렵지요. 더욱이 출가가 온갖 세속적 욕망의 삶을 포기하는 것이라 할 때 떠난다는 그 자체만으로도 출가는 의미가 있습니다. 그래서 서양의 한 불교학자가 부처님의 출가를 '위대한 포기'라고 했는데 적절한 표현이 아닌가 싶습니다."[17)]

이 글은 출가자가 승려가 되는 이유에 대해 밝힌 무산의 견해이다. 특히 이 글에서 무산은 '육친출가'의 헤아릴 수 없는 아픔과 고뇌를 보여준다. 앞에서도 언급한 바와 같이 무산은 부모로부터 심신을 받기 이전의 나는 과연 무엇이었으며 어떠했는가를 참구하는 '부모미생전본래면목'을 화두로 들어 참선이나 명상을 할 것을 강조한다. 이는 곧 본래면목에 대한 크나큰 의심이 없이는 쉽게 결행할 수 없는 것이 바로 육친출가라는 결심이라는 것이다. 이토록 출가의 결행이

17) 신경림 · 조오현, 앞의 책, 23쪽.

란 자신으로부터의 떠남이면서도 다시 자신에게로 되돌아감이라는 깊은 뜻을 내포하고 있다. 발심출가든 인연출가든 출가의 길이란 이토록 처절한 고통의 산물인 것이다. 무산은 스스로 인연출가에 속한다고 말하고 있다. 이런 점에서 아래의 시편들은 인연출가의 관문이라 할 수 있는 육친출가의 고통과 슬픔이 잘 나타나는 작품들이다.

밤마다 비가 오는 윤사월도 지쳤는데
깨물면 피가 나는 손마디에 물쑥이 들던
울 엄마 무덤가에는 진달래만 피는가.

저 산천 멍들도록 꽃은 피고 꽃은 져도
삼삼히 떠오르는 가슴 속 상처(傷處)처럼
성황당 고개 너머엔 울어 예는 뻐꾸기

—조오현, 「봄」 전문

그의 마지막 날엔
산(山)도 한 번 눈을 뜨라

어머니 머리맡에
눈물만을 남기신 생애(生涯)

그냥은 차마 그냥은!
감을 수 없었으랴!

단 한 번 덮고 가실

천금(天衾)의 천을 짜시며

그 목숨 받을 때부터
돌릴 줄을 아셨던가

북망산(北邙山) 솔빛보다도
더 빛나는 만장(輓章)이여.

우러르면 하늘 가득히
채우고도 남을 생각

부처님 전 밝힌 설움이
행여나 꺼질세라

칠 남매 기르신 정(情)이
강물되어 넘쳤네.

—조오현, 「종연사(終緣詞)」 전문

위의 두 시편에서도 무산(霧山)은 어머니를 향한 사모(思慕)를 형상화하고 있다. 무산은 광복 후 어려운 상황에 처해있었으므로 가난 등 여러 가지 인연에 의해 절에 의탁되게 되었고, 결국 승려로서 출가의 길을 걷게 된다. 뒤돌아보면 무산은 "하늘 아래 손을 모아/씨앗처럼 받은 가난"(「할미꽃」)을 등에 업은 어머니의 손을 잡고 산중에 맡겨지는 출가의 인연이었으니 어머니에 대한 사모의 정이 남다를 수밖에 없었을 것이다. 「봄」에서는 살아생전에 "깨물면 피가 나는 손마디에 물쑥이 들"었었는데 돌아가신 뒤 어머니의 무덤가에는 어찌 "진달래만 피는가"라며 기나긴 "윤사월"을 원망하듯 노래한다. 꽃이 피고 지는 자연의 아름다움마저도 "저 산천을 멍들"이는 현상으로 형상화하고 있다. 그래서 무산에게는 "울어 예는 뻐꾸기" 소리마저 "가슴속 상처"로 남아있어 보인다. 무산에게 '봄'은 그토록 잔인하던 가난 속의 "울 엄마"를 애타도록 그리워하게 하는 "가슴속 상처"인 것이다.

「종연사」는 시제에서 느껴지는 것처럼 무산이 어머니와의 이별에 대한 애절함을 노래하고 있는 국면이다. 흔히 세속과 인연을 끊은 자가 혈연적 인연으로서 '어머니'를 떠올리는 것은 불가(佛家)의 예(禮)가 아니라고 한다. 하지만 무산은 시인으로서 탈속(脫俗)의 그 세계로 다시 내려와 "눈물만을 남기신" 어머니를 다시 불러보고 있다. 첫수 초장에서 "그의 마지막 날엔/산(山)도 한 번 눈을 뜨라"며 웅혼한 기백으로 어머니와의 이별을 애써 불러보고 있다는 점에서 이미 어머니에 대한 '종연(終緣)'의 아픔을 예고한다. 그 누구에게서든 자식의 인생에서 어머니의 존재란 흔들릴 수 없는 인연의 한 축일 것이다. 시인은 어머니를 그리워하면서 '종연사'를 부르며 비로소 육친출가의 상흔을 하나하나 지워간다.

뜨락도 좌대인양
꽃 피워 환한 둘레

고여 넘치는
푸르름을 거느리고

하늘 끝 치솟아 올라

날라갈 듯한 대웅전.

가시덤불 헤치고서
산문 밖 길 트일 때

서역도 부연 끝이라
말로선 다 못하여

다락엔 범종을 달고
새겨 놓은 그 주련.

손 모아 쌓아 올린
둥글한 불탑 위로

타오른 향연 줄기
번뇌를 사루나니

그 발원 도량을 넘어
일깨우는 큰 목탁!

—조오현, 「범어사 정경」 전문

절간 뜰에는 꽃들이 환하게 피어 둘레를 이루고, 그 둘레에서 피어나는 꽃향기가 물씬 스며든 범어사 대웅전은 마치 산마루에 앉은 맑고 푸른 하늘을 향해 두 팔 벌려 솟아오르는 정경이다. "꽃 피워 환한 둘레"와 "푸르름을 거느리고"서 "날라갈 듯한 대웅전"이 바로 그것이다. 그러한 정경들은 모두 다 시승의 눈앞에 다가선 본래 그 자리의 있는 그대로의 모습들이다. '자연'이라 이름 지어진 하나하나의 모습들은 모두가 인연의 섭리에 의해 존재하고 있음을 나타낸다. 이와 같이 자연의 섭리적 정경은 모두가 '둘이 아닌' 모습, 즉 중도(中道)의 세계로 존재한다. 둘째 수의 중장에서는 "서역도 부연 끝이라/말로선 다 못하여"라며 선가(禪家)의 화두를 떠올리게 한다. 이는 누구나 익히 들어 알고 있는 화두 중의 하나인 '달마가 서쪽으로부터 온 까닭이 무엇인가'라는 선문을 일깨운다. 이어 종장에서는 "다락엔 범종을 달고/새겨 놓은 그 주련"이라며 선답한다. 화자는 "꽃 피워 환한 둘레"를 벗어나 산문 밖을 나서는 그 순간, 깨달음을 이루기 위한 걸음을 놓아가고 있다. 그리고 화자가 산마루에 서서 내려다 본 절간에서는 목탁 소리가 피어오르고 있다. 참으로 묘오한 정경이다. 삼라만상이 인연에 의해 움직이고 있음을 한 폭의 그림처럼 다가선다. 이렇듯 무산은 "범어사 정경"을 선적 분위기로 "그 발원 도량을 넘어/일깨우는 큰 목탁!"으로 승화시키며 시조시형에 담아낸다.

강원도 어성전(魚城田) 옹장이
김 영감 장렛날

상제도 복인도 없었는데요 30년 전에 죽은 그의 부인 머리 풀고 상여잡고 곡하기를 "보이소 보이소 불길 같은 노염이라도 날 주고 가소 날 주고 가소" 했다는데요 죽은 김 영감 답하기를 "내 노염은 옹기로 다 만들었다 다 만들었다" 했다는 소문이 있었는데요

사실은

그날 상두꾼들
소리였데요.

—조오현, 「무설설(無設說)·1」 전문

「무설설(無設說)·1」은 『만악가타집』의 첫머리에 실려 있는 시조 시편이다. 이 시편은 특히 '무설설(無設說)'이라는 시제부터가 깨달음의 세계에 사는 무산답다. 이 시편은 무산이 펴낸 시조시집들에서 발견할 수 있는 유일한 장형시조, 즉 사설시조(辭說時調)이다. 이 작품은 중장에서 '30년 전에 죽은 부인'과 '김 영감'이 주고받는 대화식으로 풀어낸 후, "사실은/그날 상두꾼들/소리였다"라고 종결하는 형태이다. 이러한 형태에서 보면 이 시편은 무산이 관념적 인식의 틀에서 벗어나 감각적 표현을 이루고자 한 시적 결과로 보인다. 시의 내용에서 "어성전"은 강원도 양양군에 있는 산골마을로서 백두대간 한가운데의 깊은 산자락에 위치하고 있으며 어성전계곡이 유명한 곳이다. 여기서 "옹장이"는 옹기장(甕器匠)을 말하는 것으로 옹기를 만드는 도공(陶工)을 일컫는다. 이런 점에서 인용한 시편은 오로지 옹기 하나만을 자식처럼 정성들여 키우며 외길 인생으로 살아온 "김 영감"의 텅 빈 장례식장을 배경으로 하고 있다는 점에서 예사롭지 않다. 그리하여 이 사설 시편은 전체 국면을 선적 분위기로 풀어간다.

이 시편의 배경 설정은 옹장이의 "불길 같은 노염"에 대응하는 "머리 풀어 상여 잡고 곡(哭)하는 부인"의 과거의 시간과 현재의 시간이 겹쳐지면서 주체와 객체가 서로 상충하는 국면에 있다. 이러한 배경설정은 어느 한 시대의 과도기적 변모를 더없는 깊이로 느낄 수 있게 한다는 점에서 충분히 채택될 수 있다. 이렇게 채택된 국면에서 부인에 대한 작은 배려마저도 오로지 불길 하나만으로 승화시키는,

즉 오직 '옹기'만을 위해 살아온 외골수 "김 영감"의 모습을 선명하게 드러낼 수 있게 된다. 하지만 옹기 속으로 스며든 김 영감의 "불길 같은 노염"마저도 궁극적으로는 부인과의 화해를 통해 선적 종결로 반전하는 국면으로 승화된다. 이렇게 전환된 선적 국면은 외골수 김 영감과 "불길 같은 노염"을 애써 삭히며 살아 온 부인과의 인연 또한 "상두꾼들/소리"였다니 그 어찌 무상(無常)하지 않겠는가 하고 귀결된다. 이렇듯 무산의 유일한 사설시편으로 알려진 위 작품에서 우리는 무산의 선적 향기가 물씬 피어남을 직감하게 된다. 무엇보다도 위 시편은 선적 깨달음이 시화된 시적 배경을 통해 무산의 시도(詩道)를 느끼게 한다는 점에서 주목된다.

> 지난 달 초이튿날 한 수좌가 와서
> 달마가 서쪽에서 온 뜻을 묻길래
> 내설악 백담 계곡에는 반석이 많다고 했다.
>
> —조오현, 「무설설(無說說) · 5」 전문

이 시편은 깨달음이 흐르는 선문답의 세계를 환히 비추어주는 단시조시형이다. 어떤 깨달음이란 언어와 문자로는 세울 수 없는 지점에 있다. 그 지점이란 어쩌면 어떤 깨달음을 이룬 자신마저도 그 사실을 놓아버린 곳일 수도 있다. 인용한 시편에서와 같이 무산은 묘오로 감싸진 선문답을 '무설설(無說說)'이라는 연작을 통해 형상화하고 있다. 무산은 깊어가는 가을날의 오후, "내설악 백담 계곡에는 반석이 많"음을 통해 우주 만유의 실상을 깨우치고 있다. 여기서 무산이 끌어온 "반석"은 무한한 공간에서 새로운 시작을 알리는 지점이기도 하다. 그 지점에는 늘 깨달음의 세계로 접어드는 '물음'과 '대답'이 함께 존재하고 있다. 이와 같이 위 시편은 선문답을 차용한 새로운 선시적 발상의 국면으로 이해된다. 특히 이 시편은 중장에서 한 수좌의 선문에 대해 종장에서 선답하는 형식으로 구성된다. 이는 "달마가 서쪽에서 온 뜻"이나 "내설악 백담 계곡에는 반석이 많"은 것이나 둘이 아님을 표현하는 시적 형식으로 귀결된다. 즉 "서쪽에서 온 뜻"은 오롯이 "반석"에 반영됨으로써 무산이 드러내고자하는 선적 깨달음을 시화(詩化)하고 있는 국면이다. 이 시편에서와 같이 무산은 선적 세계와 시적 세계를 아우르는 깨달음을 시조시형에 온전하게 담아내고 있다.

> 무금선원에 앉아
> 내가 나를 바라보니
>
> 기는 벌레 한 마리
> 몸을 폈다 오그렸다가
>
> 온갖 것 다 갉아먹으며
> 배설하고
> 알을 슬기도 한다.
>
> —조오현, 「내가 나를 바라보니」 전문(밑줄은 인용자 표시)

> 삶의 즐거움을 모르는 놈이
> 죽음의 즐거움을 알겠느냐
>
> 어차피 한 마리
> 기는 벌레가 아니더냐

이 다음 숲에서 사는
새의 먹이로 가야겠다.

—조오현, 「적멸을 위하여」 전문(밑줄은 인용자 표시)

인용한 두 시편은 시집 『산에 사는 날에』에 실린 이후 연구자들의 조명을 가장 많이 받은 작품들로서 '선취(禪趣)'의 면모를 보여주고 있는 작품들이다. 「내가 나를 바라보니」에서 "무금선원"은 출가자가 마음의 문을 열기 위해 바깥세상의 문을 걸어 잠그고 오로지 화두의 참구(參究)에만 몰두하여 무문지경(無門之境)에 이르기 위한 수행처인 '무문관(無門關)'이 있는 곳이다. 또한 "무금선원"은 무산이 1998년 백담사에 개설한 이후 수행도량으로 거듭나고 있는 곳이기도 하다. "무금선원"은 두 시편의 중장에서 화자가 스스로를 "기는 벌레"로 형상화하고 있는 바로 그곳이다. 이러한 형상화는 '무문관'을 관통하며 깨달음의 세계에서 '나'와 '너'를 합일시키는 경지로 귀결된다. 또한 이러한 시적 표현은 인간과 자연의 합일이거나 사물과 정신의 합일, 나아가서는 나와 우주를 합일시키는 데까지 이른다는 점에서 가타의 세계를 보여준다.

「적멸을 위하여」 의 초장에서 "삶의 즐거움을 모르는 놈이/죽음의 즐거움을 알겠느냐"는 무산이 편저한 백유경의 『죽는 법을 모르는데 사는 법을 어찌 알랴』의 제목과도 상통하는 구이다. 여기서 화자는 "삶의 즐거움"과 "죽음의 즐거움"이 결코 둘이 아님을 설하고 있다. 즉 "죽는 법"과 "사는 법"이 다르지 않으니 어찌 살아있는 이 순간순간이 즐겁지 않겠느냐는 것이다. 그리하여 화자는 "어차피 한 마리/기는 벌레"라며 스스로를 밑치는 듯한 어조로 자기 자신을 옥죄이고 있다. 이는 곧 삶의 푸념이 아닌 마음을 텅 비운 구도자적 삶의 화두로서 던져진다. 화자는 '내가 나를 보'니 "몸을 폈다 오그렸다" 하는

"기는 벌레 한 마리"이며, '적멸을 위하여'는 "어차피 한 마리/기는 벌레가 아니더냐"고 살아있는 화두로 껴안는다. 이러한 시적 표현에서 두 시 편의 중장은 각각의 초장과 종장을 선적 의미로 연결한다. 그리하여 화자는 "숲에 사는/새의 먹이로 가야겠다"라며 '적멸(寂滅)을 위'한 선취적 화두를 들고 있다.

태산(泰山) 그 지애(至愛) 앞에
일월등(日月燈) 밝혀 놓고

만상(萬像)을 눈감아도
뜨지 않는 가슴의 달아

간간이 솔바람 불고
소쩍새도 울다가고

—조오현, 「연거(燕居)」 전문

이 시편은 첫 시집 『심우도』 제Ⅰ부의 「산거일기」 연작에서 「간간이 솔바람 불고」였던 부제를 「연거(燕居)」라는 시제로 바꾸어 『만악가타집』에 다시 수록한 작품이다. 「산거일기」 연작에서는 위의 「간간이 솔바람 불고」에서처럼 부제를 작품 내용, 즉 종장 첫 구의 "간간이 솔바람 불고"를 있는 그대로 취하고 있는 점이 특징이다. 그리고 「연거」를 "간간이 솔바람 불고"에 비추어 연결하면 '한거(閑居)'와의 동의어이다. 초장과 중장의 "태산 그 지애 앞에/일월등 밝혀 놓고//만상을 눈 감아도/뜨지 않는 가슴의 달아"에서는 산사(山寺)의 고요함 곁에 서 있는 시인의 한가로움이 형상화된다. 여기서 '한가로움'이란 구도자로서의 선적 모습이며 삶의 뒷모습이다. 한가로움이 있어 그 속에서는 "간간이 솔바람 불고/소쩍새도 울다 가고" 있는 정경이 가득 메워지고 있다. '산거(山居)'를 둘러싼 적막하리만큼 고요한 정경이 '연거'처럼 묻어난 한가로운 일기가 아닐 수 없다.

역시 『심우도』 제 I 부의 「산거일기」 연작에서 「살아갈 이 생애(生涯)가」였던 부제를 「산승(山僧) · 1」로, 「내일은 또 어느 하늘 가」였던 부제를 「산승(山僧) · 2」로, 「인생을 진공(眞空)에 부쳐」였던 부제를 「산승(山僧) · 3」으로 시제 바꿈을 통해 『만악가타집』에 재수록한 작품들을 읽어보면,

> 차라리 외로랑이면
> 둥글지나 마올 것을
>
> 닫은 문 산창 가에
> 휘영청이 뜨는 마음
>
> 살아갈 이 한 생애가
> 이리 밝아 적막고나.
>
> —조오현, 「산승(山僧) · 1」 전문

> 내 삶은 철새련가
> 철을 좇아 옮아앉는
>
> 어젯날 산에서 울고
> 오늘은 창해에 떴네

내일은 또 어느 하늘가
아픈 깃을 떨굴꼬

—「산승(山僧)·2」 전문

그 옛날 어느 학인이
살아 기신(己身) 하릴없이

해인사 일주문 위에
현판 하나 썼더란다

인생을 진공(眞空)에 부쳐
누가 붓을 잡으랴.

—「산승(山僧)·3」 전문

「산승(山僧)」 연작시조 시편 역시 「산거일기」로서 「산일(山日)」 연작의 연장선상에 있는 작품군이다. 이 연작시조는 「일색과후」의 둘째 수에서 "산에 살면서 산도 못 보고, 새 울음소리는커녕 내 울음도 못 듣는다"라고 한 것과 「산일·3」 종장에서 "언제쯤 내 울음소리를 내가 듣게 되겠습니까"라고 한 것의 징검다리 역할을 한다. 시제 바꿈 전의 제목들이 모두 각 종장의 첫 구에서 취한 것임을 미루어 볼 때 위의 연작은 방황과 정진의 끄트머리에 자리한 깨달음의 경지에 다가서는 '향상일로'의 의미 구조를 이룬다. 「산승·1」은 화자가 "휘영청" 달 밝은 밤에 외로이 앉아 보름달을 바라보면서 마음속에 담긴 달을 천천히 꺼내어 보는 정경이다. 어둠으로 휩싸여 깜깜해야 할 밤중이 너무 밝아서 "적막"한 것처럼 산승의 한 생애도 그와 다르지 않음을 묘사한다.

「산승 · 2」에서는 화자에게 드리워진 구도적 여정의 깊이가 확연하게 드러난다. 그 여정이 결코 "철새"일 수밖에 없음을 무산은 잘 알고 있기 때문이다. 그러기에 "어젯날 산에서 울고/오늘은 창해에 떴네"라고 현실을 직시하면서도 다가올 구도의 여정에 대한 심정을 "내일은 또 어느 하늘 가/아픈 깃을 떨굴꼬"라며 결한다. 이는 곧 세간의 아픔이 아닌 출세간의 삶에 대한 끝없는 수행 자세를 내보이는 형상화이다. 또한 「산승 · 3」에서는 「산승 · 1」과 「산승 · 2」의 시편에서 표현한 적막과 울음, 그리고 아픔이 있는 구도적 여정의 길목에서 "인생을 진공에 부쳐/누가 붓을 잡으랴"라는 화두에까지 이르는 국면이다. 출가자로서의 '산승'의 길이란 "진공에 부쳐"져서야 비로소 세간과 출세간이 둘이 아닌 그곳에 머물게 됨을 묘사한다. 이와 같이 「산승」이라는 연작시조에서 무산은 시승으로서의 삶을 시조시형에 선명하고 온전하게 담아낸다.

(2) 불립(不立)의 진경, 선기조

'선기조(禪機調)'란 선사들의 시가 포교(布敎) 목적을 떠나 순수한 시 그 자체로 존재하면서도 선적 함축성을 갖는 형태를 말한다. 『만악가타집』 제2장 '선기조'에서는 앞에서 밝힌 '선기조'의 개념에서 이는 선사의 입장에서 바라보는 선적인 혜안을 시조시형에 담아내고 있음을 뜻한다. 그리고 '선기(禪機)'란 선사로서 선(禪) 수행을 통한 자성(自性)의 깨달음에 이르는 관문(關門)을 말한다. 그래서 '선기조'에서는 무산 자신이 '70년대 초 경허(鏡虛)와의 만남에서 얻어진 것들'[18]이라고 말한 작품들을 주로 싣고 있다.

18) 「무산심우도(霧山尋牛圖)」 「달마도(達磨圖) · 1」 「달마도 · 2」 「달마도 · 3」 「달

무산의 18수首 연작시조인 『만인고칙(萬人古則)』은 불가(佛家)의 전통적인 화두에 대한 게송이다. 이 '고칙시(古則詩)'는 대개 학인들의 교화를 위해 지은 것으로서, 거기에는 무산이 경험한 선(禪)의 진경이 있는 그대로 드러나 있다. 다시 말해 그곳에는 선방에서 이심전심, 불립문자라는 불가의 진리를 일깨우는 선사의 진면목이 들어있다. 화자는 불법(佛法)의 진리를 설하는 '스님'이고, 청자는 법당의 '제자'이거나 '대중'이다. 18수 중 서두인 '보수개당'과 고칙에 대한 평어를 뜻하는 '착어(着語)'를 빼면 16수가 된다. 각 수의 표제는 선가의 유명한 화두에서 취한 것들이 포함된다.

'만인고칙(萬人古則)'이란 문자 그대로 모든 사람의 모범, 귀감, 전형으로서, 불가에 전승되는 전통적인 화두의 뜻을 갖는다. 무산의 '만인고칙'이란 제목은 전통으로부터 빌려왔으되 시조시형을 취한 게송을 뜻한 것으로서 현대적 시형에 어울리는 시제로 판단된다. 이와 같이 시조 시편으로 읊는 '고칙시', 즉 '고칙시조'는 무산이 처음으로 시도한 시적 양식으로서 '선시조'를 발전시키는데 크게 기여한다. 여기서 화두는 '공안(公案)' 또는 '고칙'이라고도 하는데, '공안'이란 옛 관공서의 공문(公文)처럼 절대적인 규범, 기준이라는 뜻이다. 수행자들은 이러한 공안을 깨달음에 이르는 절대적이고 보편적인 규범 중의 하나로서 반드시 준수해야 한다고 믿는다. 이와 관련하여 '고칙(古則)'이라는 의미는 시간과 공간을 초월한 보편타당한 법칙을 말하는 것으로서 본서에서는 별도로 표기한 것 외에는 '화두'와 '공안', '고칙'을 같은 의미로 본다.

마도 · 4」「달마도 · 5」「달마도 · 6」「달마도 · 7」「달마도 · 8」「달마도 · 9」「달마도 · 10」「해제초(解制抄) · 1」「해제초 · 2」「해제초 · 3」이다.

가사, 삼천대천세계의 그 칠보를 다 갖는다 해도
풀 먹인 살림살이 마삼근(麻三斤)도 빳빳했거늘
진실로 풀 그것까지 빨아내는 것만 할까

—조오현, 「만인고칙(萬人古則)·1—동산삼근(洞山三斤)」 전문

이 작품은 동산스님이 '무엇이 부처입니까'라는 선문에 대해 "마삼근(麻三斤)"이라고 대답한 고사[벽암록 제12칙]를 차용한 선시조 시편이다. 동산스님의 그 승복(僧服)도 '풀을 먹인 것'이 아니냐고 되묻고 있는 국면에서, 그 빳빳하게 스며있는 "풀 그것까지 빨아"낼 수 있어야 비로소 깨달음에 이르게 됨을 의미하고 있다. 이러한 시구(詩句)야말로 화자의 맑은 선풍(禪風)이 "진실로" 그 자체로 드러나 있음을 보여준다. 위의 「만인고칙·1—동산삼근(洞山三斤)」에 대해 이해를 돕고자 무산이 역해한 『벽암록』의 본칙을 인용해보면,

어떤 수행자가 동산(洞山) 화상에게 물었다.
"어떤 것이 부처입니까?"
화상은 이렇게 답했다.
"삼이 세근(麻三斤)이다."
〈擧, 僧問洞山 如何是佛 山云 麻三斤〉

위의 본칙에 대해 무산이 붙인 사족(蛇足)에 보면, 동산화상은 무엇이 부처냐고 묻는 질문에 자기가 입고 있는 삼베옷이 세 근이 나가는데 이것이 부처라고 말했다는 것이다. 무산은 비록 "부처"가 갖는 무게라 할지언정 그저 '삼베 세 근' 정도의 무게밖에 안 된다는 선사의 말이야말로 불경하기 짝이 없다고 말한다. 이는 어떤 수행자가 운문 화상에게 찾아가 무엇이 부처입니까? 하고 물었더니 '똥 묻

은 마른 막대기[건시궐(乾屎橛)]'라고 한 선문답과 다르지 않다면서 그 부처가 석가모니가 아닌 마음이 곧 부처라고 해도 감히 부처를 삼베 세근이나 똥 묻은 마른 막대기로 비하하는 태도는 너무한 것이 아닌가하고 말이다. 그렇다면 과연 '부처란 무엇인가'라는 선문에 부처가 무엇이라고 답해야 하는 것일까. 삼라만상으로 존재하는 모든 것들이 다 불성(佛性)을 가졌으니 부처 아닌 것이 그 어디에도 없다고 할 것인가. 그렇다면 궁극적으로 부처란 눈앞에 보이는 존재 그 자체와 다르지 않음을 깨닫는 것과 다름 아니게 된다. 부처가 삼베옷이건 아니건, 혹은 그 무게가 세 근이거나 아니건, 비록 똥 묻은 마른 막대기라고 할지언정 그러한 사물이 부처 아니라고 어찌 단정할 수 있겠는가는 것이다. 이는 똥 묻은 막대기거나 흙 묻은 막대이거나 본래 그대로의 막대 그 자체가 곧 부처라는 차원으로 이해해야 하기 때문이다. 이는 곧 부처의 존재 그 자체가 비록 삼베옷이면 어떻고 막대기이면 어떤가로 귀결된다.

무산은 모든 중생이 본래 부처라는 관점에서 부처가 곧 중생이고 중생이 곧 부처라는 것이 곧 깨달음의 산물이라고 말한다. 다시 말해 본디 부처란 그 어디에서도 분별하는 일이 없음을 말한다. 이는 무산이 "모두를 부처로 보는 세상이 됐으면 좋겠다. 아니 반드시 그렇게 돼야 한다. 선의 목적도 여기에 있는 것이 아니겠는가"라고 사족한 점에서 확인된다. 이러한 무산의 사유는 『임제록』 '시중'편에 "도 배우는 이들이여! 부처를 완전한 경지라고 여기지 말라. 나에게는 그것이 마치 뒷간의 변기와 같다. 또한 보살과 나한은 모두가 목에 씌우는 칼과 족쇄같이 사람을 결박하는 물건들이다. 그러므로 문수는 긴 칼을 비껴들고 고오타마 붓다를 죽이려 하였고, 앙굴라마는 단도를 가지고 세존을 헤치려 한 것이다"[19]와 다르지 않다. 이러한 선문답은 "무엇이 아버지입니까?" "무엇이 어머니입니까?" "어떤 것이 부처입니까?”라고 할 때 그 답을 ‘구경(究竟)’으로 오해하지 말라는 것과 다름 아니다. 즉 부처의 경지마저 진작 자신에게는 “뒷간의 변기”와 다르지 않다는 것이다. 감히 다다를 수 없는 선답을 통해 비로소 선의 길을 바라보게 된다.

> 벗어 들 헌 짚신 그 한 짝도 없이
> 한 생각 일사천하(一四天下), 일백일십성(一白一十城)을 다 밟아보고
> 그 걸음 그 몸짓으로 밀뜨린 은산철벽
>
> —조오현, 「만인고칙(萬人古則)·1—향상일로(向上一路)」 전문

“향상일로(向上一路)”는 선방(禪房)의 용어로서 『벽암록』 제12칙·동산마삼근(洞山麻三斤), ‘동산의 삼 세 근’에서 “절대 진리는 일천의 성인도 전하지 못하는 것인데 이것을 배우려는 사람은 원숭이가 달그림자를 건지려 하는 것처럼 헛수고만 한다”[20]라고 한 법문에서 취한 말이다. “향상일로(向上一路)”란 ‘절대 진리’로서 천 명의 성인이라 해도 전할 수 없는 그 곳, 바로 언어와 생각이 미치지 못하는 최상의 경지를 의미한다. 그리고 종문(宗門)의 최종 목적지를 가리키는 말이기도 하다. 이 절대의 경지는 ‘은산철벽을 밀어낸 일도집중 끝에서야 겨우 다다를 수 있는 곳’임을 표현하고 있다. “은산철벽”이란 문자 그대로 ‘은’으로 이루어진 ‘산’이요 ‘철’로 만들어진 ‘벽’이라는 뜻이다. 이는 곧 철옹성보다도 더 견고한 난공불락의 장벽이 자성(自性)의 경계로부터 가로막은 국면이다. “한 생각”이란 짚신 한 짝 없어도 닿지 않은 곳이 없으니 “은산철벽”마저 밀뜨리는 화두가

---

19) 백련선서간행회(편), 『임제록·법안록』, 장경각, 2003, 97쪽.
20) 조오현 역해, 『벽암록』 서문, 불교시대사, 1997, 59쪽.

아니고 무엇이겠는가. 무산은 오직 "한 생각"으로 향상일로의 걸음과 몸짓에 의해 은산(銀山)을 향해 정진하고 있음을 나타낸다. "상대적인 것을 모두 끊으면 동쪽에서 솟았다가 서쪽으로 잠기기도 하고 경계에 따르거나 거슬리는 것이 종횡무진으로 자재해"[21]지게 된다는 것이다. 여기서 "한 생각"이란 곧 달마(達磨)가 전했다는 '심인(心印)'으로 이해할 수 있다. 그러므로 "향상일로"의 "한 생각"은 조주화상이 설한 바와 같이 "간택하는 것을 꺼리면 된다." '간택(揀擇)'이란 분별하고 따진다는 말로 이 버릇만 없애면 간단하게 도道에 이르게 된다는 것이다. 다시 말해서 무산이 사족(蛇足)한 바와 같이 "세상을 살면서 갈등하고 투쟁하는 것은 자기중심의 아집(我執) 때문이다"라는 것이다.

> 하늘에는 낙뢰소리 땅에는 낙반소리
> 한 장 거적때기로 덮어놓은 시방세계
> 그 소리 다 갖고 살아라 그냥 숨어 살아라
>
> —조오현, 「만인고칙(萬人古則)·1—북두장신(北斗藏身)」 전문

'북두장신'은 '북두(北斗) 속에 몸을 감춘다.'라는 뜻으로서 선(禪)의 깊은 경지를 노래한 아래의 게송에서 취한 말이다.

> 어떤 학인이 운문스님에게 물었다,
> "어떤 것이 법신(法身)을 뚫는 언구(言句)입니까?"
> "북두(北斗) 속에 몸을 감추었느니라."

21) 조오현 역해, 앞의 책, 15쪽.

위의 시편 초·중장에서는 "낙뢰소리"와 "낙반소리"가 천지지간을 뒤흔들고, 단 "한 장의 거적때기로 덮어놓은 시방세계"를 묘사하고 있다. 초장의 "땅에는 낙반소리"란 오늘날 지구촌 곳곳에서 일어나는 중생들의 아우성이다. 갈등으로 빚어진 전쟁과 폭력의 악순환으로 환경은 끝없이 파괴되어 가고 그 자리에는 수많은 재해로 인해 그 아우성이 땅을 덮고 있는 형국이다. "시방세계"인들 "한 장 거적때기"에 불과하거늘 어찌 "땅에는 낙반소리"가 끊이지 않는 걸까. 저 하늘의 "낙뢰소리"야 자연의 섭리라고 할 수 있지만 중생이 지어가는 죄업은 "거적때기"로 다 덮을 수도 없으니 "그 소리"마저 "다 갖고 살아라"며 할(喝)을 들고 있다. 하지만 "그냥 숨어살아"야 할 곳은 아무데도 없으니 "북두(北斗) 속에 몸을 감추었느니라."며 "법신(法身)을 뚫어가고 있는 국면이다. "그냥 숨어"에서 알 수 있듯이 "거적때기로 덮어놓은 시방세계"의 안이 아니라 그 밖에서 대승적 삶을 살아가라는 법문과 다름 아니다. 무산은 사족에서 "설악산 정상에는 누구나 오르고자 하면 올라갈 수 있다. 그러나 올라가는 것 못지않게 산꼭대기에서 실족(失足)하지 않는 것이 더 중요하다. 한번 헛디디면 목숨을 잃기 때문이다. 도(道)의 경지에 이르는 것도 마찬가지다."라고 한데서도 알 수 있다.

> 다스리는 세상은 아무래도 멍에! 멍에!
> 노주 없는 소전거리 코를 꿰매 놓고
> 다 같은 소의 몸으로 목숨에도 값을 매겼네
>
> —조오현, 「萬人古則(만인고칙)·1—현사과환(玄沙過患)」 전문

이 시편은 무산이 역해한 『벽암록』 제88칙·현사삼종병(玄沙三種病), '현사가 세 가지 병(病)에 관해 말한다'에서 취한 것이다. 본칙을

보면, 현사화상이 대중들과의 선문답하는 글에서,

"제방의 선지식들이 모두 사람을 제접하고 중생을 이롭게 한다고 하나 갑자기 세 가지 장애가 있는 사람이 찾아오면 어떻게 교화하려는가? 예를 들겠다. 눈먼 사람에게는 쇠뭉치를 들거나 불자를 세워도 그는 보지 못한다. 또 귀가 먼 사람은 일체의 언설삼매를 말해도 듣지 못한다. 또 벙어리에게는 말을 시켜도 말하지 못한다. 그렇다면 이들을 어떻게 제접해야 하는가? 만약 이들을 교화하지 못한다면 불법은 영험이 없는 것이 될 것이다." 이 말을 듣고 어떤 납자가 운문화상에게 어떻게 해야 되느냐면서 가르쳐 줄 것을 청했다.

"나에게 절을 해보라."

화상은 그에게 절을 시킨 뒤 그가 일어나는 것을 주장자로 밀치려 했다. 그가 뒤로 물려나자 화상이 말했다.

"너는 눈이 멀지는 않았구나."

화상은 이번에는 그를 가까이 오라고 했다. 그가 다가오자 화상이 말했다.

"말을 알아들으니 귀도 멀지 않았구나." 이어 화상은 그에게 물었다.

"알아들었는가?"

"모르겠습니다."

"말도 할 줄 아니 벙어리도 아니구나."

그는 이러한 훈도를 받고 알아차리는 바가 있었다.

현사화상은 진정 사람을 제접하고 중생을 이롭게 함이란, 장애가 있는 사람에 대한 올바른 교화를 통해서만 이루어질 수 있다고 말한다. 하지만 보지 못하고, 듣지 못하거나 말하지 못하는 것이야 어찌 장애가 아니라고 말할 수 있겠는가. 한갓 미물일지언정 보고 듣고 지저귀는데 어찌 만물의 영장인 사람이야……. 그러나 시선을 돌려 초목을 보면 어떤가, 그것들은 모두가 보지도, 듣지도, 말하지도 못하며 걷거나 날아다닐 수도 없다. 이렇듯 장애란 상대적인 비교에 의해 비롯되는 것이다. 현사 화상이 가르쳐 준 방법들이야 장애의 유무를 분별하는 의식만을 보여준 것일 뿐 장애를 뛰어넘는 마음가짐을 가르쳐주는 데까지는 미흡하다. 그러한 훈도(訓導)를 받고 알아차렸다는 어떤 납자는 또 과연 마음의 장애까지 뛰어넘을 수 있었을까 하는 의구심을 지울 수 없다. 하지만 이 또한 장애를 초월하여 내린 가르침이고 보면 물릴 칠 수도 없는 일이다.

위의 본칙에 대해 무산이 붙인 사족에는, "장애인에 대한 일반인들의 편견은 이루 다 말로 형언하기 어렵다. 눈이 있어도 진리의 아름다운 모습이 현현한 절경을 보지 못하고, 귀가 있어도 듣지 못하고 입이 있어도 그것을 표현하지 못한다면 그런 사람이야말로 더 큰 장애를 갖는 격이 아니겠는가. 더욱이 그러한 장애인에 대한 터무니없는 편견을 가진 비뚤어진 마음을 가졌다면 그 마음의 장애부터 고쳐야 할 것이다. 귀가 있으니 듣기는 듣고, 눈이 있으니 보기는 보고, 입이 있으니 지껄이기는 한다만 귀가 멀고, 눈이 멀고, 말 못하는 사람이 더 많으니 안타까운 일이다. 차라리 귀먹고 눈멀고 말을 못해도 마음의 눈이 열리고 귀가 열리고 입이 열려야 그를 정상인이라 할 수 있을 것이다. 아, 천상천하에 귀먹고 눈멀고 말 못하는 사람이 너무 많구나!"[22]라고 적고 있다. 이렇듯이 위의 시편에서는 "다 같은 소리 몸으로 목숨에도 값을 매겼네"라며 결하고 있다. 어찌 신체의 장애만 장애이겠는가, 오로지 마음에서 싹트는 장애야말로 쉽게 극

22) 조오현 역해, 앞의 책, 296~298쪽.

복할 수 없는 것이니 이를 갈고 닦으라는 가르침인 것이다. 무산의 사족이 말해 주듯이 현사 화상의 설법을 시조시형에 함축적으로 담아낸 뜻이 도를 구하는 일과 다르지 않음이다.

털갈이 길짐승 또는 날짐승이었다면
까마귀밥나무 또는 나무귀신 같은 부처여
그냥은 앉을 횃대도 죽을 목숨도 없구나

—조오현, 「만인고칙(萬人古則) · 2—금우반통(金牛飯桶)」 전문

"금우반통(金牛飯桶)"은 선방의 용어로서 『벽암록』 제74칙 · 금우반통작무(金牛飯桶作舞), '금우(金牛)가 밥통을 들고 춤을 추다'에서 "평온하고 은밀한 경지에서 옷 입고 밥 먹으니 이런 신통 자재한 경지에는 어떻게 기댈 수가 없다. 분명히 알았는가."[23]라고 한 법문에서 취한 말이다. 인용한 시편의 종장에서 "앉을 횃대"도 "죽을 목숨"도 없다고 한데서 '무위(無爲)'를 노래하는 작품으로 파악된다. 이 시조 시편은 선사의 가르침과 선정삼매의 대자유가 가득한 전형적인 선방의 모습을 드러내는 선시조시형의 형태이다. "털갈이 길짐승"이었거나 아니면 "날짐승이었다"면 그들의 눈에는 부처도 "까마귀밥나무"의 열매이거나 "나무귀신[木神]"으로 비추어질 것이다. 그런 처지에서는 "앉을 횃대도 죽을 목숨도 없"다며 '부처'를 '무위(無爲)'의 화신(化身)으로 노래하고 있다. 여기서 부제 "금우반통"이란 곧 '금우 화상의 밥통'을 말하는 것으로서 아래의 본칙을 읽어보면,

금우 화상은 매일 점심공양 때가 되면 몸소 밥통을 가지고 승당

23) 조오현 역해, 앞의 책, 250쪽.

앞에서 춤을 추며 크게 웃으며 말했다.

"보살들아, 와서 밥 먹어라."

뒷날 어떤 납자가 장경 화상에게 물었다.

"옛날 금우 화상이 '보살들아, 와서 밥 먹어라.'라고 말한 뜻이 무엇입니까?"

"그건 재를 올리는 것을 찬탄하는 것과 똑 같은 것이네."[24)]

무산은, "사람들은 먹는 일[食事]을 너무 가볍게 생각하는 것 같다. 음식에 감사할 줄 모르고 남기거나 버리는 일이 너무 많다. 돈으로 환산하면 엄청난 액수의 음식을 쓰레기로 버리는 것을 서슴지 않는다. 식사를 하면서 금우(金牛) 화상처럼 밥통을 들고 춤을 추고 노래하며 음식에 깃든 공덕을 찬탄하지는 못할망정 합장(合掌)이라도 하고 밥을 먹어야 목구멍으로 밥알을 넘길 자격이 있다는 것이다. 아니면 최소한 고개라도 한 번 숙이고 밥숟가락을 들어야 할 것이다"라고 사족을 달고 있다. 우선 본칙에서 "보살들아, 와서 밥 먹어라.'라고 말한 뜻이 무엇입니까?"라는 물음에 답하기를 "그건 제(祭)를 올리는 것을 찬탄하는 것과 똑 같은 것이네"라고 던지는 화두에서 인용한 무산의 시편은 초장에서의 "짐승"은 중장에서 "나무"로, 중장의 "귀신" "부처"는 종장에서 "목숨"으로 귀결된다.

철옹성의 빗장보다 굳게 닫힌

관문(關門)

관문

관문

---

24) 조오현 역해, 앞의 책, 250쪽.

무슨 포교처럼 지나가는 사람들을
그 모두 다 불러 놓고 점검하는 고함소리

—조오현, 「만인고칙(萬人古則)·2—흠산삼관(欽山三關)」 전문

이 시편은 무산이 역해한 『벽암록』 제56칙·흠산일족파삼관(欽山一鏃破三關), '흠산의 화살 하나로 세 개의 관문을 뚫음'에서 취한 것으로서 본칙을 읽어보면,

거양(巨良)이라는 선객이 흠산 화상에게 물었다.
"화살 한 개로 세 개의 관문을 통과했을 때는 어떠합니까?"
"그 관문 속의 주인을 꺼내놔 보아라. 구경 좀 하자."
"잘못을 알았으니 반드시 고치겠습니다."
"어느 때를 기다려야 하는가?"
"화살은 잘 쏘셨는데 맞추지 못했습니다."
선객은 이 말을 하고 나가려고 했다. 이에 흠산이 그를 불렀다.
"잠깐만. 양수좌!"
그가 돌아오자 흠산 화상은 그의 멱살을 움켜쥐고 말했다.
"한 개의 화살로 세 개의 관문을 통과하는 것은 그만두고 흠산에게 화살을 쏘아 보라."
거양이 말을 할 듯 말 듯 망설이자 화상은 그에게 일곱 방망이를 치면서 말했다.
"너는 한 삼십 년쯤 공부해야 알 것이다."

본칙에 대해 무산은 사족에서, "선(禪)에서는 '조사관문'이란 말을 자주 쓰는데 이는 조사가 수행자들의 공부를 점검하여 통과와 불가를 결정하기 때문이다. 현관(玄關)이란 말도 같은 뜻이다. 조사의 관

문은 험준하고 까다로워서 한 개의 문을 통과하면 또 하나의 문이 있고, 그 문을 통과해도 또 하나의 문이 기다리고 있다. …… 인생사에서 매 순간마다 결정하고 판단한 것이 과연 옳은 것인지 틀린 것인지는 시간이 지나고 결과가 드러나 보아야 알 수 있는 일이 수없이 많다. 눈을 보호하려니 귀를 멀게 할 수 있고, 귀를 지키자니 두 눈이 상할 수도 있다. 그렇다면 무엇이 진실이고 어떤 것이 최선인가. 여기서 그것을 답할 수는 없다. 다만 매순간 진실을 위해 최선을 다했는지를 물을 때 부끄러움이 있다면 그는 한 삼십 년은 공부를 더 해야 할 것이다"[25]라고 적고 있다. 그리고 "관문이란 원래 국경의 검문소를 뜻하는 말이다. 밖으로 나가거나 들어올 때 이 문에서 검문을 받아 통과해야 통행이 가능하다." 여기서 "관문(關門)"이란 수행 정진의 단계로서의 관문이다. 불교에서는 여러 가지 수행법이 있으며, 그러한 수행법을 잘 익혀 정진하여 깨달음의 경지에 이르고자하는 단계가 곧 '관문'인 것이다. 초장에서는 깎아지른 듯한 절벽 위에 무쇠 솥을 엎어놓은 형상 같다고 하여 이름붙인 '철옹성', 그 "철옹성의 그 빗장보다"도 더 굳게 닫힌 수행의 "관문(關門)"에 비유하고 있다. 바로 그 '관문'을 관통한 수행의 끄트머리에서 들려오는 소리, 즉 '그 모두 다 불러 놓고 점검하는 고함소리'인 것이다.

> 물으면 말을 물으면 묻는 놈은 다 죽는다
> 멀리 또 가까이 이 하늘을 버린 파가(罷家)
> 앉아서 설도(舌刀) 하나로 몇 만 명을 죽였는가
>
> —조오현, 「만인고칙(萬人古則) · 2—취미선판(翠微禪板)」 전문

25) 조오현 역해, 앞의 책, 196~199쪽.

위의 작품은 무산이 역해한 『벽암록』 제20칙 · 용아과판(龍牙過板), '용아가 선판을 건네다'에서 수시(垂示), 즉 "산과 봉우리가 첩첩하듯 의심을 하고 담장과 벽에 얼굴을 갖다 대듯 참구하고 가만히 생각하고 기연을 쉰다고 하더라도 그것은 공연한 헛수고일 뿐이다. 그러나 개중에 어떤 자가 썩 나서서 바다를 번쩍 뒤집어 버리고, 수미산을 차서 거꾸러뜨리며, 허공을 쳐서 당장 그 자리에서 천하 사람들의 혓바닥을 꼼짝 못하게 한다면 그는 근접키 어려울 것이다. 말해보라. 지금까지 어떤 사람이 이 같은 일을 했는가."를 참고하면서 본칙을 읽어보면,

용아가 아직 납자일 때 취미(翠微) 화상에게 물었다.

"달마 대사가 서쪽에서 온 뜻이 무엇입니까?"

"나에게 선판(禪板)을 가지고 오게. 그러면 일러주리라."

용아가 선판을 가져오자 취미 화상이 그것을 받은 즉시 내려쳤다. 용아가 지지 않고 대꾸했다.

"내려치는 것은 마음대로 하십시오. 그러나 거기에 조사가 오신 뜻은 없습니다."

용아는 다시 임제 화상에게 찾아가 조사가 서쪽에서 온 뜻을 물었다.

"나에게 포단(蒲團)을 가지고 오게. 그러면 일러주리라."

용아가 포단을 가져오자 임제 화상은 그것을 받은 즉시 내려쳤다. 용아가 지지 않고 대꾸했다.

"내려치는 것은 마음대로 하십시오. 그러나 거기에 조사가 오신 뜻은 없습니다."

이러한 용아스님의 선판 이야기는 『임제록』의 '감변'편에 보면, 용

아스님이 주지로 있게 된 다음, 어떤 스님이 조실에 들어와 법문을 청하여 여쭈었다. "스님께서 행각하실 때 두 큰 스님을 찾아뵈었던 일에 있어서 두 분을 인정하십니까?"하고 물으니 용아스님은 "인정하기는 깊이 인정하네만 결국 조사의 뜻은 없었네."라고 답한다. 용아는 취미와 임제의 도(道)를 깊이 인정하면서도 자신을 홀연히 깨우치지 못한 두 스님을 '공(空)'으로 회감하고 있다. 용아의 굴하지 않는 모습으로부터 무산은 사족에서, 우리나라의 교육방법에 대해 잘못된 점인 교육방식에 대해 피력한다. 무산은 "교육방법 가운데 가장 재미없고 멋대가리 없는 것이 주입식 교육이다. 스승이나 선배는 제자나 후학들에게 자기가 아는 지식을 설명하고 무조건 믿고 따르라고 강요한다. 제자가 하는 일이란 그저 스승이 하는 말을 외우며 그렇다고 믿는 것이 고작이다. 닭이 왜 알을 품는지를 설명하면 그렇구나 하고 믿어야 한다. 정말 그런지 그렇다면 왜 그런지를 의심하면 버릇없는 학생이 된다. 도무지 자기 의견을 창의적으로 말할 기회가 주어지지 않는다. 이런 식의 교육은 스승의 복제품을 만드는 것이지 스승을 능가하는 사람을 만들지 못한다.

이 무슨 덜 떨어진 고집불통인가. 가장 좋은 방법은 토론을 통해서 스스로 무엇이 옳고 그른지를 깨닫도록 하는 것이다. 아무리 스승의 말이라도 일단 한 번 의심하고 의견을 제시해 보는 데서 공부는 진척이 이루어진다. 서로간의 의견을 솔직하게 개진하고 문제를 해결해 가는 세미나 같은 방식을 왜 교육 현장에서 외면하는지 모르겠다"[26]라고 밝힌다. 무산은 "자기 의견을 말하다가 선판(禪板; 좌선하다 피곤하면 기대어 쉬는 널빤지)으로 얻어맞고, 포단(蒲團; 좌선할 때 깔고 앉은 둥근 방석)으로 얻어맞아도 오히려 굴하지 않는 용아거

26) 조오현 역해, 앞의 책, 86~87쪽.

둔(龍牙居遁)의 용기는 옳고 그른 것을 떠나 그 당당한 면모가 마음에 든다. 이런 패기가 있었기 때문에 그는 뒷날 임제의 적손이 될 수 있었다."라고 덧붙인다.

시편 「취미선판(翠微禪板)」에서, 초장의 "물으면 말을 물으면 묻는 놈은 다 죽는다"에서부터 다소 경직된 분위기가 감지되고 있다. 용아가 취미화상이나 임제화상에게 여쭌 것이 그랬고, 학생이 선생에게 질문한 것이 그랬다. 세간의 삶이 그렇고 출세간의 수행이 그렇다. 하지만 출세간에서 오가는 선문답을 세속에서 오가는 교육현실과 단순 비교는 어려울 것이다. 하지만 무산의 사족은 선사의 선 수행에 있어서 선판이나 포단의 호령에도 굴하지 않는 의지의 표상으로 읽힌다. 용아는 달마가 서쪽에서 온 뜻이 무엇인지를 선문하였고, 두 화상은 용아에게 불립문자의 할(喝)을 선판과 포단으로 보여주고 있다. 용아가 선판이나 포단을 두 화상에게 가져간 것은 잘한 일도 잘 못한 일도 아니니다. 하지만 용아는 왜 두 화상이 선판이나 포단을 내리칠 때 홀연히 깨우치지 못하였을까. 훗날 어떤 스님이 용아 선사에게 "스님께서는 옛사람에게서 무엇을 얻었습니까?"라고 질문하자. 용아 선사는 "마치 도적이 빈방에 들어간 것 같다."라고 답한다. 용아의 빈방에는 선판과 포단이 내리친 흔적은 남아있어도 달마가 서역으로부터 온 까닭은 없다는 화두이다.

> 하루하루 살아갈수록 눈은 더 침침하고
> 한치 앞도 볼 수 없는 천야만야 생사의 간두(竿頭)
> 이제는 손을 놓아라 살아남고 싶으면
>
> —조오현, 「만인고칙(萬人古則)·2—천평행각(天平行脚)」 전문

이 시편은 천평 화상이 행각할 시절에 있었던 선담(禪談)을 취한

작품으로 보인다. 『벽암록』 제98칙 · 서원병착(西院丙錯), '서원이 두 차례나 틀렸다고 말하다'에서 "금강의 보검으로 닥치는 대로 머리를 베어버렸어야 비로소 그런 짓이 쓸데없다는 것을 알게 될 것이다. 말해보라. 어떤 것이 과연 금강보검인가. 눈썹을 치켜뜨고 보검의 칼끝을 한 번 바라보자."라고 한 수시에 이어 아래와 같이 그 본칙을 읽어보면,

천평 화상이 행각할 시절 서원 화상을 참방하고 말했다.

"불법을 안다고 말하지 말라. 그런 말을 할 놈은 찾아보아도 없구나."

하루는 서원 화상이 멀리서 그를 불렀다.

"여보게, 종의!"

천평이 머리를 들자 서원 화상이 말했다.

"틀렸네."

천평이 두세 걸음 걸어가자 서원 화상이 다시 말했다.

"또 틀렸네."

천평이 서원 앞으로 다가서자 서원이 물었다.

"조금 전에 내가 두 번 '틀렸다'고 했는데 내가 틀렸느냐 네가 틀렸느냐?"

"제가 틀렸습니다."

"그것도 틀렸네."

천평이 떠나려하자 서원이 만류하였다.

"우선 여기서 여름 안거를 하면서 두 번이나 틀렸다는 뜻을 헤아려보자."

하지만 천평은 곧장 떠나고 말았다. 뒷날 천평은 대중들에게 이 일을 이렇게 말했다.

"내가 젊어서 여러 곳을 행각할 때 업풍에 끌려 사명 장로에게 간 일이 있었다. 화상은 나에게 두 번이나 틀렸다고 말한 뒤 그곳에서 여름 한 철을 같이 보내자고 했다. 그때 나는 틀렸다고 말하지는 않았지만 그곳을 떠나 남방으로 가면서 벌써 '틀렸다'고 말해준 것을 알았다."

이러한 본칙에 대해 붙인 무산의 사족을 읽어보면, "도(道)를 공부한다는 것은 다른 것이 아니다. 뱃속을 비워야 한다. 욕심도 비우고 분노도 비우고 사랑도 미움도 다 비우고 마음을 비워야 한다. 마음을 비웠다면서 똥창까지 채우고 다니면 더 이상의 진전은 없다. 비우고 또 비우라. 비울 것이 없는 그것까지 비우라. 그리하여 산하대지를 다 집어넣어도 오히려 넉넉하게 되어야 비로소 첫발을 내딛었다고 할 수 있으리라. 어떤 것이 이러한 때인가. 내가 바로 청풍명월(淸風明月) 그 자체가 되는 그때다."[27] 무산은 사족에서 '비움'이거나 '비움의 비움'마저 비우라고 강조한다. 진정 비울 것마저 없다면 채웠다가도 비워내야 하는 그런 경지에까지 이르러야 한다는 것이다. "도(道)를 공부한다는 것은 다른 것이 아니다. 뱃속을 비워야 한다. 욕심도 비우고 분노도 비우고 사랑도 미움도 다 비우고 마음을 비워야 한다."는 것이다. 하지만 마음이란 비우고 또 비워도 본래의 자리 그 자체일 수밖에 없으니 어쩌겠는가. 그러므로 끝없이 비워야하는 것들이란 오로지 마음에 기대어 서서 빙 둘러있는 헤아릴 수 없는 욕심이거나 분노이거나 사랑과 미움이라는 수많은 생각들일 것이다. 무산은 이런 이치를 들어 결국 비우고 또 비워야 하는 그것이란 바로 "청풍명월 그 자체가 되는 그때"라고 강조한다.

27) 조오현 역해, 앞의 책, 328~329쪽.

"이제는 손을 놓아라 살아남고 싶으면"이라며 훌훌 벗어던지는 모습에서 무산 행각을 따라갈 수 있다. 비록 출세간에 들어 수행자라 하여 오로지 구도적 삶을 통해 자성을 되찾아 도를 얻었다고 한들 그것은 시작에 불과하다는 것이다. 세간이든 출세간이든 삶의 길이는 유한할 수밖에 없으니 그 유한함 속에서 무한성을 갖는 도를 깨우쳐야 마땅히 살아있음을 느낄 수 있기 때문이다. 하지만 도를 공부하는 일이란 시작도 끝도 볼 수 없는 경지로서 청풍명월의 경계에 다가서는 일일 것이다. 즉 도의 실천을 위해 더없이 수행정진을 하는 것만이 마음을 비우고 그 비움마저 비운 청풍명월의 자아를 지녔다고 할 수 있을 것이다. 이러한 수행의 시작과 끄트머리에서 비로소 삶의 유한함을 무한한 세계로, 즉 대승적으로 깨어나게 한다. 이런 점에서 '도(道)'를 공부하는 삶이란 "생사의 간두(竿頭)"에서마저 손을 놓아버릴 수 있는 마음의 비움이 있어야 한다는 것이다.

> 땅윗줄기 땅속줄기 두메 층층이
> 줄기가 모가 졌고 잎은 마주 나고
> 뾰죽한 그 잎자루여 톱니가 있음이여
>
> ―조오현, 「만인고칙(萬人古則)·2―앙산유산(仰山遊山)」 전문

이 시편은 무산이 역해한 『벽암록』 제34칙·앙산부증유산(仰山不曾遊山), '앙산이 아직 산구경도 못했느냐고 나무라다'[28]에서 그 본칙을 읽어보면,

앙산 화상이 찾아온 납자에게 물었다.

28) 조오현 역해, 앞의 책, 129~131쪽.

"요즘 어디에 있다가 왔는가?"

"여산에 있었습니다."

"그럼 오로봉에는 가보았겠군."

"아직 가보지 못했습니다."

이에 화상은 이렇게 그를 질책했다.

"이 사람아, 아직 산놀이도 못했단 말인가!"

(운문이 이 얘기를 듣고 "앙산의 그 말씀은 자비심 때문에 그를 위해 쉽게 말한 것"이라고 했다.)

무산은 위의 본칙에 대해 "여산(廬山)은 강서성에 있는 명산으로 그 중에서도 오로봉은 빼어난 경치로 유명한 곳이다. 이백(李白)도 시에서 '여산의 오로봉은 푸른 하늘로 솟구치는 부용과 같다[廬山東西五老峰 靑天秀出金芙蓉]'고 읊은 바로 그 봉우리다. 그러나 앙산(仰山)이 여기서 납자를 질책하는 것은 단순히 여산의 뛰어난 명승지를 구경하지 못했다는 것이 아니다. 사람마다 구족하고 있는 진여본성(眞如本性)의 봉우리를 아직도 답파하지 못했느냐는 질책이 본뜻이다. 사람들은 봄이 되면 아름다운 꽃구경, 가을이 되면 울긋불긋한 단풍구경을 하러 산으로 들로 돌아다닌다. 그러나 아름다운 꽃과 붉은 단풍이 어디 산에만 있고 들에만 있으랴. 눈을 감고 자기의 내면을 들여다보면 거기에는 꽃보다도 아름답고 단풍보다 붉은 진여본성이 화려하게 만개해 있다. 그것을 보지 못하고 밖으로만 아름다움을 구하려는 사람들이야말로 소를 타고 소를 찾는 바보가 아니던가."[29] 라고 사족을 달고 있다. 사족에서 무산은 선 수행에 있어서의 '참선'에 대한 중요성을 깨우치고 있다. 참선이야말로 "소를 타고 소를 찾

29) 조오현 역해, 앞의 책, 2005, 130~131쪽.

는" 어리석음을 물리치는 가장 아름다운 도구일지 모른다. 이러한 참선이란 곧 "아름다운 꽃과 붉은 단풍이 어디 산에만 있고 들에만 있으랴. 눈을 감고 자기의 내면을 들여다보면 거기에는 꽃보다도 아름답고 단풍보다 붉은 진여와 그 본성이 화려하게 만개해 있다"는 점에서 유추할 수 있는 참으로 높은 경지를 말한다. 인용한 시편에의 초장에서는 세간과 출세간의 모습을 우주관에 의해 묘사한다. 또한 중장에서는 일상 언어로서 초월된 선적 의미를 함축해서 나타낸다. 그리고 종장에서는 화두 수행에 따르는 고뇌와 깨달음의 존재적 인식을 표현한다. "땅속줄기"와 "땅위줄기"로 이어져 바깥세상을 향하고 줄기는 제각각 길을 내어 잎을 마주보게 하니 어찌 잎자루에 톱니마저 없겠는가 하고 앙산(仰山)은 나무 한 그루에서 이미 '유산(遊山)' 중임을 읽을 수 있다.

다음은 무산 시조 시편의 초기작 가운데서 '선기조(禪機調)'로서 특히 주목해야할 작품인 「무산심우도(霧山尋牛圖)」 연작에 대해 다시 읽어보기로 한다. 먼저 「무산심우도」의 이해를 돕고자 「십우도(十牛圖)」의 의미를 살펴보면, 「십우도」는 「심우도」라고도 부르는 것으로 12세기 후반 북송(北宋)의 곽암 선사가 청거호승 선사의 그림에 송(頌)을 붙였던 것으로서 오늘날까지 그림과 송이 함께 전해진다. 십우도는 '소[牛]'를 잃어버린 목동이 다시 '소'를 찾아서 야성으로 되돌아간 그 '소'를 길들이고 '소'와의 일체를 실현해가는 과정을 그린 10폭의 그림이다. 그것은 바로 우리 인간이 참된 자기를 회복해가는 자각의 과정을 10가지의 경지로 나누어 도시한다. 「심우도」는 선문의 수도자를 위한 기초적인 안내서로서 오늘날까지 이어지고 있으며 사찰의 주요 벽화에는 빼놓을 수 없는 선화이다.

「심우도」에는 우리들의 '참된 자기'의 문제, 경험하는 여러 가지 모습의 현상적인 자기와 그것들 사이의 관계가 아주 명확하게 나타나 있다. 「심우도」는 마음과 싸워, 마침내 마음으로부터의 걸림을 지워가는 일련의 과정을 보편화한 구성으로 이루어진다. 즉 「심우도」는 자성을 '소'에 빗대어, '소'를 발견하고 '소'를 길들여, 마침내 '소'로부터 벗어나는 과정을 10단계로 나눈 그림이다. 이와 같이 보통 '십우도'라고 하면 목우도(牧牛圖), 기우도(騎牛圖)라고도 칭하며 선시에서는 주로 '소'를 상징으로 하여 '소'를 찾아가는 과정으로 묘사하고 있는 것이 통례이다. 이에 반하여 무산의 「심우도」에는 '소'에 대한 언급은 어디에도 보이지 않고 '소' 대신에 도주(逃走)한 '범인(犯人)'을 수사, 체포하는 상황으로 재설정하여 전개한다. 이러한 시적 전개는 지금까지와는 다른 시적 구성을 보여주는 것으로서 무산 선시조의 특징이다.

> 누가 내 이마에 좌우 무인(拇印)을 찍어놓고
> 누가 나로 하여금 수배하게 하였는가
> 천만금 현상으로도 찾지 못할 내 행방을.
>
> 천 개 눈으로도 볼 수 없는 화살이다.
> 팔이 무릎까지 닿아도 잡지 못할 화살이다.
> 도살장 쇠도끼 먹고 그 화살로 간 도둑이어.

—조오현, 「무산심우도(霧山尋牛圖)—1. 심우(尋牛)」 전문

「무산심우도」 연작 "심우(尋牛)"편은 제1도로서 목동이 잃어버린 자신의 '소'를 찾아나서는 단계이다. 즉 잃어버린 참된 자아를 찾기 위한 수행의 과정이 시작된다. 첫 수의 초장과 중장의 첫 구에서 "누가"라는 시어가 내포하고 있는 의미는 실로 막막하다. "내 이마에 좌

우 무인(拇印)을 찍어 놓"고 "나로 하여금 수배하"게 한 그는 과연 '누구일까'라는 화두이다. 이런 화두를 들고 비로소 자신의 '소'를 찾아 나서는 국면인 것이다. 첫 수 중장의 "누가 나로 하여금 수배하게 하였는가"에서 초장의 "이마에 좌우 무인(拇印)을 찍어 놓"은 이는 다름 아닌 자기 자신임을 암시한다. 그리하여 목동은 자신의 '소'를 찾아 걸음을 놓아가는 선명한 이유를 제시하고 있다. 하지만 자신의 '소'가 떠난 그 "행방"은 도무지 찾을 길이 없어 보인다. 즉 찾아나서야 하는 그 길은 망망대해처럼 어디로 나서야하는지조차 알 수 없는 길이기도 하다. 그러니 "천만금 현상"이 아니라 '억만금 현상'이라 할지라도 쉽게 찾을 수 없다. 내가 내 이마에 죄인이라는 손도장을 찍어 놓고서 내가 나를 수배하는데도 내가 내 행방을 찾을 길이 없으니 막막한 일이다.

둘째 수에서는 비로소 "천만금 현상으로도 찾"을 수 없는 이유를 제시하고 있다. 우선 초장에서는 관세음보살의 원력을 시험하기 위하여 자성을 "화살"에 비유한다. "화살"은 활을 떠나 존재할 수 없는 것으로서 '활'과 '화살'은 둘일 수 없다. 비록 화살이 활을 떠나 쏜살같이 날아가지만 화살은 활을 떠난 것이 아니다. 이는 곧 내 마음도 나를 떠나 존재할 수 없음을 시사한다. 즉 화자는 관세음보살의 천안통으로도 '소'를 볼 수 없음을 암시한다. 드디어 둘째 수의 중장에서는 부처님까지도 시험대에 올려놓는다. "팔이 무릎까지 닿아도 잡지 못"한다라는 것은 삼십이상(三十二相) 중에 '팔을 펴면 무릎까지 내려간다'라는 부처님의 모습을 차용한 표현으로서 부처님의 크나큰 신통력으로도 "찾지 못할 내 행방"을 가리킨다. 종장에서는 화살이 "도살장 쇠도끼"를 먹었으니 그 행방을 도무지 알 수가 없음을 나타낸다. 즉 입가에 소금물을 머금고 발갛게 물든 혀로 소머리를 내리치고 있는 도살의 현상을 통해 도망간 도둑을 부르고 있다. 특히 "쇠도끼 먹"고 "화살로 간 도둑"이라니 "찾지 못할 내 행방"을 구체화하고 있다. 이와 같이 「무산심우도」는 경허 선사의 심우가인 '소 찾기'를 화두로 이전에 없던 시조시형에 온전히 담아낸다.

> 명의(名醫), 진맥으로도 끝내 알 수 없는 도심(盜心).
> 그 무슨 인감도 없이 하늘까지 팔고 갔나
> 낭자히 흩어진 자국 음담(淫談) 속으로 음담 속으로
>
> 세상을 물장구치듯 그렇게 산 엄적(掩迹)이다
> 그 엄적 석녀(石女)가 지켜 외려 죽은 도산(倒產)이다.
> 그물을 찢고 간 고기 다시 물에 걸림이어.
>
> —조오현, 「무산심우도(霧山尋牛圖)—2. 견적(見跡)」 전문

"견적(見跡)"편은 갖가지 고행 끝에 겨우 '소'의 발자국이라든가 흔적을 발견하고서 머지않아 '소'를 볼 수 있게 됨을 기다리는 국면이다. 세상의 "음담(淫談)"은 그를 "도심(盜心)"으로 만들었지만 그는 본래의 '소'를 찾아 나설 수밖에 없다. 첫 수 중장의 "하늘"은 절대적 세계를, 종장의 "음담"은 속세(俗世)를 대표적으로 표상한다. 불교적으로 말하면 "하늘"은 '공(空)'을, "음담"은 '색(色)'을 표상하고 있는 셈이다. '심우'의 둘째 수 종장에서 "도살장 쇠도끼 먹고 그 화살로 간 도둑이어"라고 표현한 내 마음을 '견적'의 초장에서 이어받아 "명의, 진맥으로도 끝내 알 수 없는 도심"이라고 나타낸다. 이는 관세음보살이나 부처님의 원력과 신통력으로도 끝내 찾을 수도 없음을 암시하고 있다. 다시 말해 그 '소'는 "인감도 없이 하늘까지 팔고 간" 도둑인 것이다. "하늘까지 팔고 간" 그 자리에는 "음담(淫談) 속으로" 난 흩어진 자국이 낭자하다.

둘째 수에서는 그토록 낭자한 "도심(盜心)"은 바로 내가 살아온 "엄적(掩迹)"으로 단정하여 견적(見跡)하고 있다. "그 엄적 석녀(石女)가 지켜 외려 죽은 도산(倒産)이다."에서 "석녀(石女)"는 선가(禪家)에서만 사용하는 언어로서 자성의 진면목을 상징하는 선구이다. 그리고 "그물을 찢고 간 고기 다시 물에 걸림이여"라며 '견적'의 막을 내린다. 그물을 찢고 간 고기가 다시 물에 걸림이니 이것은 곧 내 안에 내가 있음을 나타내는 것이다. 여기서 위의 선시조시형을 이해하는데 도움이 되었던 당나라 때의 선사 삼성(三聖)의 '그물을 찢고 나간 물고기', 즉 무산이 역해한 『벽암록』 제49칙 · 삼성투망금린(三聖透網金鱗)의 본칙을 읽어보면,

> 삼성(三聖)이 설봉 화상에게 물었다.
> "그물을 찢고 나온 황금빛 물고기는 무엇을 미끼로 해서 잡아야 합니까?"
> "그대가 그물을 찢고 나오면 말해 주겠다."
> "1천5백 대중을 거느리는 화상께서 말머리도 알아듣지 못합니까!"
> "노승이 절 일에 바쁘다 보니……"[30)]

무산은 사족에서, "고기가 그물을 찢고 나올 정도면 보통 고기가 아니다. 고래라 하더라도 그물을 찢을 수 없는데 어떤 고기가 과연 그물을 찢고 자유를 얻었을까? 여기서 금빛 물고기[金鱗]란 실제로 그런 고기가 있다는 뜻이 아니라 일체의 번뇌와 생사와 속박과 애증과 갈등의 그물을 찢어버린 대자유인을 상징한 말이다. 세상은 아무리 벗어나고자 해도 잘 짜여진 그물과 같아서 우리를 조금도 벗어나

30) 조오현 역해, 앞의 책, 172쪽.

게 하지 못한다. 평생 그물에 얽매여 노예처럼 살다가 죽는다. 이 그물에 벗어나려면 어떻게 해야 하는가. 보통의 도량형으로는 잴 수 없는 사람[過量底人]이 돼야 한다. 평범한 잣대에 들어가는 배포로는 한 치도 으로 나갈 수 없다."31)라고 설한다. 여기에서 무산은 잘 짜인 그물에서 벗어나려면 어떻게 해야 하는가에 대한 답을 제시하고 있다. 다시 말해 삼성의 물음에 대한 설봉 화상의 "그대가 그물을 찢고 나오면 말해 주겠다."와 "노승이 절 일에 바쁘다 보니……"라는 두 가지의 선답에서는 '미끼'에 대한 화두를 들고 있는 것이다. 사족에서 밝혔듯이 '세상은 잘 짜인 그물'일 수 있으며, 그 그물은 안과 밖이 둘이 아닌 형상을 갖는다. 둘이 아닌 형상의 그물은 일체의 번뇌와 생사와 속박과 애증과 갈등의 그물을 찢어버린 대자유인의 도와 다르지 않다. 무산은 바로 그물 위로 '소'의 발자국이 지나갔음을 본다.

> 어젯밤 그늘에 비친 고삐 벗고 선 그림자
> 그 무형의 그 열상(熱傷)을 초범으로 다스린다?
> 태어난 목숨의 빚을 아직 갚지 못했는데
>
> 하늘 위 둔석(窀穸)에서 누가 앓는 천만이다
> 상두꾼도 없는 상여 마을 밖을 가는 거다
> 어머니 사련의 아들 그 목숨의 반경(反耕)이여.
>
> —조오현, 「무산심우도(霧山尋牛圖)—3. 견우(見牛)」 전문

"견우(見牛)"편에서는 '소[牛]'의 발자취나 흔적을 보고 부지런히

31) 조오현 역해, 앞의 책, 173쪽.

쫓아갔더니 '소'의 꼬리가 보이게 되는 경지를 나타낸다. 첫째 수 초장의 "어젯밤 그늘에 비친 고삐 벗고 선 그림자"를 대하니, 문득 내 앞에 형상 없는 '소'가 먼 산을 바라보며 서 있는 듯하다. 드디어 '소'를 보게 된 까닭이지만 아직은 "초범"인 자신으로 하여금 "수배"(「심우」)하게 한 "도심"(「견적」)을 엄중히 다스려야 할 때다. "초범"에게는 아직 순수함마저 베여있어 "태어난 목숨의 빚"과 함께 "견우"의 상황을 제시한다. 목숨을 받은 중생이면 모두가 "초범"의 "도심"을 가지고 있다고 보아야 한다. 이 천지지간에 태어난 "목숨의 빚"은 '내가 나'를 "수배하게 하"는 그날로부터 쌓이게 된다. '소'는 보았는데 아직도 그 '소'는 저 하늘 위 무덤구덩이에서 앓고 있다. "상두꾼도 없는 상여가 마을 밖을 가"고 있는 정경이 그것이다. 그러니 '그늘 없는 나무'와 '줄 없는 거문고'가 여기에도 존재하지 않을 수 없다. "하늘 위 둔석"에 누워 천식을 앓는 동안 이미 상여는 상두꾼도 없이 마을 밖을 나서고 있기 때문이다. "태어난 목숨의 빚"은 어머니와 아버지로부터 비롯되었으니 이 어찌 다른 곳에서 나를 찾을 수 있겠느냐며 부르짖는다. 화자는 다시 '생명'이라고 이름붙인 보이지 않는 고삐를 목에 두른 채 그늘에 서 있는 '소'를 멍하니 바라본다.

삶도 올가미도 없이 코뚜레를 움켜잡고
매어둘 형법을 찾아 헤맨 걸음 몇 만보냐.
죽어도 한뢰로 우는 생령이어, 강도여.

과녁을 뚫지 못하고 돌아오는 명적(鳴鏑)이다
짜릿한 감전의 아픔 복사해본 살빛이다
이 천지 돌쩌귀에 얽혀 죽지 못한 운명이어.

—조오현, 「무산심우도(霧山尋牛圖)—4. 득우(得牛)」 전문

"득우(得牛)"편은 '소'를 잡은 광경이지만 고삐를 잡고서 '소'를 몰려고 하나 오랫동안 야성(野性)에 길들여진 '소'는 내 마음과 같이 움직이지 않는다. 그래서 화자는 그 '소'와 싸울 수밖에 없는 단계를 맞는다. 첫 수 중장에서는 "매어둘 형법을 찾아 헤맨 걸음 몇 만보냐"라고 하면서 그 '소'가 애초부터 죄를 짓지 않았음을 보여준다. 그렇다면 그 '소'를 "도심"으로 구태여 그리고자 한 시인의 의도는 죄인(罪人)으로 몰릴 수밖에 없는 세상의 이치를 드러내고자 한 것인가. 시인은 첫째 수에서 "득우"에 이르기까지의 걸음, 즉 "득우"의 대상과 배경을 나타내고 있으며, 둘째 수에서는 "득우"의 아픔과 운명을 표현한다. 무산에게 있어 "득우"편은 '득우'의 기쁨보다는 아픔의 흔적을 낱낱이 풀어보는 단계이다. 하지만 무산은 "죽지 못한 운명"의 살빛을 깨달음으로 승화시켜 두 번 다시 찾아올 수 없을 "득우"의 기회를 놓지 않으리라는 결심을 보여준다.

> 돌도 풀도 없는 그 성부(城府)의 원야(原野)를
> 쟁기도 또 보삽도 없이 형벌처럼 다 갈았나
> 이제는 하늘이 울어도 외박할 줄 모르네.
>
> 마지막 이름 두 자를 날인할 하늘이다
> 무슨 그 측연(測鉛)으로도 잴 수 없는 바다다
> 다시금 반답(反沓)을 하는 섬지기의 육신이어.
>
> ―조오현, 「무산심우도(霧山尋牛圖)―5. 목우(牧牛)」 전문

"목우"편에서는 '소'를 길들이며 '소'를 치고 있는 국면으로서, 즉 고삐를 부여잡고 채찍 하는 모습이다. 그러자 차츰차츰 '소'가 길들여져 목동의 말을 듣기 시작한다. 다시금 그 '소'를 기르는 것을 "원

야”를 “형벌처럼 다 갈”은 것으로 그려져 있다. 첫 수 종장에서는 중장의 “쟁기도 또 보삽도 없”는 암담한 공간이어도 밖으로 도망치지 않는 순응의 자세가 놓여있다. 둘째 수에서는 내 안에 다시 찾은 “이름 두 자”를 ‘하늘에 날인하’고 있다. 이는 「심우」에서 “누가 내 이마에 좌우 무인(拇印)을 찍어 놓고”와 「견적」에서 “그 무슨 인감도 없이 하늘까지 팔고 갔나”와 대비되는 상황이다. 이러한 대비 상황의 설정은 ‘무산심우도’의 점층적 과정을 연작으로 표현하는 데 있어 시적 효과를 더하기 위한 방편으로 보인다. 즉 무산은 “잴 수 없는 바다”에서 “섬지기의 육신”으로 자라나고 있음을 형상화한다.

> 징소리로 비 개이고 동천(洞天) 물소리 높던 날
> 한 웃음 만발(滿發)하여 싣고 가는 이 소식을
> 그 고향 어느 가풍(家風)에 매혼(埋魂)해야 하는가.
>
> 살아온 죄적(罪迹) 속에 못 살릴 그 사구(死句)다
> 도매(盜賣)할 삶을 따라 달아난 그 탈구(脫句)다
> 그 무슨 도필(刀筆)을 잡고도 못 새길 양음각(陽陰刻)이어.
>
> —조오현, 「무산심우도(霧山尋牛圖)—6. 기우귀가(騎牛歸家)」 전문

“기우귀가(騎牛歸家)”편에서 화자는 온전히 ‘소’를 목동 마음대로 부릴 수 있게 됨으로써 ‘소’ 등에 올라타고 피리를 만들어 불어가며 즐거운 마음으로 집으로 돌아오는 “기우귀가”의 단계이다. 첫 수의 중장에서 “한 웃음 만발하여 싣고 가는”은 한 때의 평화로움을 느끼게 하는 국면이다. 즉 맑고 깨끗한 날을 배경으로 ‘사람’과 ‘소’가 하나이고[人牛一如], 자기와 타자가 평등하여 주체와 객체가 둘이 아닌 상태이다. 하지만 ‘피리소리’ 대신 “징소리”를 도입함으로써 “징

소리"는 대승적 구도의 자세이다. '피리'의 가느다란 소리에 비해 "징"은 울림의 파동으로 온 중생을 다 깨울 수 있는 소리를 갖기 때문이다. 바로 그 "징소리로 비 개이고 동천 물소리 높던 날"을 맞이한다. 여기서 "한 웃음 만발"이란 그 소의 웃음이므로 그것은 곧 '깨달음'을 일컫는다. 하지만 목동은 여전히 '견적'의 그림자에 시달리는 국면이다. "매혼"과 "도매할 삶"에서 보듯 진여본성의 자아에 이르지 못하고 있는 국면이다. 그리하여 목동은 "도필을 잡고도 못 새길 음양각"을 노래하고 있다.

과태료 백 원 있으면 침 뱉아도 좋은 세상
낚시를 그냥 삼킨들 무슨 걸림 있으리까
살아온 생각 하나도 어디로 가 버렸는데……

눈감고도 갈 수 있는 이승의 칼끝이다
천만 개 칼만 벼르는 저승의 도산(刀山)이다.
이 저승 다 팔아먹고 새김질하는 나날이어.

―조오현, 「무산심우도(霧山尋牛圖)―7. 망우존인(忘牛存人)」 전문

"망우존인(忘牛存人)"에서는 비로소 '목동'과 '소[牛]'라는 자기분열이 지양되고 참된 자기 자신을 되찾은 인간의 참모습을 볼 수 있는 단계이다. 목동은 천신만고 끝에 자기 집으로 돌아온 것이다. 이제 '소'는 문제가 되지 않는다. 오직 '목동'만이 존재할 뿐이다. "망우존인"은 집에 돌아온 후의 '소'를 잊어가는 과정의 이야기다. '소'라는 방편이 더 이상 필요치 않는 것이며, 결국에는 '소'와 '목동'은 모두 비어 푸른 허공만 아득히 펼쳐져 있는 곳에 머물고 있다. '소'는 잊어졌지만 '목동'이 존재하므로 '목동'을 통제할 최소한의 법만이

필요하다. 하지만 세상의 집으로 돌아왔지만 그 세상은 조금도 나아질 기미가 없어 침을 뱉고 싶을 정도이다. 생각도 마음의 '소'도 가버린 세상은 "좌우 무인(拇印)을 찍어 놓고" 나를 "수배하게 하였던" 그 곳과 다름 아니다. 그러니 다시 도둑의 누명을 써서는 안 될 일이지만 침을 뱉고 싶은 세상 앞에서 망설이게 된다. 하지만 만약에 필요한 "과태료 백 원" 정도는 지녀야 한다는 것이다. 첫 수의 종장에서는 매우 온화한 자세로 '마음의 소'를 잊어버렸다는 말줄임표와 둘째 수의 종장에서 "새김질 하는 나날이어"라는 태연함이 돋보인다.

> 히히히 호호호호 으히히히 으허허허
> 하하하 으하하하 으이이이 이 호호호
> 껄껄껄 으아으아이 우후후후 후이이
>
> 약 없는 마른버짐이 온 몸에 번진거다
> 손으로 짚는 육갑 명씨 박힌 전생의 눈이다
> 한 생각 한 방망이로 부셔버린 삼천대계여.
>
> —조오현, 「무산심우도(霧山尋牛圖)—8. 인우구망(人牛俱忘)」 전문

'망우존인(忘牛存人)'의 공부가 깊어지면 이제는 '사람', 즉 '목동'도 없는 경지의 일원상(一圓相)으로 나타난다. 여기서 '일원상'이란 절대적인 허무가 아닌 '空'을 의미한다. 그러나 '인우구망(人牛俱忘)'에서 돌아서게 된다면 반드시 절대적 허무라는 혼란의 처소에서 방황하게 될 것이다. 이런 맥락에서 '인우구망'의 허무감과 함께 '반본환원'의 자연, '입전수수'의 인간이 나타나게 되면서 '인우구망'과 '반본환원' 그리고 '입전수수'가 하나의 관련성을 맺게 된다. 그러한 관련성을 통해 비로소 허무주의를 넘어설 수 있는 근원적 가능성을

제시하게 된다. 세상에 대한 비판은 한걸음 더 나아가 사람마저 잊어버린 단계에 이르면 "방망이로 부셔버린 삼천대계"에서 보듯 중생, 국토, 오음(五陰)의 세상 모든 것을 한 순간에 날려 보내는 이탈의 정점에 서게 된다.

그곳에 다다르면 앞선 모든 단계의 경력들이 일시에 사라지고 '절대무(絶對無)'가 되지만 바로 이러한 '절대무'에서 다시 새로운 시작이 이루어지게 된다. 그것이 바로 다음에 이어지는 두 단계, 즉 '반본환원'과 '입전수수'이다. 이와 같이 그 어느 것에도 메이지 않는 자유정신의 현현은 「무산심우도」 연작을 관통하는 시적 깨달음이요 무한한 불이의 정신인 것이다. 여기서도 종장의 경우는 상당한 과격함을 엿볼 수 있는데 존재 즉 삶이란 끝없는 연기(緣起)의 산물임을 나타낸다. 이는 첫 수의 표현에서 알 수 있듯이 어떠한 형태의 삶마저도 부인할 수 없기 때문이기도 하다. 특히 공(空)과 유(有)를 분별하지 않는다는 점에서 이 시편은 역시 불이(不二)를 형상화한 국면으로 있다.

> 석녀와 살아 백정을 낳고 금리(金利) 속에 사는 뜻을
> 스스로 믿지를 못해 내가 나를 수감했으리
> 몇 겁을 간통 당해도 아, 나는 아직 동진(童眞)이네.
>
> 길가의 돌사자가 내 발등을 물어
> 놀라 나자빠진 세상 일으킬 장수가 없어
> 스스로 일어나 앉아 만져보는 삶이여.
>
> —조오현, 「무산심우도(霧山尋牛圖)—9. 반본환원(反本還源)」 전문

「무산심우도」의 1단계인 '심우'에서 8단계인 '인우구망'까지는 마

음의 자리를 찾는 수행과정이며 견성성불(見性成佛)의 단계이다. 다시 말해 "껄껄껄 으아으아이 우후후후 후이이"하며 "한 생각 한 방망이로 부셔버린 삼천대계여."라는 '인우구망'의 깨달음을 얻어 '반본환원(反本還源)' 한 후 '입전수수' 하는 과정이다. 9단계 '반본환원'과 10단계 '입전수수'에서는 중생 구제를 위한 보살행의 단계이다. 즉 본래의 마음자리로 되돌아온 후 대승적 구도를 실천하는 단계이다. 첫 수에서 "석녀와 살아 백정을 낳고 금리(金利) 속에 사는 뜻"에서 무산은 1단계 '심우'의 둘째 수 종장에서 "도살장 쇠도끼 먹고 그 화살로 간 도둑"이라고 한 발심을 다시 상기시키고 있다. 특히 "백정"과 "도살장 쇠도끼"의 관계에서 백정이 들고 있는 쇠도끼를 먹었으니 애당초 의심의 여지는 조금도 없었다는 것이다. 그리고 중장에서 "스스로 믿지를 못해 내가 나를 수감했으리"는 역시 '심우'의 초장과 중장에서 "누가 내 이마에 좌우 무인(拇印)을 찍어 놓고, 누가 나로 하여금 수배하게 하였는가."에서 추구한 의심덩어리를 마음껏 내려놓고 있다. 바로 여기에서 목동은 본래 자리로 되돌아왔음을 확연하게 보여준다. 또한 종장에서 "몇 겁을 간통당해도 아, 나는 아직 동진(童眞)이네."는 1단계 '심우'에서 8단계 '인우구망'까지 '소'를 찾아 떠났다가 다시 되돌아와 '참 나'를 발견하고 있음을 형상화한다.

생선 비린내가 좋아 견대(肩帶) 차고 나온 저자
장가들어 본처는 버리고 소실을 얻어 살아볼까
나막신 그 나막신 하나 남 주고도 부자라네.

일금 삼백 원에 마누라를 팔아먹고
일금 삼백 원에 두 눈까지 빼 팔고

해 돋는 보리밭머리 밥 얻으러 가는 문둥이어, 진문둥이어.

—조오현, 「무산심우도(霧山尋牛圖)—10. 입전수수(入廛垂手)」 전문

'무산심우도'의 마지막 단계인 "입전수수(入廛垂手)"는 보살이 중생을 구제하기 하기 위해 속세로 내려온 단계이다. 즉 보살행을 나타내고 있으며 무산은 어쩌면 경허 선사를 향해 돌진한 후 그 관문을 뚫고 있는지도 모른다. 첫 수 초장에서 "생선 비린내가 좋아 견대 차고 나온 저자"는 보살행의 마땅한 행보이다. "한 생각 한 방망이로 부셔버린 삼천대계"를 가득 담은 "견대를 차고" 저자로 나선 것이다. 중장의 "장가들어 본처는 버리고 소실을 얻어 살아볼까"는 탐진치 삼독에 불타고 있는 속세의 모습이다. 그리고 종장의 "나막신 그 나막신 하나 남 주고도 부자라네."는 그 어느 곳에도 미치지 않음이 없는 보살행이다. 내 육신에 붙은 마지막의 보루까지 내어놓고도 마음의 부자가 된 보살정신이야말로 불이사상(不二思想)의 무한한 깊이를 반영하고 있다. 둘째 수에서는 초장의 "일금 삼백 원에 마누라를 팔아먹고"는 탐진치 삼독(三毒)을 끊어가는 모습이다. 승가(僧家)에서 보면 육친출가와 다르지 않는 깊은 발심의 세계이다. 드디어 분별하고 차별하는 마음의 눈까지 떨치기에 이르게 된다. '소'가 들어 살고 있는 그 집의 "두 눈까지 빼 팔고" 말았으니 이는 곧 공과 불이가 있는 세계이다. 마침내 보살은 "해 돋는 보리밭머리 밥 얻으러 가는 문둥이"로 생멸불이(生滅不二)의 이타행(利他行)을 견주고 있다.

앞에서 다시 읽은 '무산심우도' 연작에서, 애초부터 목동이 '소[牛]'를 잃었다거나 도망치는 일은 없었으나 그것은 오로지 무명에 휩싸인 진여본성의 인과에 의해 이루어진다. 즉 목동은 자신의 무명에 의해 잃어버린 자성을 되찾기 위해 단계별 정진을 수행한다. 그리

하여 목동은 자신이 스스로 놓아버린 자성을 되찾기 위해 정진할 수밖에 없게 된다. 물론 그 자성을 되찾기 전에 이미 잃어버리지 않을 수 있다면 그것보다 더 바람직한 삶은 없을 것이다. 하지만 이 세계란 항상 변화무쌍한 사회적 환경에 물들어가면서 스스로 무명이 앞을 가리게 마련이다. 그래서 누구나 자성을 잃어버리게 될 수밖에 없다. 그러고 보면 인생이란 태어나면서부터 자신을 벗어나 떠나려하는 그 자성을 붙잡거나 되찾는 과정에 불과하다 할 것이다. 물론 잃어버린 그 자성은 수행을 통하거나 마음 수련 등을 통해 되찾을 수 있을 것이다. 이는 자성을 되찾았다고 해서 자신이 새롭게 되는 것은 아무것도 없음을 나타낸다. 단지 본래의 '나[자신]'를 되찾은 것에 지나지 않기 때문이다. 이런 관점에서 '무산심우도'에서는 잃어버린 그 자성을 되찾기 위한 空과 不二를 안내하고 있다.

서준섭은 무산의 초기 시로서 대표적인 '선기조'라 할 수 있는 「무산심우도」를 정리하면서 아래 글과 같이 적고 있다.

> '시선일체(詩禪一體)'의 시작태도(詩作態度)와 두 관문(關門)[경허, 달마의 話頭]을 넘어서서 마음공부의 비약적 진전[開悟]을 표현하고 있으며, 모두 연작시조인데 이는 각 화두에 대한 당시의 치열하고 지속적인 참선(參禪)을 암시하고 있다. 그리고 선(禪)을 짧은 시조(時調) 형식으로 표현하고자 하는 새로운 실험의 산물이며, 경허와의 만남은 특히 기억할 필요가 있다. 특히 '심우도(尋牛圖)' 마지막 편 '입전수수(入廛垂手)'에서 대자유인 경허의 선풍(禪風)이 느껴진다. 승속의 경계를 넘어 무애행(無碍行)을 감행했던 경허와의 선적(禪的) 대결을 통해 당시 무산(霧山)은 단숨에 당시의 불교를 초월하고 있는데, 이는 주목할 만한 풍경이다. 「심우도(尋牛圖)」는 그런 자신의 마음과의

> 삼엄한 싸움의 언어적 흔적이다. 이로써 그의 시조(時調)는 선시조(禪時調)라는 새 지평을 열게 된다.[32)]

인용한 글은 무산이 선(禪)시조의 지평을 열게 되는 과정을 설명하고 있다. 이는 특히 '선(禪)'을 "짧은 시조 형식으로 표현하고자 하는 새로운 실험의 산물"이라는 점에서 무산의 선풍을 감지할 수 있다. 이런 점에서 무산은 경허의 관문을 넘고 있음을 본다. 여기서 대자유인 경허 선사의 심우송 중 '소를 찾으러 가다[심우]'를 '무산심우도'와 견주어 살펴보고자 한다. '심우송'은 사람이 도를 깨달아가는 과정을 쓴 경허 스님의 유명한 법어이다. '소[牛]'는 곧 도이며 깨달음일 텐데 경허는 그 과정을 섬세하게 게송으로 읊는다. 경허의 '심우송'은 심우, 견적, 득우, 목우, 망우존인, 인우구망으로 구성되어 있다. 이와 같이 구성된 '심우송'은 궁극적으로 진정한 깨달음을 얻으려고 노력하지 않거나 그리하여 끝내 깨닫지 못하는 중생(衆生)의 어리석음을 일깨우고 있다.

> 본래 잃지 않았거니 어찌 다시 찾을손가
> 다만 찾으려 하는 이것이 비로(毘盧)의 스승일세
> 푸른 산, 맑은 물, 꾀꼬리 소리 제비 지저귐
> 온갖 것에 누설하누나, 쯧!
>
> —경허, 「소를 찾으러 가다—심우(尋牛)」[33)] 전문

앞서 살펴본 '무산심우도'의 "심우"편에서 '심우(尋牛)'는 제1도로

---

32) 서원섭, 「빈 거울을 절간과 세간(世間) 사이에 놓기-조오현 스님의 선(禪)과 '원융무애'의 시세계」, 『시조월드』 제10호, 2005, 98쪽.

33) 석명정 번역, 『무심』, 고요아침, 2002, 119쪽.

서 잃어버린 '소[牛]'를 찾아나서는 단계이며, 잃어버린 참된 자성을 찾기 위한 수행의 과정이 시작되는 것이라고 하였다. 여기서 경허는 '찾아나서는 그 단계'마저 공(空)한 것으로 여기고 있다. 즉 본래 있지 않은 것이니 "다시 찾을손가"라는 것이다. 그리고 경허가 "다만 찾으려 하"는 것은 "비로의 스승"이라는 것이다. 이러한 경허의 모습에서 한 점 누설이 있을 수 없는 참된 공의 모습을 볼 수 있다. 다시 말해 중생이 갖고 있는 그 마음의 본래 모습은 생겨나거나 사라지는 것이 아니다. 즉 불생불멸(不生不滅)이므로 차별심이 사라진 존재 그대로의 본질을 바탕으로 한다. 이는 곧 진여(眞如) 그 자체를 보이는 것이기도 하다. 경허는 나와 내 것이 둘이 아니며 본래부터 나와 내 것이 존재하지 않는 것이거늘 어디서 나와 내 것을 찾을 것인가라는 독백을 하고 있다. 화자는 '소'를 찾아 나선 그 길목에 서서 "푸른 산, 맑은 물, 꾀꼬리 소리 제비 지저귐"을 듣는다. 있는 그대로의 소리, 이것은 바로 진여의 소리가 아니고 무엇이겠는가. 이러한 진여의 소리는 무산에게 단호하고 거침없는 소리로 형상화된다. 바로 이러한 점에서 무산이 경허 선사를 뛰어 넘는 경계에 서 있음을 보게 된다.

첫 행에서 "본래 잃지 않았거니 어찌 다시 찾을손가"라는 표현은 옛 조사들이 '마음 밖에 부처가 없다[心外無佛]'라고 한 것에서 비롯된다. 본래의 마음 그 자체인 '진여(眞如)'를 알지 못하고서 어찌 마음 밖의 도를 구할 수 있겠는가를 가르치고 있는 것이다. 곧 마음 안에서 자성을 깨달은 사람이어야 부처가 될 수 있음을 나타낸다. 앞에서 밝힌 서준섭의 무산 초기 시 요약에서 알 수 있듯이 무산은 '시조시형'이라는 시적 형식을 선방 안에서 경허(鏡虛)라는 관문으로 돌진하여 첫 시집 『심우도』를 통해 '선(禪)시조'라는 새 지평을 열고 있다.

한 그루 목숨을 켜는 날이 선 바람소리
선명한 그 자리에 끊어진 소식으로
행인은 길을 묻는데 일원상을 그리네.

—조오현, 「달마도(達磨圖)·4」 전문

선종(禪宗)의 초조는 보리달마이므로 '선(禪)'은 달마(達磨)의 선법(禪法)으로부터 이어온 것이다. 달마의 선법이란 "같은 시대의 승조(僧調)의 사념처법(四念處法), 즉 육체[身]와 감상[受]과 의식[心], 대상[法]의 네 가지를 부정하고 공(空)하여 무아(無我)임을 내관(內觀)하는 것에 비해 반야공관(般若空觀)에 기초를 둔 선법이다."[34] 즉 달마선이란 진여본성을 파악함으로써 일체중생이 평등하여 자성을 가지고 있음을 확신하는 선법이다. 즉 "범부와 성인이 차별이 있는 듯이 보이지만 그 본성인 진여는 똑 같다는 범성불이의 사상은 만유는 실물처럼 보이는 것과 같을 존재가 아니고 空 하나는 불이공(不二空)의 반야(般若)의 도리에 입각한 것이라 볼 수 있"[35]다는 것이다. 인용한 시편은 「달마도」연작 10편 중에서 네 번째에 실린 작품으로 "행인(行人)"과 "일원상(一圓相)"의 선문답을 표현하고 있다. 이 시편의 밑그림이 되었을 '일원상'에 대한 무산의 견해는 『벽암록』의 〈제33칙·자복일원상(資福一圓相)〉에 적은 사족, 즉 "일원상 즉 동그라미는 예로부터 '허공과 같고 모자라거나 남음이 없다[원통태허(圓同太虛) 무결무여(無缺無餘)]'고 하여 절대 진리의 표상으로 여겨져 왔다. 이 '일원상'을 최초로 그린 사람은 혜능의 제자인 혜충국사로 알려져 있다. 혜충은 이 '일원상'을 제자 탐원에게 전했고 탐원은 다시

34) 서경보, 『불교와 禪』, 호암문화사, 1982, 255쪽.
35) 서경보, 앞의 책, 257쪽.

앙산에게 전했으나 앙산은 이 '일원상'을 불에 태워 버렸다고 한다. 자복은 바로 앙산의 제자다. 자복이 '일원상'을 그려보였다는 것은 앙산이 '일원상'을 불에 태웠지만 위앙종(潙仰宗)에서는 여전히 '일원상'을 하나의 상징으로 사용하고 있었음을 짐작케 한다.

선승들이 도를 묻는 사람에게 동그라미를 그려 보이는 것은 무슨 뜻인가. 진리란 모자라거나 남음이 없이[무결무여(無缺無餘)] 둥근 원처럼 원만하다는 것을 가르치기 위해서다"라고 적고 있다. 초장의 "한 그루 목숨을 켜는 날이 선 바람소리"가 "일원상"의 흔적을 낳고, "행인(行人)은 길을 묻는데 달마는 '일원상(一圓相)'을 그려"보인 것이다. 이는 "선명한 그 자리에 끊어진 소식"을 동그랗게 그려내는 달마선의 국면이다.

선적 시세계는 선의 세계를 표현한 것으로서, 의리선(義理禪), 조사선(祖師禪), 여래선(如來禪) 등으로 구분한다. '의리선'은 색즉시공(色卽是空) 공즉시색(空卽是色)의 세계이다. 곧 모양이 공(空)이고 공이 모양인 세계이다. 산은 물이요, 물이 산의 세계란 의미를 갖는다. 이와 같이 이론적이고 개념적인 단계로서 모양과 공(空)함의 본질에 대한 지식적인 이론의 세계라고 하여 '의리선'이라고 한다. 그리고 '여래선'은 무색(無色) 무공(無空)의 세계로서 모양도 없고 空도 없는 세계이다. 이 세계에서 만물은 본질적으로 똑같고 모양도 이름도 없다는 것이다. 즉 산도 없고 물도 없는 세계를 말한다. '조사선'은 색즉시색(色卽是色) 공즉시공(空卽是空)의 세계이다. 空은 함께 일어나 존재한다는 인연에 의해 설명되는데 곧 '연기(緣起)'라는 의미를 바탕으로 한다. 그러므로 空은 색(色)과 색 사이를 잇는 중도(中道)이다. 다시 말해 空이란 있음과 없음의 자리를 초월한 곳에 존재함으로써 큰 범주로는 '유(有)'에 속한다. '공세계(空世界)'란 있는 그대로의 세계이며 그 세계는 곧 두두물물(頭頭物物)의 진실 그 자체라는 것이다. 우주만물은 똑같고 구성하는 요소는 공하며, 모양도 없고, 이름도 없지만 이 모든 것은 눈앞에 모양으로 이름으로 존재하고 현존하고 있기 때문이다. 그들은 저마다의 특정한 기능을 발휘하며 존재하고 있으므로 눈앞에 존재한 이 세계를 저버리고 그 본성의 세계를 구할 수는 없을 것이다. 즉 만물을 구성하는 요소는 모두 空하지만, 현존하는 만물을 떠나 만물의 존재를 찾을 수 없다는 것이다. 그러니 두두물물은 있는 그대로가 진리 그 자체인 것이다. 즉 산은 산이요, 물은 물인 세계인 것이다.

"문학과 종교, 시(詩)와 불교(佛敎)는 소 닭 보듯 하는 그런 사이는 아닙니다. 문학과 종교는 제법 친연성이 많습니다. 예를 들어 옛 선사들은 많은 시문을 남겼습니다. 읽어보셨는지 모르겠습니다만 고려 때의 진각 혜심이나 태고 보우, 나옹 혜근 같은 선사, 조선시대의 청허 휴정, 소요 태능, 청매 인오 같은 스님들의 선시는 선(禪)의 진수(眞髓)를 노래한 것이지만 문학적으로도 매우 뛰어난 작품으로 정평이 높습니다. 선사들의 게송 외에 경전에도 훌륭한 종교시(宗敎詩)가 많습니다. 유명한 『법구경』은 게송으로 이루어진 경전입니다. 부처님이 제자를 가르칠 때 외우기 쉽도록 게송으로 설법을 모아 놓은 것이지요. 또 부처님 일생일대의 모습을 찬탄한 『불소행찬』 등 많은 경전이나 어록 속에서 이와 같은 게송을 쉽게 만날 수 있지요. 불교의 종교문학은 여기에서 비롯됩니다. 전통적인 선시는 깨달음을 노래한 '오도송', 죽음을 앞두고 자기 인생을 압축해서 얘기하는 '열반송' 같은 것이 대표적입니다. 또 제자들에게 훈계나 잠언을 내릴 때도 게송을 써서 보여주기도 합니다. 이런 선시들의 게송을 보면 뛰어난 선적 깨달음과 문학적 서정성이 들어있는 것이 많습니다. 불교에서 문학

> 이란 이렇게 종교 행위의 연장, 또는 대중 설득을 위한 수단이 됩니다. 그런 뜻에서 종교문학은 그 나름의 가치가 있다고 보아야 할 것입니다.[36]

인용한 글에서 무산은 문학과 종교가 친연성을 갖는 관계로서 많은 시문을 남긴 선사들의 발자취에서도 확인된다는 것이다. 게송이 곧 종교시라는 범주에서 보면 선적 깨달음과 문학적 서정성이 결코 둘이 아니라는 것이다. 이런 관점에서 종교와 문학은 상호 교집합을 이루는 면에서 친연성을 갖게 되며 삶의 가치라는 차원에서 보면 종교와 문학, 즉 종교문학이야말로 더없는 가치를 잉태하고 있다. 이와 같은 종교와 문학이 동행하는 시세계는 무산의 시조시집 『만악가타집』에서 발견된다. 여기서 선의 세계를 탁월하게 담아낸 시조시형은 선시(禪詩)의 초월적 상징성을 계승하면서도 현대적 묘오의 세계를 보여주고 있다.

> 백금사 무금당 뜰에
> 뿌리 없는 개살구 나무들
>
> —조오현, 「무자화(無字話) · 4」 부분(밑줄은 인용자 표시)

> 서울 인사동 사거리
> 한그루 키 큰 무영수(無影樹)
>
> —조오현, 「무자화(無字話) · 5」 부분(밑줄은 인용자 표시)

> 그 물론 몰현금(沒絃琴) 한 줄은

36) 신경림 · 조오현, 앞의 책, 248쪽.

그냥 탈 줄 알아야

—조오현, 「일색변(一色邊)·3」 부분(밑줄은 인용자 표시)

취모금(吹毛劍) 날 끝에서

그 몇 번은 죽어야

—조오현, 「일색변(一色邊)·6」 부분(밑줄은 인용자 표시)

위 시편들에서 "뿌리 없는 개살구", "무영수", "몰현금", "취모검" 등은 전형적인 선시풍의 초월적 상징물들이다. "뿌리 없는 개살구"들이 열매를 맺어 신물이 들대로 다 들고, '그림자 없는 나무'가 하늘로 뿌리를 뻗고 가지는 땅으로 뻗었으며 그 떡잎 하나로 우주를 다 덮고 있다. '줄 없는 거문고'를 타고, "취모검 날 끝에서/몇 번은 죽어야"한다는 그 세계야말로 진공(眞空)의 세계에서 묘오의 세계로 펼쳐지는 자유롭고 신비로운 초월적 상상력의 결과물이다. 이러한 상징물들은 선시(禪詩)만의 독특한 세계를 보여주는 국면으로 있다. 특히 "취모검"으로 인간적 관념에 젖은 모든 사유를 철저히 베어냄으로써 본래의 마음자리를 찾고 있다. "취모검"은 무산이 역해한 『벽암록』의 〈제100칙·파릉취모검(巴陵吹毛劍)〉, '파릉이 휘두른 취모검'에서 취한 것으로서 그 본칙을 읽어보면,

어떤 납자가 파릉호감 화상에게 물었다.

"어떤 것이 미세한 털도 자르는 취모검입니까?"

화상은 이렇게 답했다.

"산호가지 끝마다 달이 걸려 있구나."

"취모검"이란 털을 칼날에 대고 훅 불면 그대로 두 동강이 난다는

명검(名劍)으로 번뇌를 단번에 끊어버리는 지혜를 상징한다. 무산은 사족에서, "화상은 '산호가지마다 밝은 달이 걸려 있다'라고 결어(結語)하지만 나는 이에 대해 별로 할 말이 없다."면서 이 침묵 속에 들어있는 참뜻을 독자의 몫으로 남겨두고 있다.

(3) 시간적 행보, 우범조

『만악가타집』의 제3장 우범조에서는 '승속불이(僧俗不二)'의 시심에 의해 시작(詩作)된 무산의 시세계와 만나게 된다. 무산은 시적 깨달음을 통해 중생 제도(濟度)의 관문을 나서는 국면을 시화하고 있다. '우범조(又凡調)'에 실린 시편들은 「1970년 방문(榜文)」과 「1980년 방문(榜文)」과 같이 어떤 '시간적' 행보를 연작 형식으로 구성하고 있다. 이는 앞서 검토한 '선취조'에서 1950년대의 시간적 행보를 상징하는 「1950년 염원(念願)」과 「1950년 봄」이라는 작품의 연장선에서 구성된 것으로 보인다. 무산의 염원들이 어떤 시간적 주기를 갖고 연작으로 지어진 것을 암시하듯 시제를 '방문(榜文)'이라고 붙인다. 「1970년 방문(榜文)」에는 무산 자신이 밝힌 '70년대 초 경허(鏡虛)와의 만남에서 얻어진 것들'[37]과 「일색과후」 연작[38]이 시제 바꿈을 통해 재수록 되어있다. 그리고 '1980년대 방문(榜文)'에는 『산에 사는 날에』[2000, 태학사]의 일부 작품[39]을 재수록하고 있다.

37) 「1970년 榜文(방문) · 1」 「1970년 방문 · 2」 「1970년 방문 · 3」 「1970년 방문 · 4」 「1970년 방문 · 5」 「1970년 방문 · 6」 「1970년 방문 · 7」.

38) 「1970년 榜文(방문) · 8」 「1970년 방문 · 9」 「1970년 방문 · 10」 「1970년 방문 · 11」 「1970년 방문 · 12」 「1970년 방문 · 13」 「1970년 방문 · 14」 「1970년 방문 · 15」.

39) 「1980년 榜文(방문) · 1 — 내 삶은 헛걸음」 「1980년 방문 · 2 — 침목(枕木)」 「1980년 방문 · 3 — 보리타작 마당에서」 「1980년 방문 · 4 — 실일(失日)」.

184

대 내린다 대 내린다
신통(神通) 대 내린다

바늘 끝으로 찔려도 아프지 않던
양심의 살은 떨리고

이제사 내 무딘 손끝의
육감에 대 내린다.

피 받아라 피 받아라
공수 받듯 피 받아라

침담그듯 침담그듯이
떫은 생각은 다 우려내는

이 치하(治下) 살아갈 길의
대 내리는 피 받아라!

대 내리는 내 육감에
나는 오래 못 살 것 같은데

나와 같이 죽을
사람 없는 이 나라다

그러나 해돋이 마을
내가 묻힐 나라란다.

―조오현, 「1970년 방문(榜文)―(1)」 전문

이 시편은 첫 시집 『심우도』 제Ⅱ부에서 「산중문답(山中問答) ― 전게(傳偈)」이라는 제목으로 실려 있으며, 산중(山中)에서 속세를 향해 '게(偈)'를 던지는 국면을 형상화한다. 특히 이 시편의 특징은 선취조나 선기조의 시편들에서는 좀처럼 만나기 어려웠던 단호한 어조로 표현된다는 점이다. "대 내린다" "피 받아라!" 등 예사롭지 않은 어조로 표출된 심상은 그 시대의 급박했던 상황을 생생하게 보여준다. 이는 단호한 어조를 붙일 수밖에 없는 '방문(榜文)'의 시대를 살아가야하는 시인의 처지를 대변하는 구성이기도 하다. 여기서 무릇 시인이라면 그 시대가 갖는 역사의 한 줄을 단호하게 '방문(榜文)'할 수 있어야 한다는 무산 정신을 암시한다.

"신통(神通)"이란 '초능력'을 일컫는 말로서, 불교에서 선정(禪定)과 지혜를 통해 획득하는 불가사의한 능력을 말한다. 시인의 "양심의 살은 떨리고" "무딘 손끝의 육감에 대 내린다"는 경직된 시대적 정황을 반영함과 동시에 시인의 양심마저 떨리게 한 시대임을 형상화한다. 첫 수에 이어 둘째 수에서도 초장에서 어휘의 반복을 통한 강조의 어조는 "이 치하(治下) 살아갈 길의/대 내리는 피 받아라!"에까지 이르고 있다. 이는 70년대의 정치와 경제적 환경이 단호한 추진을 동반한 시대적 운명을 수긍하는 자세로 표출된다. 비록 "나와 같이 죽을 사람"은 없는 나라일지라도 "그러나 해돋이 마을/내가 묻힐 나라"로 시적 마무리를 한다.

진작 다 알고도
말 한마디 하지 않고

산중에 혼자 앉아
채식만 한 탓이리

요즘은 신문을 펼쳐도
온몸에 번지는 두드러기.

—조오현, 「1970년 방문(榜文)·13」 전문

이 시편은 첫 시집 『심우도』의 제Ⅱ부 「일색과후·4 — 기삼(其三)」을 시제만 바꾸어 다시 수록한 작품이다. 초장의 "진작 다 알고도/말 한마디 하지 않고"에서는 구도적 수행의 길목에 선 채 외롭게 서 있는 화자의 모습이 선연하다. 다 알고서도 침묵으로 멈추어 있음은 결코 쉬운 일이 아닐 것이기 때문이다. 이는 선사로서의 마음가짐이 아니고서야 불가한 일일지도 모른다. 그리고 "채식만 한 탓"에서 알 수 있듯이 정결한 수행의 자세와 세상의 소식에 물들어있지 않음을 보이고 있다. 화자는 혼란스러운 세상을 실어 나르는 신문을 펼치며 "온몸에 번지는 두드러기"가 피어오른다고 하소연하고 있다. 여기서 시승으로서의 수행과 함께 이루어진 시적 성취도를 엿볼 수 있다. 신문지 사이사이에 번지는 두드러기는 그 시대의 정황을 잘 보여주는 표현이기 때문이다. 선행 연구에서 일부 연구자들은 '방문(榜文)'을 사회 비판적인 연작시편이라는 견해를 보인다.

간혹 대낮에 몸이 흔들릴 때가 있다
땅을 짚어 봐도 그 진도는 알 수 없고
그럴 때—ㄴ 눈앞의 돌도 그냥 헛보인다.

언젠가 무슨 일로 홍릉 가던 길목이었다

산사람 큰 비석을 푸석돌로 잘못 보고
발길로 걷어차다가 다칠 뻔한 일도 있었다

또 한 번은 종로종각 그 밑바닥에서였다
누군가 내버린 품처 없는 한 장 통문
그 막상 다 읽고 나니 내가 대역죄인 같았다.

그 후론 정말이지 몸조심 한다마는
진도가 심할 때는 어쩔 수 없이 또 흔들리고
따라서 내 삶도 헛걸음 헛보고 헛딛는다.

—조오현, 「1980년 방문(榜文)·1—내 삶은 헛걸음」 전문

이 시편은 두 번째 시조시집 『산에 사는 날에』에서 「내 삶은 헛걸음」이라는 시제로 실려 있던 것을 「1980년 방문(榜文)」 연작에 다시 수록한 작품이다. 첫 수에서부터 화자는 흔들리듯 헛보이듯 "헛걸음"을 놓아가고 있다. 그 헛걸음의 무게중심은 "땅을 짚어 봐도 그 진도는 알 수 없"다라는 언술에서 화자의 깊디깊은 삶의 보폭으로 감지된다. 이와 같이 무게중심을 잃은 헛걸음은 화자의 삶에서 언제나 현재진행형으로 있다. "홍릉"은 경기도 남양주시에 있는 조선 제26대 왕 고종과 고종비[명성황후 민(閔)씨]가 모셔져있는 능(陵)이다. "언젠가 무슨 일로" 갔을까싶지마는 "1980년"의 시대적 상황으로 보면 그냥 지나쳐버릴 일은 아닌 듯하다. 화자가 "큰 비석을 푸석돌로 잘못 본 것"이나 "발길로 걷어차다가 다칠 뻔한 일"이란 불안정한 사회 분위기로 점철되던 "1980년"의 긴박한 상황을 상징하기 때문이다. 화자의 "헛걸음"은 다시 그 시대의 심장부인 "종로종각"을 지향한다. "1980년"이라는 역사적 지점은 실로 '몸조심'은 물론 '입조심'을 아

니하고서는 온전하게 살아남을 수가 없던 시대이다. 시대적 상황이 그러하니 화자는 "내 삶도 헛걸음 헛보고 헛딛는다."라며 회감하고 있다. 이와 같이 무산은 자신의 삶에서 헛걸음으로 흔적 된 "1980년"의 시절가조에 새기고 있다.

아무리 어두운 세상을 만나 억눌려 산다 해도
쓸모없을 때는 버림을 받을지라도
나 또한 긴 역사의 궤도를 바친
한 토막 침목인 것을, 연대인 것을

영원한 고향으로 끝내 남아 있어야 할
태백산 기슭에서 썩어가는 그루터기여
사는 날 지축이 흔들리는 진동도 있는 것을

보아라, 살기 위하여 다만 살기 위하여
얼마만큼 진실했던 뼈들이 부러졌는가를
얼마나 많은 사람들이 파묻혀 사는가를

비록 그게 군림에 의한 노역일지라도
자칫 붕괴할 것만 같은 내려앉은 이 지반을
끝끝내 받쳐온 이 있어
하늘이 있는 것을, 역사가 있는 것을.

—조오현, 「1980년 방문(榜文) · 2—침목(枕木)」 전문

이 시편도 마찬가지로 두 번째 시집 『산에 사는 날에』에서 「침목」이라는 시제로 실려 있던 작품을 「1980년 방문(榜文)」 연작시조 편

에 재수록하고 있다. 이와 같이 무산은 암울하고 억압받던 시대적 상황을 연작시조 시편에 얹어 장형의 연시조로 담담하게 풀어내고 있다. "나 또한"이라는 진술에서 "긴 역사의 궤도를 바친/한 토막 침목인 것을, 연대인 것"이라는 자의식은 무엇보다도 근본을 중시하고 있음을 반영한다. 이러한 근본, 즉 뿌리를 향해 화자는 "썩어가는 그루터기"를 바라보며 끝내 침묵의 날을 세우고 있다. "땅을 짚어 봐도 그 진도는 알 수 없"(「1980년 방문(榜文)·1」)을 때도 있었기에 화자는 "사는 날 지축이 흔들리는 진동도 있는 것"을 누구보다도 잘 알고 있다. 여기서 시적 화자는 오로지 "살기 위하여 다만 살기 위하여" 흔들리고 부러지고 파묻히다가 죽음 앞에서마저 몸부림치는 민심 그 자체인 것이다. 오직 살아남기만을 고대하며 단 하나뿐인 존엄성마저도 노역으로 내몰리며 끝끝내 받쳐 온 "침목"이 있어 시대적 오류는 꼿꼿하게 설 수 있었다는 것이다. 이렇듯 단 하나의 역사적 "침목"이 되고자 한 선승의 '방문(榜文)'은 "자칫 붕괴할 것만 같은 내려앉은 이 지반"에서도 "끝끝내 받쳐온" 산증인으로 역사 앞에 서 있다. 무산은 지금의 시대를 함께 살아가는 이들의 역사적 사명감을 "침목"이라는 소재를 통해 "1980년"의 굴곡진 시간을 관류한다.

> 타작마당에 가면
> 아주 못 살게 하는 것이 있다.
> 그 옛날 보릿고개
> 배가 고파 비벼댔던
> 아직도 내 목에 걸려 있는
> 풋보리 그 가시라기
>
> 만약 사람을

도리깨로 다스린다면
한 40년 잘못 살아온
내 죄는 몇 가마니나 될까
그 한번 모조리 훑고 떨어서
담아보고 싶어라

내 친구 김 바위
타작마당에 가보니
빚더미 그 높이만큼이나
쌓아놓은 보리 가마
그 죄는 허접한 쭉정이
불을 질러 버리더라

—조오현, 「1980년 방문(榜文) · 3—보리타작 마당에서」 전문

위 시편은 두 번째 시집 『산에 사는 날에』에서 「보리타작 마당에서」라는 시제로 실려 있던 것을 「1980년 방문(榜文)」 연작시조 시편에 다시 수록한 작품이다. 이 시조 시편은 무산이 "1980년의 방문(榜文)" 하나가 부제로 붙인 그 "보리타작 마당에서" 이루어지는 국면으로 형상화되고 있다. "타작마당"이란 '곡식의 낟알을 줄기에서 떨어내는 일을 하고 있는 마당'이지만 이 시편에서는 '수확의 장'을 상징하는 듯하다. 하지만 그 "타작마당"은 서민의 배고픔이 희망으로 교차하는 곳이기도 하다. 그러므로 이 시편에서의 "타작마당"은 수확이라는 풍성함보다도 굶주림의 몸부림이 나뒹구는 곳으로 이해된다. 비록 "그 옛날 보릿고개"가 아니더라도 손바닥이 발갛도록 부리나케 풋보리를 비벼먹던 추억은 그 당시 시골에서 자란 아이라면 누구나 경험한 일이다. 무산은 그런 추억을 들추며 지금 "보리타작 마당"에

서 있는 그 시절을 형상화하고 있다. 무산은 한여름 보리타작 마당에서 "배가 고파 비벼댔던" 지지리도 가난했던 어린 시절을 떠올리며 "아직도 내 목에 걸려 있"는 것은 과연 무엇일까 되돌아보고 있다. 무산은 "그 옛날 보릿고개"의 시절에서부터 40년이 훌쩍 흘러버린 지금에 이르기까지 "풋보리 그 가시라기"처럼 걸려있는 삶의 죄를 찾아 나선 국면으로 형상화하고 있다. 그리하여 무산은 끝끝내 그 죄를 "모조리 훑고 떨어서" 담아보거나 "빚더미 그 높이만큼이나 쌓아"서 불을 질러보고 싶기도 하다. 이렇듯 살아온 날이란 늘 삶 그 자체와 더불어 죄 또한 묻어오기 마련이므로 무산은 "방문(榜文)"을 통해 반성한다. 무산은 죄와 무죄가 둘이 아님을 비로소 "김바위 타작마당"에서 깨우치고 있는 것이다.

2) 不二에 닿은 선적 세계

예로부터 시승들은 시선일미(詩禪一味)라 하여 시와 선이 둘이 아님을 강조해왔다. 이는 승려가 선적 화두를 통해 어떤 깨달음에 이르려고 하는 점이나, 시인이 창작을 통해서 어떤 본질에 다가서려는 점이 서로 다르지 않음을 말해준다. 이러한 관점에서 무산과 시조시형과의 만남은 결코 우연이 아님을 알게 된다. 무산이 선방의 인연에 의해 시조시형을 만나 '선(禪)시조'라는 새로운 시적 지평을 열어놓았다는 점에서 그의 시작품은 '화두(話頭)의 시'이며 '불이(不二)의 시'로 평가할 수 있다.

> "불이(不二)는 산스크리트로는 아두바야(a-dvaya)라 하며, 중성명사로 쓰일 때는 통일성(unity)이라든지 동일성(identity), 또는 궁극의 진리(ultimate truth)라는 뜻이 된다. 사전적 어휘 풀이로 본 不二는 "다

> 르지 않은 것, 같다. 동체", "두 개의 사물이 대립을 하지 않는 것, 두 개의 사물의 평등"으로 간결하게 그리고 있다. 인도사상사에서는 이와 같은 일원론(一元論)이 대세를 점하고 있다."[40]

'불이(不二)'의 발상은 《유마경》에 기인하고 있는데, 《유마경》은 반야 사상의 핵심인 空을 재가신도이거나 출가교단의 위치에서 어떻게 실천할 수 있는가에 대해 밝힌 경전이다. 여기서 空이란, 연기(緣起)와 무자성의 의미로써 空한 것을 뜻함으로 '없음'의 단순 부정이 아니라 인연생기와 인연소멸의 연기 법칙을 말한다. 이런 점에서 존재 내에서의 상관성을 지적한 연기법은 불교의 근본 사상 중의 하나이다. 유마의 불이는 "상대적인 차별과 상대 관계를 맺는 절대적 무차별인 것이 아니라, 오히려 그 상대 관계를 넘어선 절대 무차별의 평등을 말한다. 대립을 떠난 '不二'이다."[41]라고 이해할 수 있다. 즉 유마거사는 부정의 논리를 통해 대립을 해체하는 수행과정과, 대립 그 자체의 무화에 의해 절대평등의 경지인 깨달음 그 자체를 불이로 세우고 있는 것이다. 이때 불이는 곧 불이상(不二相)으로서 이것과 저것을 분별하는 대립적 이상(二相)을 해체하는 자리에 있다. 이와 같이 《유마경》 〈불이법문품〉의 '둘 아닌 경지[不二]'를 무산은 시조시형에 온전하게 담아내고 있다. 본서에서는 이러한 무산의 시편에 언술된 청정한 세계와 속세의 대립관계인 '승(僧)과 속(俗)', 생하는 일과 멸하는 일의 대립관계인 '생(生)과 멸(滅)', 그것과 그것에 속하는 것의 대립관계인 '아(我)와 아소(我所)'를 둘이 아닌 경지로 시화한 선(禪)시조에 나타난 시의식의 특징과 의미들을 읽어보고자

---

40) 동국대학교 한국문학연구소, 『불교사상과 한국문학』, 아세아문화사, 2001, 216쪽.
41) 이시다 미즈마로, 『반야・유마경』, 이원섭 옮김, 현암사, 2004, 225쪽.

한다.

무산의 선적 시편은 유마선(禪)에 기초한 不二의 시학으로 정립된다. 무산은 '둘이 아닌', 즉 불이의 경지에 대한 사족에서, 유마의 침묵이 불이법문을 가장 잘 설명한 것이라는 문수보살의 칭찬을 인용하면서, 진정한 불이법문이란 '정라라(淨裸裸) 적쇄쇄(赤灑灑)'라고 말한 설두의 제자 원오의 수시를 덧붙이고 있다. "아무것도 걸치지 않은 벌거숭이 그대로여야 한다는 것이다. 진실을 설명할 때는 그 자체여야지 말이 너무 많으면 진실이 반감된다는 것이다."[42]라는 사족에서 무산의 진여의식을 알 수 있다. 이와 같이 승려의 본분 중 하나는 부처님의 가르침을 깨달아 있는 그대로 중생을 제도하고 구제하며 진여에 다가서는 일일 것이다. 여기서 '깨닫는 일'이란 곧 선(禪)의 산물인 불이를 깨우침으로써 놓아버린 자아와 세계와의 관계를 체득하는 일이라고 할 수 있다. 깨달음 그 자체란 있는 그대로 존재하는 세계에 작용하는 만법을 진실 되고 바르게 아는 무엇이라고 잘라 말할 수 없는 경지이기 때문이다. 무릇 세인들은 승려들의 삶이란 온통 불법(佛法)에 매어있을 것이라고 생각할 수도 있다. 하지만 승려라 할지라도 출가 전에는 세간에서 함께 살다가 인연에 의해 출세간의 길에 들게 되었으므로 결코 세인과 둘이 아닐 수도 있다. 이는 시승 무산의 경우도 마찬가지다. 그의 시조 시편들에는 속세에서의 가난했던 시절과 세간도 출세간의 사이에서 유년시절의 삶을 투영하는 작품들이 많다. 또한 그는 크고 작은 역사적인 사건들을 겪어가는 가운데서 오직 불이의 깨달음으로 중생에게 다가서는 작품들도 보인다. 이와 같이 무산의 시조 시편은 오로지 공과 불이의 의식에 의해 언어를 진여에 투영하면서 시화하고 있다.

42) 조오현 역해, 『벽암록』, 불교시대사, 2005, 283~284쪽.

이와 같이 무산의 시조 시편은 '화두의 시'이며 '불이의 시'라는 점에서 침묵으로 통하는 깨달음의 시라고 할 수 있다. 무산의 시조 시편들은 불교의 정서와 선적 사유를 통해 깊이 음미하지 않으면 쉽게 접근할 수 없는 것들이기 때문이다. 이렇듯 무산은 선방의 인연에 의해 시조시형을 만나 이를 선방에서 꽃피워 누구도 시도하지 못했던 새로운 길을 이룬 '선(禪)시조'라는 현대적 시조시형으로서의 새로운 지평을 활짝 열어놓는다.

앞에서 언급한 바와 같이 무산과 《유마경》과의 연관성은 그의 저작이나 시조 시편에서 가장 중요한 발상법으로 나타난다. 《유마경》은 「불이법문품」이 근간을 이루면서 불가사의한 깨달음의 경지를 체계적으로 안내하고 있는 불교경전이라는 점에서도 그렇다. 무산의 선적 의식이 유마 사상에 닿아 있음은 신경림 시인과의 '열흘간의 만남'에서 오고간 대화 속에서도 나타나고 있다. 여기서도 《유마경》의 유마거사는 대승적인 실천적 인간상으로 부각되고 있다. 때 묻지 않은 명성을 가진 유마거사는 오욕 속의 세속에서 살면서도 청렴한 의식을 가진 출세간적인 성자로 규정되기 때문이다. 유마거사가 '不二'라고 한 것은 상대적 대립을 떠난 불이로서 대립을 끊어버린 자리의 궁극적 깨달음을 일컫는다. 불이란 모든 의식분별을 놓아버린 상태에서 청정한 마음의 생명이 존재하고 있는 현실세계와 일여(一如)가 된 것을 뜻한다. 이와 같이 무산의 시조 시편의 기본적인 발상은 불이에서 출발하고 있다. 이는 무산의 문학에 대한 일관된 사상이 불이의 정신에 관통하고 있음을 나타낸다. 그는 불교의 성격을 불이에 비추면서 인간과 자연을 분리하여 생각하지 않음으로써 인간과 자연이 둘이 아니라 동일한 생명가치를 지니는 것으로 전제하고 있다. 이러한 전제는 한 포기의 풀이거나 한 그루의 나무도 곧 불성이 있으므로 모두 다 깨달음을 가질 수 있고 부처가 될 수 있다는 사고로부터 기인하다.

무산은 신경림 시인과의 만남에서 '不二의 관계'에 대해 이렇게 밝히고 있다.

> "『벽암록』이라는 책에 보면 '一花開世界起(일화개세기)'라는 말이 있습니다. 꽃 한 송이 피는 것도 세계와 연관되어 있다는 것이지요. 서정주가 '한 송이 국화꽃을 피우기 위해 봄부터 소쩍새는 그렇게 울고, 천둥은 먹구름 속에서 울고, 나는 잠이 오지 않았다'고 한말과 비슷한 말입니다. 이것이 무슨 뜻이냐 하면 모든 생명은 이렇게 하나로 연결되어 있다는 말입니다. 불교는 이렇게 자연과 인간을 둘이 아닌 하나로 봅니다. 자연을 정복의 대상으로 보지 않고 함께 살아야 할 친구, 동일한 생명체, 不二의 관계, 즉 둘이 아닌 하나로 파악합니다. 그래서 서양의 지식인들은 자연을 지키고 환경을 보존하는 사상적 지침으로 불교를 주목하고 있습니다. 그런데 정작 우리는 이런 생각을 잊고 자연을 파괴하고 정복하려 합니다. 욕심에 사로잡혀 미혹하기 때문이지요."[43]

"꽃 한 송이 피는 것도 세계와 연관되어 있다"라는 사고에서처럼 모든 존재와 그 현상들은 세계와 둘이 아닌 의식세계로 소통된다는 것이다. 한 송이 국화꽃을 피우기 위해 동원되는 세계는 "不二의 관계"를 말해준다. 세계가 둘이 아닌 하나라는 관점에서 모든 생명 또한 하나로 이어져 있음을 깨우친 것은 곧 불교사상의 4대 특징[四法印]인 일체개고, 제행무상, 제법무아, 열반적정을 말한다. 이렇듯 불교는 자연과 인간, 즉 인간을 자연적 개체로 파악하고 있다는 점에서

---

43) 신경림 · 조오현, 앞의 책, 97쪽.

자연과 인간은 둘이 아닌 "不二의 관계"로 있는 것이다. 불교의 이러한 불이 사상은 세계 내의 자연과 인간을 화해의 국면으로 이끌고 있다는 점에서 서양의 지식인들까지도 주목하고 있음을 간과해서는 안 된다는 것이다. 이는 이 세계의 문는 자연의 문제가 아닌 인간의 문제, 즉 인간중심적 사고가 문제이기 때문이다. 이와 같이 존재하는 모든 것이란 하나로 이해될 수 있으며 이것이 곧 반야의 가르침이기도 하다. 우리는 눈으로 이 세상을 바라보지만 아직도 이 세상에는 눈에 보이지 않는 존재의 량이 더 많다고 할 수 있다. 하지만 불이의 관점으로 이 세계를 바라보면 보이지 않는 존재는 아무것도 없을 것이다. 바로 이러한 둘 아닌 경계, 즉 불이의 깨달음으로 나타난 무산의 시조 시편을 읽어보고자 한다. 「만악가타집」에 수록된 작품을 불이의 관점에서 승속불이(僧俗不二)와 생멸불이(生滅不二), 아아소불이(我我所不二)로 대별하여 읽어보면,

(1) 대승적 구도, 승속불이

출세간에서 성인의 가르침인 불도를 실천하고 체득하는 사람이 바로 '승僧'이다. "출가(出家)란 정각(正覺)을 성취하기 위해 삼업(三業)을 닦는 사람이며, 그들을 법사(法師) 또는 '승(僧)'이라 부른다. 출가의 종류로는 형출가(形出家)와 심출가(心出家)가 있다. 세간을 떠나 출세간에서 수행하는 것을 '형출가'라 하고, 세간에 있으면서 출세간의 법을 닦는 것을 '심출가'라 한다. 교단의 입장에서 보면 형출가는 승단에 속한 스님을 뜻하고, 심출가는 재가자 중에서 여법하게 수행하는 사람을 뜻한다"[44]라고 한다. 즉, 신(身)·구(口)·의(意) 삼업을

44) 석정암, 『유마禪不二』, 하늘북, 2006, 232쪽.

잘 다스려 도(道)를 실천하는 사람이 '승(僧)'이요, '법사(法師)'라는 것이다. 이런 관점에서 '승속불이(僧俗不二)'란 대승적 구도에 근원하여 출가와 재가의 분별마저 무화하는 의식세계를 말한다. 이를 연기적 불이에 대입하면 속(俗)이 있으므로 말미암아 승(僧)이 있고 승이 일어남으로 말미암아 속이 일어난다는 '둘 아닌' 경지로 파악된다. 이와 같이 '승속불이'가 속세를 떠난 세계와 속세의 대립관계인 승과 속이 둘이 아닌 경지에 있음은 청정한 마음의 세계로부터 연기(緣起)된 산물이라고 할 수 있다. 두두물물(頭頭物物)의 모든 존재 방식은 마음에 의한 세상보기와 다름 아니기 때문이다. 선(禪)의 본질이 있는 그대로 보고 느끼는 것이라고 할 때, 드러나는 존재 그 자체는 청정한 모습 그대로일 뿐이다. 물론 이러한 관점은 있는 그대로의 본질 그 자체가 본디부터 깨달음의 속성을 갖는다는 전제에서다. 청정한 존재의 속성은 공(空)의 범주에 자리한 무상(無常)과 무아(無我)의 이치를 통해 이해할 수 있기 때문이다. 무상이란 연기적 이해의 관점에서 항상(恒常)하는 것은 아무 것도 없음을 말한다는 점에서 공(空)의 범주에 놓인다. 이러한 사상적 토대는 일체를 오직 있는 그대로 관조할 때 두두물물이 어떤 연기적 작용에 의해 변화를 거듭한다는 법칙으로 이해할 수 있다. '무아(無我)'란 우주 만물이거나 그 현상이 연기적 작용에 의해 상호 의지하여 존재할 수 밖에 없다는 의식 세계이다. 무상과 무아는 공의 범주에 속한다는 점에서 서로 다르지 않은 것으로 이해되지만, 엄밀하게 들여다보면 '무상'이 시간적 흐름에 따른 연기를 말한다면, '무아'는 공간적 자리바꿈에 따른 연기를 나타낸다. 연기의 법칙 속에서 일체만유는 '둘 아닌' 하나로서 무상과 무아의 공에 의해 절대적 평등을 갖는다. 여기서 '둘 아닌'이라는 부정의 논리는 곧 '둘 아닌 하나'의 근원에 닿은 절대 긍정의 의미로 파악된다. 다음 작품들에서 우리는 연기에 의한 '둘 아닌' 사상을 나타내고 있는 시의식의 지향점을 구체적으로 확인할 수 있다.

'연기(緣起)'란 이 세계의 사물이거나 현상이 서로서로 의지함으로써 생기(生起)되는 존재와 존재 사이의 관성을 말한다. 이러한 관성적(慣性的) 연기는 불이를 생기하는 근원으로 이해된다. 그러므로 연기는 존재를 존재이게 하는 존재적 법칙인 것이다. 다시 말해 삼라만상은 연기적 인연에 의해 생멸하는 섭리를 일깨워주는 자연적 화두인 것이다. 이런 관점에서 연기적 불이는 상생(相生)과 상멸(相滅)의 법칙으로 작용한다고 볼 수 있. 또한 연기적 불이는 삼라만상의 연기적 관계를 자아와 세계라는 관계 속에서 하나의 존재적 원리로 이해될 수 있다. 이러한 관점은 자아와 세계가 결코 둘이 아닌 합일된 하나의 세계에 대해 공과 불이가 절대 평등의 가치로 파악될 수 있음을 말해준다. 이런 관점에서 '승속불이'를 나타내고 있는 무산의 시조 시편들을 읽어보면,

①
동해안 대포
한 늙은 어부는

바다에 가면 바다
절에 가면 절이 되고

그 삶이 어디로 가나
파도라 해요.

―조오현, 「무설설(無設說)·2」 전문('①'은 인용자 표시)

②

어제 그끄저께 일입니다. 뭐 학체 선풍도골(仙風道骨)은 아니었지만 제법 곱게 늙은 어떤 초로(初老)의 신사(紳士) 한 사람이 낙산사 의상대 그 깎아지른 절벽 그 백척간두의 맨 끄트머리 바위에 걸터앉아 천연덕스럽게 진종일 동해의 파도와 물빛을 바라보고 있기에

"노인장은 어디서 왔습니까?" 하고 물었더니

"아침나절에 갈매기 두 마리가 저 수평선 너머로 가물가물 날아가는 것을 분명히 보았는데 여태 돌아오지 않는군요."하고 혼잣말로 중얼거리는 것이었습니다. 그런데 그 다음날도 초로의 그 신사는 역시 그 자리에서 그 자세로 앉아 있기에

"아직도 갈매기 두 마리가 돌아오지 않았습니까?" 했더니

"어제는 바다가 울었는데, 오늘은 바다가 울지 않는군요." 하는 것이었습니다.

—조오현, 「절간 이야기 · 2」[45] 전문('②'는 인용자 표시)

'①'의 화자인 "늙은 어부"와 '②'의 화자인 "초로의 신사"는 삶의 내면이 서로 닮아 있다. '①'의 화자인 "늙은 어부"는 일렁이는 바다를 짚고서 조르르 일어났다가는 금방 사라져가는 하얀 파도처럼 절에 머물면 '스님'이 되고 바다로 나서는 날이면 '어부(漁夫)'가 된다. '①'과 '②'는 두 화자의 삶에 대한 응시가 상호 대비를 이룬다. 하지만 두 시편에서 '①'의 화자인 "늙은 어부"이거나 '②'의 화자인 "초로의 신사"는 절에 머물면 스님이 된다는 점에서 세간과 출세간, 즉 속과 승이 둘이 아님을 형상화한다. 이런 관점에서 '①'과 '②'는 '승속불이'를 표현한 시편으로 파악된다.

45) 조오현, 『절간 이야기』, 고요아침, 2003, 13쪽.

'①'에서 시적 화자인 "한 늙은 어부"는 절에 머물면 '스님'이 되고 바다로 나서는 날이면 '어부'가 된다. "바다에 가면 바다"가 되고 "절에 가면 절이 되"는 삶에서 '바다'와 '바다에서의 삶'이 둘이 아니고, '절'과 '절간에서의 삶'이 둘이 아니듯 '바다'와 '절' 또한 둘이 아니게 된다. 여기서 '바다'와 '절'이 둘이 아닌 까닭은 바다에 나간 주체와 절에 들어간 주체가 다르지 않음이며, 또한 "어디로 가나" 그 삶은 '파도'이기 때문이기도 하다. 이와 같이 '바다'와 '절'이 둘이 아니고 '바다'와 '파도'가 둘이 아니라면 '절'과 '파도' 또한 둘이 아님을 알게 된다. 이는 세간과 출세간, 즉 속과 승이 둘이 아님으로 해서, '늙은 어부'의 삶 자체가 곧 '파도'라면, 그 '파도'는 '바다'와 둘이 아닌 자리에 있음을 나타낸다. "파도라 해요"에서 '파도'는 '바다'라는 세간과 '절'이라는 출세간이거나 "그 삶"이 바다의 울음소리인 파도소리와 다르지 않음을 보여준다. "어디로 가나/파도"마저 사라지는 날, "그 삶" 자체는 '어부'도 '스님'도 모두 잊어버림으로써 무상(無常)과 무아(無我)의 경지에 이르게 된다. 그리하여 "한 늙은 어부"는 승과 속에 얽매이지 않는 연기적 불이에 의해 절간에 들어서도면 바다의 파도소리를 듣고 있다.

③
하늘은 저만큼 높고
바다는 이만큼 깊고

하루에 잠기는 수평
꽃구름이 물드는데

닫힐 듯 열리는 천문(天門)

아, 동녘 달이 또 돋는다.

—조오현, 「일월(日月)」 전문('③'은 인용자 표시)

④

해장사 해장 스님께
산일 안부를 물었더니

어제는 서별당 연못에
들오리가 놀다 가고

오늘은 산수유 그림자만
잠겨 있다. 하십니다.

—조오현, 「산일(山日)·2」 전문('④'는 인용자 표시)

'③'에서, '해와 달'은 우주만유의 현상을 무상과 무아의 장으로 연기(緣起)하는 동력을 갖는다. 이러한 동력은 '하늘'과 '바다' 사이에 반영하는 활물(活物) 이미지를 생성함으로써 '하늘'과 '바다'가 '높음'과 '깊음'을 둘이 아닌 현상으로 반영한다. 다시 말해 어스름에 의해 '하늘'은 '바다'와 합일되면서 '둘이 아닌' 풍경이 된다. 그 순간, "하루에 잠기는 수평"으로 인식된 '하늘'과 '바다' 사이에는 "꽃구름이 물드는" 불이의 풍경이 된다. 이러한 불이의 풍경은 연기 작용에 의해 "천문(天門)", 즉 하늘과 바다 사이에서 "닫힐 듯 열리는" '공(空)'의 세계가 된다. 화자는 "아, 동녘 달이 또 돋는다"라는 역동적 현상을 관조하면서 하나가 된 '하늘'과 '바다'의 간극을 통해 둘이 아닌 무아와 무상의 공과 불이를 깨닫게 된다.

'④'에서, 시제 '산일(山日)'의 '산(山)'이 공간적 사물이라면, '日'

은 시간적 현상을 나타낸다. 이런 관점에서 '④'는 山을 넘나드는 '하루'의 시간처럼 "산일 안부를 물었"고 이에 답하는 선문답의 국면으로 구성되어 있다. 이러한 시적 국면은 공간적 동일성과 시간적 차이성이 공존하는 시적 배경으로 인식되기도 한다. 이와 같이 이 시편은 눈앞에 놓인 세계를 오직 있는 그대로 관조함으로써 현상 세계의 모습을 여실히 깨닫는 국면을 갖는다. "서별당 연못"이라는 동일한 공간적 배경을 중심으로 "어제"와 "오늘"이라는 시간적 풍경이 형상화된 국면은 '들오리'와 '산수유 그림자'의 흔적에 의해 무상(無常)에 닿은 공의 모습이기도 하다. 그리고 어제도 "서별당 연못"에는 '산수유 그림자'가 잠겨 있었지만 오늘은 그 그림자 위로 "들오리가 놀다가" 간 흔적을 겹침으로써 둘이 아닌 풍경으로 인식된다. 이러한 국면은 삼라만상의 본성이 둘이 아닌 연기에 의해 공(空)과 불이(不二)의 세계로 존재하고 있음을 보여준다. 인용한 '①~④'의 시편에 나타나는 공통된 시적 의미는 '승'과 '속'의 공간적 동일성과 시간적 차이성이 무아와 무상의 둘이 아닌 공과 불이의 사상으로 파악된다. 즉, 어부와 스님이 둘이 아니고, 어둠과 밝음이 둘이 아니고, 들오리와 산수유 그림자가 둘이 아니라는 무산의 선적 의식을 감지하게 된다.

주지하다시피 서양철학의 핵심과제는 '존재란 무엇인가'라는 데에 있다. 이는 존재란 실체인가 그렇지 않은가 또는 비존재와 대치되는 것인가 그렇지 않은가라는 논의로 압축된다. 이러한 이분법적 사고는 존재를 '空'으로 보지 않는 의식으로서 하나의 존재를 비존재와 대치되는 실체로만 인식하는 태도이기도 하다. 이러한 서양철학의 이분법적 사고와는 달리 동양의 불교에서는 존재의 무실체설을 주장하고 있다. 불교는 모든 것이 연기(緣起), 즉 인연에 따라 생기하기 때문에 존재의 실체를 인정할 수 없다는 입장이다. 일체만유는 연기에 의해 변화를 쉬지 않기 때문에, 즉 인연생기 인연소멸이기에 변화하는 존재로서 공생(空生)이라 하는데서 연유한다. 이는 시공간적으로 '이것'이라는 존재는 자연의 섭리와 연관되어 공생으로 있다고 보는 관점이기도 하다. 이와 같이 인연에 따라 생기한다는 두두물물 그 자체엔 존재로서의 고정적 실체가 부정(否定)의 논리에 의해 설명될 수 있다.

불교에서는 우주 만물의 존재 사유를 공(空)에 두고 있으며, 공을 통해 생과 멸이 불이의 경지로 파악하고 있다. 여기서 공이란 생성하고 소멸하는 시간적 무상의 섭리를 이해함으로써 대상 세계인 삼라만상에 대해 고정된 의식을 풀어버리는 사상이다. 공사상(空思想)은 "생(生)하는 일과 멸(滅)하는 일은 서로 대립[二]하고 있으나, 모든 존재[法]는 본래 생하는 일이 없으니 따라서 멸하는 일도 없다. 그러므로 이 이치를 깨달아 편안함을 얻는 것이 곧 절대 평등의 경지[不二法門]에 들어가는 일"[46]이라는 점에서 일체만유의 본성을 불생불멸, 즉 생멸불이(生滅不二)로 조견하는 태도이다. 일체만유는 연기에 의해 인(因)과 연(緣)이 화합하여 만들어지며, 이 인연이 다하면 스스로 사라지는 법리에 따르게 마련이다. 이와 같이 모든 존재의 본성은 '空'의 세계에서 생과 멸이 둘이 아닌 연기적 '不二'의 영원성에 기인한다고 볼 수 있다. 다음 작품들에서 이러한 연기적 불이의 영원성에 의한 생과 멸의 존재적 본성을 언어화하는 의식을 읽을 수 있다.

부정(否定)을 통한 존재의 실상에 가닿으려는 연작시조 시편 「일색변(一色邊)」에 대해 읽어보면, "「일색변」 연작시조는 무산 스님이

46) 이시다 미즈마로, 앞의 책, 226쪽.

설정하고 있는 완성된 사내의 경지를 구체적으로, 그러나 매우 넉넉한 부피로 드러난다. 물론 이때의 사내는, 내가 나를 장악한 상태의 인간이다. 깨우친 존재다. 「일색변」은 그리하여 매우 헌걸찬 동시에 매우 섬세한 사내의 안팎이 그려진다. 전체와 부분을 한꺼번에 꿰뚫는 눈[眼]이 있으며, 거칠 것 없고 가차 없는 자신감이 있고, 가여운 존재에 대한 연민이 있다."[47] 여기서 '일색변(一色邊)'이란 '일색나변(一色那邊)의 준말로 유무색공미오득실(有無色空迷悟得失)의 이견대대(二見待對)를 초월한 일색(一色)의 경계'[48]를 말한다. '결구(結句)'까지를 포함하여 총 8편의 연작으로 된 이 작품에서 무산은 '바위'와 '고목', '사내'와 '여자' 등 이를테면 자연과 인간의 본연지성에 대해 선적으로 표현된 내용으로 구성하고 있다. 하지만 이를 바라보는 무산 자신의 시각은 초연하고도 엄숙하기가 이를 데 없어 보인다. 이와 같이 득도(得道)를 한다는 것이란 어쩌면 자기 자리로 되돌아가는 일일지도 모를 일이다.

⑤
무심한 한 덩이 바위도
바위소리 들을라면

들어도 들어 올려도
끝내 들리지 않아야

그 물론 검버섯 같은 것이

47) 이문재, 「마음의 싸우기의 어려움과 아름다움」, 『한국 현대시조 작가론 I』, 태학사, 2002, 351~359쪽.
48) 조오현, 『절간 이야기』, 고요아침, 2003, 98쪽.

거뭇거뭇 피어나야

―조오현, 「일색변(一色邊)·1」 전문('⑤'는 인용자 표시)

'⑤'는 수행도의 성취에 대한 강한 의지를 보여주고 있는 시편이다. 바로 이러한 의지를 힐책이라는 방편으로 담아 낸 경전이 《유마경》이다. 선승의 수행을 강조한 「일색변·1」에서 "한 덩이 바위"는 "무심" 그 자체의 무게로 중심을 겨누고 있는 국면이다. 여기서 '무심'이란 다름 아닌 '不二'와 '일색변'의 경지, 즉 득도의 심경을 말한다. "한 덩이 바위"야말로 그 어떤 세찬 비바람에도 결코 흔들리지 않는 경지와 다름 아니기 때문이다. 이러한 "한 덩이 바위"의 속살은 비록 "무심"으로 가득 차있지만 그 무게감이야말로 지구를 이루는 구성체로서 당당하기 이를 데 없는 모습 그 자체 그대로다. 이렇듯 "무심한 한 덩이"가 갖는 무게감의 가치는 시간과 공간의 무상과 함께 영원하게 자리하듯 빛나고 있다. 그리하여 화자는 문득 한 덩이 바위를 보고 있노라면 이 세월마저 흐르는 게 아니라 그냥 그 자리에 머물고 있음을 깨닫게 된다.

그렇다면 이 세계의 대자연은 과연 어떤가, 그것들은 하나같이 "한 덩이 바위"에 기대어 있다. "한 덩이 바위"는 광대무변의 허공과도 같이 헤아릴 수 없는 "무심"의 중량으로 있기 때문이다. 하지만 "한 덩이 바위"일지라도 '무심'을 잃으면 그저 한 줄기 바람과 다르지 않게 된다. 바위가 그러하듯 강에는 '강물'이 그러하고, 산에는 '바람'이 그러할 것이다. 이토록 '무심'은 그냥 바위 그 자체로 앉아 있다. 수행자가 가져야 할 자세가 바로 그와 같아야 한다는 것이다. 즉 바위처럼 들어도 들어 올려도 끝내 들리지 않는 무심 그 자체의 무게가 있어야 한다는 것이다. 그리하여 무심함이 더하면 할수록 바윗돌에도 이끼처럼 바위 옷이 생기하게 된다. 그러하듯 수행정진이 더할수록 무심으로 투영되는 "검버섯 같은 것이/거뭇거뭇 피어"난다는 것이다. 이러한 "검버섯"이야말로 수행자에게는 바로 무심의 경지를 나타내는 무인인 셈이다. 여기서도 종장 첫 음보에서 전(轉)에 해당하는 "그 물론"이라는 반전은 「일색변」의 특징으로서 묘미를 더한다.

⑥
한 그루 늙은 나무도
고목소리 들을라면

속은 으레껏 썩고
곧은 가지들은 다 부러져야

그 물론 굽은 등걸에
장독들도 남아 있어야

—조오현, 「일색변(一色邊)·2」 전문('⑥'은 인용자 표시)

'⑥'은 시적 대상에 견주어 구도자의 신성성을 그려내고 있는 시편이다. 초장에서는 비록 "늙은 나무"라고 할지언정 그것을 모두 다 '고목'이라 불러주지 않는다는 것이다. 세월이 흐르면서 모든 나무는 늙어갈 수밖에 없으나 그 늙음 자체의 모습은 다를 수 있음을 암시한다. 그 어떤 나무든지 '고목'이 될 수 있는 조건이나 자격이야 갖출 수 있다지만 그냥 저절로 "고목소리 들을" 수는 없다는 것이다. 이는 단지 시간의 흐름으로만 온전한 고목이 될 수 없음을 말한다. 즉 고목다운 고목이 되기 위해서는 때때로 휘어지기도 하고 부러지기도 해야 한다는 것이다. 하물며 수많은 시간동안 풍상(風霜)의 시련을 겪은 나뭇가지들이야 어찌 속마저 썩지 않을 수 있겠는가라는 것이다. 여기서 속마저 '썩는다는 것'이야말로 새로운 생명을 잉태하는 자양분으로서 고목의 무심을 나타낸다. 그리하여 흐르는 세월 위에서 고목은 그냥 그대로의 무심으로 서 있는 것이다. 이는 마냥 시간만 흘러 보낸다고 해서 모든 나무가 다 고목이 될 수는 없음을 말해준다. 이와 같이 "속은 으레껏 썩고/곧은 가지들은 모조리 다 부러져야" 비로소 '고목'이라는 소리를 들을 수 있다는 것이다. 하지만 제대로 "고목소리 들을라면" 그 물론 "굽은 등걸에/장독들이 남아 있어야" 한다는 것이다. 이와 같이 고목의 여정으로 남은 상흔이 곧 '일색변(一色邊)'이다.

'⑤'와 '⑥'은 "무심한 한 덩이 바위"이거나 "한 그루 늙은 나무"일지라도 각각 '바위소리'이거나 '고목소리'를 들으려면 화자는 수행 여정에서 혹독한 상흔을 동반해야 한다는 화두를 들고 있다. '⑤'에서 '한 덩이 바위'와 '바위소리'가 '존재 그것'이라면 이에 대한 연기적 조건은 "그 물론" 이하에 제시되고 있듯이 '바위'와 전혀 다른 형상의 사물이 이입됨으로써 성취될 수 있다. '한 덩이 바위'의 중량감은 연기(緣起)에 의해 생기된 '검버섯'으로부터 성취되며, "거뭇거뭇 피어"난 검버섯은 둘이 아닌 무상의 경지에 찍힌 무인(拇印)인 셈이다. 이와 같이 무심의 무게로 앉은 한 덩이 바위지만 스스로도 결코 흔들리지 않아야 한다는 점에서 이는 수행자가 지녀야 할 무상의 태도를 암시한다. '⑥'에서, "한 그루 늙은 나무" "곧은 가지" "굽은 등걸"은 시적 화자를 감싸고 있는 '세계'이다. 이에 반해 "고목소리" "속은" "장독들"은 화자 자신의 '자아'에 속하는 것들이다. 이런 점에서 이 시편은 '늙은 나무'와 '고목'이 둘이 아니면서 둘이라는 화두를 통해 "늙은 나무"와 "굽은 등걸"이, 그리고 '고목'과 '장독'이 둘이 아닌 관계로서 무상을 나타낸다. 이는 "늙은 나무"라고 다 '고목'이라 불러주지 않는다는 화두로부터 일어나는데, 시간이 흐르면서 삼라만상은 변하게 마련[老木]이며 '고목'이 되기 위한 한계를 벗어나기엔 쉽지 않음을 암시한다. "속은 으레껏 썩고" "곧은 가지들은 다 부러져야" 비로소 '고목'이라는 소리를 들을 수 있지만 제대로 "고목소리 들을라"면 무상의 세계에 들어야 한다는 것이다. 이는 곧 '바위'와 '고목'이거나 '그 물론' 이후의 연기적 조건을 수행함으로써 비로소 깨달음에 닿을 수 있음을 보여준다.

⑦
사내라고 다 장부 아니여
장부소리 들을라면

몸은 들지 못해도
마음 하나는 다 놓았다 다 들어 올려야

그 물론 몰현금 한 줄은
그냥 탈 줄 알아야

—조오현, 「일색변(一色邊) · 3」 전문('⑦'은 인용자 표시)

'⑦'의 시편 역시 수행에 정진하는 올바른 자세를 강조한 작품이다. 무엇보다도 마음 다스리기는 수행 단계에서 핵심 중의 핵심이기 때문이다. 사내가 "장부소리"를 들을 수 있음은 곧 자신의 몸뚱이 하나쯤은 번쩍 들고도 남음이 있어야 할 것이다. 하지만 그것은 세속의 장부를 말하는 것이며 수행자로서의 장부는 "몸은 들지 못해도/마음 하나는" 들어 올려야 한다는 것이다. 이러한 표현은 마음을 들 수 있어야 몸도 들어 올릴 수 있다는 것을 의미한다. 몸은 한번 들고나면 그뿐이지만 "마음 하나는 다 놓았다가 다시 다 들어 올려"야 한다는 것으로서 수행의 기본자세를 깨우치고 있다.

이 시편에서도 역시 종장 첫 구(句)의 "그 물론" 이후에 전환되는 의미는 실로 오묘함이 더하고 있다. 이때의 시적 의미는 끝없는 수행 여정의 끄트머리에서나 맛볼 수 있는 초월적 일색(一色)의 경계를 나타내고 있다. 그 경계에서의 무심, 즉 깨달은 그 마음이란 비로소 "몰현금 한 줄은/그냥 탈 줄 알아야" 들어 올릴 수 있다는 것이다. '⑦'도 '⑤'와 마찬가지로 '부정(否定)'을 통한 존재의 실상에 가닿으려는 화자의 심경을 그려내고 있다. 무심의 경지, 즉 不二의 경지에 닿은 바위마저 들어도 들어 올려도 끝내 들리지 않은 그 내면을 들여다본다. 바위의 내면으로부터 피어나온 "일색변"이 거뭇거뭇한 이끼로 승화되듯이 사내를 넘어 "장부소리 들을라"면 바위는 들지 못한다 하더라도 '깨우침' 하나는 만들어야 한다는 것이다.

⑧
놈이라고 다 중놈이냐
중놈소리 들을라면

취모검 날 끝에서
그 몇 번은 죽어야

그 물론 손발톱 눈썹도
짓물러 다 빠져야

—조오현, 「일색변(一色邊) · 6」 전문('⑧'은 인용자 표시)

'⑧'도 역시 '수행'을 강조한 작품이다. 즉 인용한 시편은 화두 하나 붙들고 정진하는 수행의 참모습을 드러내고 있는 국면으로 있다. "취모검 날 끝에서/그 몇 번을 죽어야" 할 예리한 화두 하나 붙들고 용맹정진을 다해야 비로소 제대로 된 "중놈소리 들을" 수 있다는 것이다. 여기서도 종장 첫 음보의 "그 물론" 이후의 반전을 통해 초장과 중장을 이어받아 의미를 결하고 있음은 무산 선시조의 특징이다. 중놈소리 한번 제대로 들을라치면 "취모검 날 끝에서/몇 번은 죽어야"[49] 한다는 것에서 무산이 붙인 『벽암록』의 '송고백칙, 파릉취모검(巴陵吹毛劍)'편의 사족에서 침묵 속의 참뜻은 독자의 몫으로 남겨두고 있다. 한마디로 인생이란, 그리고 선행이란 '행행도처 지지발처(行行到處 至至發處)'라는 이 여덟 글자를 벗어나지 못한다는 것이다. 그러나 이것으로 인생의 모든 문제가 다 해결된 것처럼 볼 수는 없다. 무엇이 걸어도 걸어도 그 자리, 가도 가도 떠난 그 자리인가 하는 물음이 아직도 남아있기 때문이다.

'⑦'과 '⑧'에서, "사내라고 다 장부 아니"며, "놈이라고 다 중놈" 아니니 '장부소리'이거나 '중놈소리' 들으려면 "그 물론" 이후의 연기적 조건으로 다가서야한다는 것이다. '⑦'에서 사내가 "장부소리 들을라"면 몸뚱이 하나쯤은 번쩍 들고도 남음이 있어야 한다는 것은 상식에 속한다. 하지만 '몸'은 한번 들고나면 그뿐이지만 "마음 하나는 다 놓았다"가 다시 "다 들어 올려야" 한다는 것이다. '마음 하나'

49) 『벽암록』 제100칙 · 巴陵吹毛劍(파릉이 휘두른 취모검)에 本則에 보면, 어떤 납자가 巴陵顥鑑(파릉호감) 화상에게 물었다. "어떤 것이 미세한 털도 자르는 취모검입니까?" 화상은 이렇게 말했다. "산호가지 끝마다 달이 걸렸구나"[원문 : 擧. 僧問巴陵 如何是吹毛劍. 陵云 珊瑚枝枝撑著月](조오현 역해, 앞의 책, 334~334쪽).

는 들지도 놓지도 못하는 경지, 즉, "몰현금 한 줄"이야말로 깨달음의 음색을 일깨우는 연기적 조건임을 암시한다. 이와 같이 '⑦'도 '⑤'와 마찬가지로 부정의 논리에 의한 절대 긍정을 통해 둘이 아닌 경지를 성취하려는 시적 화자의 의식을 표현한다. "무심한 한 덩이 바위"(「일색변 · 1」)는 들어도 "들어 올려"도 끝내 들리지 않으며 내면에서 피어나온 "거뭇거뭇"(「일색변 · 1」)한 이끼로 승화되듯이 '사내'를 초월하여 '장부소리' 들으려면 비록 바위는 들지 못한다 하더라도 '깨우침' 하나는 가져야 한다는 것이다.

'⑧'의 초장에서는 수행의 주체인 '중놈소리'를 강조하면서 대상을 제시하고, 중장에서는 "취모검 날 끝에서/그 몇 번은 죽어야" 하는 상황과 초장의 '중놈소리'가 하나의 관계로 설정된다. "그 몇 번은 죽어야"가 지닌 의미는 다양할 수 있겠지만 여기서는 수행자의 태도를 반영하는 의미로 구체화된다. 종장에서 맺는 의미는 첫 음보 "그 물론"이 갖는 의미의 전환구조 성격에 의해 "짓물러 다 빠져야" 하는 조건에 의해 종결되고 있다. 이는 비로소 "그 몇 번은 죽어야" 하는 수행의 강도를 반영한다. 수행 과정을 통한 '일색(一色)'의 경계를 "취모검 날 끝"에 비친 '손발톱'과 '눈썹'마저 무화된 연기적 조건을 세움으로써 "중놈소리"를 전제한다. 이러한 연기적 화두는 타자가 불러주는 '중놈'이 아니라 화자의 내면으로부터 우러나오는 '중놈'이기를 염원하는 둘이 아닌 소리인 셈이다. 이와 같이 「일색변(一色邊)」 연작은 둘이 아닌 마음, 즉 '不二'의 시심을 일깨우는 수행시(修行詩)의 형식으로 구성된다.

앞에서 읽어본 '⑤~⑧'은 수행도의 성취에 대한 화자의 의지를 나타낸 시편들로 이해된다. '바위'가 '바위소리'를, '늙은 나무'가 '고목소리'를, '사내'가 '장부소리'를, '놈'이 '중놈소리'를 "들을라면"이라는 '존재 그것'을 이루려면, 각각의 종장에서 제시한 연기적 조건을 반드시 성취해야한다는 것이다. 이러한 '존재 그것'과 '연기적 조건'의 관계는 不二에 근거하고 있다. '이것'이 '그것'으로 성취되기 위해서는 '이것'을 떠난 '그것'에 대한 부정의 논리, 즉 절대 긍정이 전제되어야 하기 때문이다. 이러한 부정(否定)의 논리에 따른 절대 긍정의 표현 방식은 '이것'과 '그것'이 둘이 아닌 연기적 관계로 귀결된다. 이런 관점에서 '⑤~⑧'의 각 초장은 '존재 그것'을, 각 종장은 연기적 조건을 제시한다. 여기서 '존재 그것'과 '연기적 조건'의 관계는 연기법으로 설명될 수 있는데, 연기가 인연에 의해 생기되므로 '연기적 조건'은 외적 간접 원인인 외연(外緣)이며, '존재 그것'은 내적 직접 원인인 내인(內因)이 된다. 그러므로 선적 깨달음이란 본디 스스로 '무(無)'이지만 인연법에 의해 '유(有)'로 드러나는 인연 화합이라고 할 수 있다.

⑨
그 옛날 천하장수가
천하를 다 들었다 다 놓아도

한 티끌 겨자씨보다
어쩌면 더 작을

그 마음 하나는 끝내
들지도 놓지도 못했다더라

—조오현, 「결구(結句) · 8」 전문('⑨'는 인용자 표시)

'⑨'는 「일색변(一色邊)」 연작을 마무리 짓는 '결구(結句)'이다. 이야기를 풀어 놓은 듯한 단형으로서 그 한 수의 무게가 우주에 견주고도 남을 정도이다. 초장의 "천하"와 중장의 "겨자씨"의 비교가 우주의 진리를 관통하는 화두로 있는 국면이다. "마음 하나"의 크기와 무게는 "천하"일 수도 있고 "겨자씨보다/어쩌면 더 작을" 수도 있다. 하지만 화두를 부여잡은 수행자의 마음덩이는 비록 "천하를 들었다 놓"았다 하는 천하장수라 하더라도 "들지도 놓지도 못"한다는 것이다. 이렇듯 「일색변」 연작은 '둘이 아닌 마음'을 일깨우고 있는 이야기 식으로 구성된 '선(禪)시조'로서 시조시형의 꽃이라 할 수 있다.

다음은 '불법중불이(佛法衆不二)'를 보여주는 무산의 시편들을 읽어보기로 한다. 《유마경》 「입불이법문품」의 '적근보살'편에 보면, 적근보살은 가로시되, "부처와 법과 승가가 둘이라 하나 부처가 곧 법이요 법이 곧 승가인지라, 이 삼보일진대 다 하염없는 모습이니 허공으로 더불어 같거든 온갖 법도 또한 이럼이라, 이것이 둘 아닌 법문에 듦입니다."50) 이는 둘 아닌 법문에 듦 중에 '삼보(三寶)'가 둘이 아님을 설하는 것으로서 '유마경대강론'에서는 '삼보'에 대해 아래와 같이 정의내리고 있다.

> "육근(六根)이 일동(一動)하면 온갖 경계로 더불어 모든 법이 뛰쳐나오나, 육용(六用)을 불생(不生)하면 진연(塵緣)이 일어나지 아니하고 육근이 자적(自寂)하기 때문에 적근(寂根)이라 이른다. 삼보(三寶)는 이름이 각기 달라서 둘이라 하겠으나 별다른 모습이 없으면서 그 바탕이 같으니, 첫째 세존께서는 보리수 밑에서 정각을 이루시고 육

50) [유마경 원본 : 寂根菩薩曰 「불법衆爲二, 佛卽是法, 法卽是衆, 是三寶皆無爲相, 與虛空等, 一切法亦爾, 能隨此行者, 是爲入不二法門。」]

신(肉身)을 나투시어 화엄경을 말씀하실 때에 천장노사나신(千丈盧舍那身)을 보이시었으니 이것을 불보(佛寶)라 하겠고, 둘째 다섯 때로 나누시어 말씀하신 바 대소경율논장(大小經律論藏)을 법보(法寶)라 하겠고, 셋째 불법을 가져서 인을 닦고 과를 얻음이니, 곧 성문 연각 보살이 승보라 하겠다. 다시 말하자면 온 누리의 진리를 깨침이 불보요, 이에 따라 모래 수의 지혜가 쏟아짐이 법보요, 이에 따라 수행에 부지런함이 승보라고도 하겠다."[51]

강물도 없는 강물 흘러가게 해 놓고
강물도 없는 강물 범람하게 해 놓고
강물도 없는 강물에 떠내려가는 뗏목다리

―조오현, 「무자화(無字話)·6―부처」 전문

시제 "무자화(無字話)"란 '무자(無字)' 화두를 일컫는다. '무자(無字)' 화두는 그 유명한 '조주무자' 화두에서 기연된다. 조주무자 화두란, 어느 날 학승이 조주 선사에게 물었다. "개에게도 불성(佛性)이 있습니까?" "없다." 학승(學僧)은 다시 묻는다. "모든 존재하는 것은 위로는 부처부터 아래로는 곤충·미물에 이르기까지 모두 불성이 있다 했는데, 어째서 개에게는 불성이 없습니까?" 조주 선사는 "분별하기 때문에 없다."고 답한다. 이와 같이 '무자화' 연작시조는, 말 그대로 언어를 통하지 않는 심연으로서의 형상을 잘 보여주는 시편이다. 위 시편의 초·중·종장에서 반복적으로 표현하고 있는 "강물도 없는 강물"이란, 곧 공(空)과 색(色)이 불이(不二)의 관계로 있는 국면을 일컫는다. 그리고 "강물도 없는 강물 흘러가게 해 놓고"는 깊이마저

51) 김기추, 『유마경대강론』, 불광출판부, 2005, 380쪽.

떠내려 보낸 텅 빈 존재인 '불보(佛寶)'를 나타낸다. 그러므로 "강물도 없는 강물 범람하게 해 놓고"는 무수히 쏟아져 내리는 '법보(法寶)'로 파악될 수 있다. 결국은 "강물도 없는 강물에 떠내려가는 뗏목다리"에서 화자는 자아 그 자체로 되돌아오게 마련이다. 이러한 국면은 깨달음을 얻은 수행자에 대한 '不二'의 모습을 형상화한 것으로 보인다. 즉 "강물도 없는 강물"이란 삼보(三寶)마저 둘이 아님을 나타내는 것으로서 "강물도 없는 강물에 떠내려가는 뗏목다리"라는 '무자(無字)' 화두의 심연을 나타낸다.

외설악 천불동 계곡을
좋다는 말 하지 말라

거기 반석에 누워
하늘을 바라보다가

흐르는 반석 밑으로
물소리나 들을 일을……

―조오현, 「무설설(無說說)·3」 전문

외설악의 대표적인 계곡이 바로 "천불동 계곡"이다. 계곡 양쪽에 솟은 봉우리들이 각기 다른 모습의 불상(佛像) 1,000여 개를 새겨놓은 듯 하다고하여 '천불동(千佛洞)'이라 부른다. "천불동 계곡"은 비선대를 비롯하여 불심(佛心)을 흘러내리는 듯한 폭포들이 즐비하게 자리한 곳이기도 하다. 하지만 무산은 "좋다는 말 하지 말라"라며 역설적 국면을 도입한다. 이러한 역설적 국면의 도입은 종장에서 말줄임표를 놓이게 한다. 즉 "반석 밑으로/물소리나 들을 일을……"이라는 화두를 "천불동 계곡" 아래로 내치는 국면이다. 무산은 『벽암록』의 '제37칙 · 반산구심(盤山求心)', 즉 '반산(盤山)의 마음을 찾음'에 붙인 사족에서, "마음이나 진리란 눈으로 볼 수 있는 것도, 소리로 들을 수 있는 것도, 냄새로 맡을 수 있는 것도 아니다. 그러나 눈과 귀를 조금만 열어 놓으면 현전하는 모든 것이 나의 마음이요 진리의 현현이다. 흰 눈을 머리에 얹고 앉아있는 설악산의 자태나 절 앞으로 흐르는 백담계곡의 물소리는 문득 진리의 모습이 어떤 것인지를 깨닫게 한다"52)라고 적고 있다. 무산은 현현하는 그대로가 곧 진여이므로 "천불동 계곡을/ 좋다는 말 하지 말라"는 것이다. 진여를 관조하는 일이란 결코 쉬운 일은 아니기 때문이다. "설악산의 자태"나 "백담계속의 물소리"라 하더라도 도무지 그 근원을 깨우치기란 쉽지 않다는 것이다. 선승 무산은 흰 눈이 쌓인 설악산 대청봉을 바라보며 절 아래로 흐르는 물소리 위에 놓인 반석에 누워 소동파의 오도송(悟道頌)을 읊는다.

> 계곡의 물소리는 그대로가 부처의 설법이요
> 푸른 산빛은 그대로가 부처의 깨끗한 몸이다.
> 밤사이에 들은 부처의 팔만사천 가지 노래를
> 뒷날 사람들에게 어떻게 가르쳐 줄 수 있을까.53)
>
> —소동파(蘇東坡), 「계성산색(溪聲山色)」 전문

이 시 한 수(首)로서 「무설설(無說說) · 3」 종장의 '말줄임표'를 대신하고 있다. "부처의 설법"이 계곡에 흐르는 "물소리 그대로"라니

52) 조오현 역해, 앞의 책, 139쪽.
53) 원문 : 溪聲便是廣長舌/山色豈非淸淨身/夜來八萬四千偈/他日如何擧似人.

아리송하기 이를 데 없다. 하지만 어쩌겠는가, "푸른 산빛" 또한 '부처의 몸'이라니 이심전심(以心傳心)이 곧 부처의 마음인 듯하다. 계곡의 물결은 쉬지 않고 아래로만 흐르는데 물소리는 늘 그 자리에서 생기(生起)한다. 이러한 세계의 진여는 또 무엇인가. 흐르는 물결과 그 자리를 떠나지 않는 물소리는 둘이 아닌 것도 아닌 까닭일까. 이렇듯 "부처의 설법"은 둘이라고 해도 둘이 아니라고 해도 모든 것이 그 자리에 머무는 것과 그 자리를 떠나고 있음으로 이해된다. 이에 무산은 어느 날 반산 화상이 설하였다는 "삼계에 법이 없는데 어느 곳에서 마음을 구할 것인가?"54)를 천불동계곡을 흐르는 물소리로 듣고 있다.

(2) 생기와 소멸, 생멸불이

'불생불멸(不生不滅)'이란 '생겨남'과 '사라짐'을 부정하는 것, 즉 생(生)과 멸(滅)이 둘이 아닌 사상이다. 삼라만상은 각각의 주어진 인연에 의해 생성하고, 스스로 인연이 다하면 그 다하는 인연에 의해 멸하게 되는 공(空)을 말한다. 여기서 '空'을 이해하기 위해 무산이 역해한 『벽암록』에 밝힌 '운문의 보물 한 가지'라는 글, 즉 어느 날 운문화상이 대중에게 이렇게 말했다. "하늘과 땅 사이, 시간과 공간 사이에 보물 하나가 있다. 그것은 바로 우리 몸속에 감춰져 있다. 그런데 등롱(燈籠)을 들고 불전(佛殿)으로 갔다가 산문(山門)을 그 등롱 위에 올려놓은 채 돌아왔다"55)에 붙인 사족에서,

54) 원문 : 擧. 盤山垂語云 三界無法 何處求心.

55) [원문 : 擧, 雲門示衆云 乾坤之內 宇宙之間 中有一寶 秘在形山. 점燈籠向佛殿裏 將三門來燈籠上)]

"인간이란 무엇인가. 우주의 근원적 생명을 현전시키는 실체다. 우주의 본성이 따로 있는 것이 아니라 인간이라는 소우주 속에 내재돼 있다. 극미진의 세계는 무한대의 우주와 통해 있고, 무한대의 우주 공간은 극미진의 세계와 통해 있다. 있다는 것은 없다는 것과 통한다. 먼지를 백 개로 쪼개고 다시 그것을 백 개로 쪼개고 그것을 다시 백 개로 쪼개고 또 쪼개면 아무리 좋은 현미경으로도 볼 수 없다. 그것은 의미 없는 것이다. 《반야심경》에서 색즉시공(色卽是空)이라고 하는 것은 이런 이유에서다. 그러나 무한 공간은 다시 모든 것을 존재케 한다. 이것이 공즉시색(空卽是色)이다. 이러한 우주적 본성을 불교에서는 불성(佛性)이라고 한다. 진여(眞如)라고도 하고 마음이라고도 한다. 이 우주적 본성을 감추고 있는 것은 바로 인간 자신이다. 산문(山門)이란 큰 절에 있는 세계의 문으로서 수미산의 세계관을 상징한다. 이 문을 작은 초롱불 위에 올려놓고 돌아왔다는 것은 이미 크다 작다 하는 분별의 세계를 초월한 경지다. 그것은 '구름에 달 가듯이 가는 나그네'라는 박목월의 시 구절과 통하는 경지다. 구름이 달로 가는 것이지 달이 구름으로 가는 것이 아니라는 것이 우리들의 상식이다. 하지만 실은 달이 구름으로 가는 것도 구름이 달로 가는 것도 아니다. 우리가 다만 그렇게 보고 있을 뿐이다. 산문에 등롱을 걸어 놓는 것이지 등롱에 산문을 올려놓을 수는 없다고 생각한다. 그러나 이미 크고 작은 것을 뛰어넘은 경계에서는 이런 분별이야말로 쓸데없는 시비가 될 뿐이다. 사람의 마음은 우주를 다 담기도 하지만 바늘귀 하나도 통하지 못하는 면도 있다. 그런 보배 같은 마음을 어떻게 써야할지 달빛 아래서 구름에 달 가듯이 생각해 본다."[56]

---

56) 조오현 역해, 앞의 책, 215~217쪽.

空이란 '비어있다'거나 '텅 빈'이라는 의미에 앞서 '가득 채워진' 허공의 모습과 다르지 않은 형상이다. '허공'이란 사전적 의미로는 '텅 빈 공중(空中)'을 말하지만 불교에서는 '다른 것을 막지 아니하고 다른 것에 막히지도 아니하며 물(物)과 심(心)의 모든 법을 받아들이는 본체'를 말한다. 그렇다. 허공은 텅 비어있는 곳이 아니라 받아들이는 곳이다. 여기서 '비어있다'라고 할 때 그것은 실상(實像)이거나 허상(虛像)도 아닌, 즉 실체가 있는 것도 아니고 없는 것도 아닌 것이다. 즉 허공은 있지 않은 것도 아니고 없지 않은 것도 아닌 것에 다름 아닌 것이다. 그리하여 허공이란 없으면서 없는 것도 아니니 즉 있는 그대로의 본체와 다르지 않다는 말이다. 그러므로 空이란 '본성(本性)'이거나 '마음심(心)'과 다르지 않은 존재인 것이다. 여기서 우리는 우주적 본성과 인간적 마음이 갖는 관계란 과연 무엇인가에 대해 고민하지 않을 수 없다. 인간적 마음이란 우주적 본성의 연기적 조건에 따라 생기한 것이라 여겨지기 때문이다. 허공은 우주적 본성을 받아들임으로써 헤아릴 수 없는 공간적 크기와 시간적 눈금을 수용한다. 인간적 마음의 존재는 '우주란 무엇인가'와 소통될 수 있다. 하나의 먼지 알갱이를 쪼갤 수 없을 만큼 쪼개더라도 그 곳에는 또 하나의 우주가 있다고 한다면 그것은 과연 무엇이란 말인가. 이러한 화두는 색즉시공(色卽是空)과 공즉시색(空卽是色)이 아니라도 이해할 수 있다.

불생불멸은 생겨남과 사라짐, 태어남과 죽음이 둘이 아닌 연기(緣起)를 따르게 마련이다. 일체의 모든 존재는 연기의 법칙에 의해 인(因)과 연(緣)이 화합하여 만들어지는 생명이며, 인연이 다하면 스스로 사라지는 생명일 뿐이라는 것이다. 삼라만상은 생겨남과 사라짐, 공과 비공(非空)을 초월하여 연기 법칙을 따라 다만 흐르고 있을 뿐이다. 연기적 작용으로 이루어진 존재이므로 불생불멸이며 공(空)인 것이다. 이런 까닭에 우주적 본성과 인간적 마음은 둘이 아닌 공한 것이다.

대승기신론에는 "현상의 측면에서 파악되는 마음[心生滅]이라는 것은 이른바 '여래장(如來藏)'을 근거로 하여 전개되는 일체의 정신작용[生滅心]을 일컫는다. 여래장은 실재[不生不滅]와 현상[生滅]이라는 마음의 두 측면이 동일하지도 상이(相異)하지도 않은 상태로 결합되어 있는 것을 가리킨다. 여래장은 '아려야식(阿黎耶識)'이라고도 불린다. '아려야식'은 모든 사물과 현상을 포괄하며 모든 사물과 현상을 만들어낼 수 있다. 아려야식은 깨달음[覺]과 깨닫지 못함[不覺]이라는 두 가지 상호 관련된 측면으로 이루어져 있다."[57]라고 설하고 있다. 깨달음[覺]이라는 것은 상념에서 벗어난 상태로서의 '마음의 본체'[心體]와 그 상태에 도달하는 과정을 일컫는다. 상념에서 벗어난 상태를 언어로 기술하자면, 그것은 온 세상에 미치지 않는 곳이 없는 '허공'과 같은 것이다. '깨달음'에서는 모든 사물이 오직 하나의 양상을 띠며 이 점에서 그것은 일체의 구분이 배제된 '진여(眞如) 그 자체로서의 여래의 몸'[여래평등법신(如來平等法身)] 바로 그것이기 때문이다. 그리고 '여래평등법신'에서 '진여 그 자체로서의 여래의 몸'이란 모든 형체의 본체[色體]이며 여러 가지 다양한 형체로 표현된다. 이것은 곧 '형체'와 '마음'은 둘이 아님[色心不二]을 뜻한다.

그리고 《유마경》[58]에서는 '불생불멸의 不二'에, 즉 "여기에 모인

57) 이홍우, 『대승기신론 통석』, 김영사, 2006, 336쪽.

58) 《유마경》「입불이법문품」의 덕정보살편에 보면, 덕정보살은 가로시되, "때와 조촐이 둘이라 하나 때의 실다운 성품을 보면 즉 조촐한 모습도 없어서 멸상에 따름인지라, 이것이 둘이 아닌 법문에 듦입니다."[원문: 德頂菩薩曰「垢淨爲二, 見垢實性, 則無淨相, 順於滅相, 是爲入不二法門。」]에서와 같이 '구정불

모든 선지식이여! 저의 깨달은 바에 의하면, 생과 멸은 서로 연관되어 있는 두 가지 현상입니다. 만약에 만법(萬法)의 본성이 원래 생(生)함이 없다는 이치를 깨우친다면, 멸(滅) 또한 없는 것입니다. 이와 같은 생이 없는 이치를 증득하게 되면 바로 불이법문에 들어가게 됩니다."59)에 대해 만법이 원래 생함이 없음을 설하고 있으며, 「입불이법문품(入不二法門品)」의 '심무애보살'편에서는 "몸과 몸 사그라짐이 둘이라 하나 몸이 곧 몸 사그라짐인지라 어떠한 까닭인가? 몸의 실다운 모습을 보는 자는 몸을 보는 것과 사그라지는 몸 보는 것을 일으키지 않느니, 몸은 사그라진 몸으로 더불어서 둘이 없고 판가름이 없음일세. 그 가운데 놀라지 않고 두렵지 않음이라야 이것이 둘 아닌 법문에 듦이다"라고 몸과 몸 사그라짐이 둘이 아닌 '신멸불이(身滅不二)'를 설하고 있다. 이러한 불이를 근저로 무산의 시조 시편

이(垢淨不二)'에 대해 설하고 있다. 그리고 '불사보살'편에서는 "착하고 안착함이 둘이라 하나, 만약 착하고 안착함을 일으키지 아니하고 모습 없는 데 들어 통달한 자라야 둘 아닌 법문에 듦이니라."[원문: 弗沙菩薩曰「善不善爲二, 若不起善不善, 入無相際而通達者, 是爲入不二法門。」]에서와 같이 '선불선불이(善不善不二)'를, '사자보살'편에서는 "죄와 복이 둘이라 하나 만약 죄의 성품을 통달하면 곧 복으로 더불어 다름이 없음인지라, 금강의 슬기로써 이 모습을 결단코 알아서 얽힘 없고 풀림도 없는 자라야 이것이 둘 아닌 법문에 듦입니다."[원문: 師子菩薩曰「罪福爲二, 若達罪性, 則與福無異, 以金剛慧決了此相, 無縛無解者, 是爲入不二法門。」]에서와 같이 '죄복불이(罪福不二)'를, '복전보살'편에는 "복행 · 죄행 · 부동행이 둘이라 하나 삼행의 실다운 성품이 곧 이 빔인지라, 빔인즉 복행도 없음이며 죄행도 없음이며 부동행도 없음이니, 이에 삼행을 일으키지 않는 이라야 이것이 둘 아닌 법문에 듦입니다."[원문: 福田菩薩曰「福行罪行不動行爲二, 三行實性卽是空, 空卽無福行, 無罪行, 無不動行, 於此三行二不起者, 是爲入不二法門。」]에서처럼 '복행죄행부동행불이(福行罪行不動行不二)'에 대해 설하고 있다.

59) [유마경 원문 : 「諸仁者! 生滅爲二, 法本不生, 今則無滅, 得此無生法忍, 是爲入不二法門。」 德守菩薩曰 : 「我我所爲二, 因有我故, 便有我所, 若無有我, 則無我所, 是爲入不二法門。」]

을 읽어보면,

입을 열면 다 죽는 것 열지 않아도 다 죽는 것
언제 어디로 가나 따라 다니는 의단 덩어리
이제는 깨뜨려 버려라 말할 때가 되었다.

—조오현, 「만인고칙 · 1—보수개당(寶壽開當)」 전문

"보수개당"이란 '개당보수(開當寶壽)'와 같은 의미로서 절간 문(門)을 열고 석가세존을 기리며 주지(住持)가 설법(說法)한다는 의미이다. 흔히 '개당(開堂)'이라 함은 새로 부임한 주지가 올 때 법당(法堂)을 열어 법(法)을 설하는 행사를 말하기도 한다. 위 시편은 '개당'에서 입을 열어도 다 죽고 입을 열지 않아도 다 죽는 것에 대한 화두를 던지고 있다. 여기서 화두 그 자체가 바로 "의단 덩어리"이다. 하지만 그것을 "깨뜨려 버"리는 것은 다름 아닌 "입을 열"어야 하는 곳이다. 그렇다면 "보수개당"이 머물러야할 자리는 과연 어디에 있는 걸까. 그 자리는 곧 입을 열어도 열지 않은 것이며 입을 열지 않아도 말하는 곳이다. 그러므로 "보수개당" 그 자체마저 결코 입을 여는 것도 아니요 말하는 것도 아닌 셈이다. 입을 열어도 입을 열지 않은 것과 둘이 아닌 관계이므로 "이제는 깨뜨려 버려라"며 할(喝)하기 이전에 이미 깨뜨려져 있는 자리이다.

진작 찾아야할 부처는 보이지 않고
허공에서 떨어지는 저 살인도 저 활인검
한 사람 살아가는데 만 사람이 죽어있구나

—조오현, 「만인고칙 · 1—조주대사(趙州大死)」 전문

이 작품은 '조주대사저인(趙州大死底人)'에 대해 읊고 있다. 여기서 "대사저인(大死底人)"이란 '크게 한 번 죽은 사람'을 말한다. 무산이 역해한 『벽암록』 제41칙의 사족에는 "우리는 매양 겉모양에 매달려 사람의 진면목을 못 보는 수가 많다. 기름장수면 어떻고 거지면 어떤가. 대자유와 해탈을 얻은 사람은 무엇에도 걸리지 않는 삶을 산다. 그러나 돈과 명예, 권력을 많이 가진 사람은 그 속박에서 벗어나지 못한다. 거미가 스스로 쳐놓은 거미줄에서 못 벗어나는 것처럼."이라고 적고 있다. 그리고 '조주대사저인' 본칙[60]에 무산이 붙인 사족에서 깊은 선가(禪家)의 가르침을 접할 수 있다. 그 본칙을 보면, 조주가 투자 화상을 찾아가 묻는다. "크게 한 번 죽은 사람이 다시 살아난다면 어떻게 하겠습니까?"하고 말이다. 잠시 뒤 투자 화상은 이렇게 대답한다. "밤에 다니지 말고 날이 밝으면 다시 오게"[원문: 擧. 趙州問投子 大死底人却活時如何. 投子云 不許夜行 投明須到]라고…….

이에 대해 무산은 사족에서, "'크게 한 번 죽은 사람'이란 이 같은 거미줄에서 벗어난 사람이란 뜻이다. 일체의 시비(是非)와 번뇌(煩惱)를 밑바닥까지 철저히 죽여 없앤 사람이 '대사저인(大死底人)'이다. 그가 되살아났다는 것은 다시 시비가 일어났다는 뜻이 아니라 깨달은 사람의 책무인 교화활동을 한다는 뜻이다. 그러니까 조주의 질문은 어떻게 교화활동을 할 것인가 하는데 있다. 어떻게 교화활동을 하느냐고? 시비와 대립이 무성하고 탐욕과 갈등이 교차하는 어두운 밤길에 돌아다니지 말고 맑고 밝은 말 돌아다니는 것이 좋다는 것이다"[61]라고 하였다. 무산은 반드시 한 번 크게 죽는 그 자체가 바로

60) 조오현 역해, 앞의 책, 150쪽.

61) 조오현 역해, 앞의 책, 152쪽.

깨달음의 대자유이며, 되살아났다는 것은 곧 불국토(佛國土)를 말한다는 것이다. 불국토에는 그 무엇에도 걸리지 않는 사람들이 크게 한 번 죽기 위해 수행에 정진하고 있다. 여기서 '크게 죽는 일'이란 아상(我相), 업(業), 번뇌를 끊어버리기 위한 수행의 길일 것이다. "찾아야 할 부처"가 곧 허공을 맴돌다 하강하는 "살인검"과 "활인검"인 것이다. 그 살인검에 의해 만 사람이 죽어갔지만 저 활인검에 의해 오직 한 사람만 살아났으니 도대체 "대사저인(大死底人)"이란 누구일까.

> 그 옛날 어느 스님이 천하태평을 위하여
> 부처를 만나면 부처를 죽이고 중을 만나면 또 중을……
> 결국은 그 방망이에 그도 가고 말았단다.
>
> —조오현, 「만인고칙(萬人古則) · 1—착어(着語)」 전문

"착어(着語)"란 고칙에 대한 평어를 뜻한다. 초장의 "그 옛날 어느 스님"은 임제 선사를 일컫는다. 『임제록』에서는 해탈하여 사물에 구애되지 않고 투철히 벗어나 자유자재해지는 법, 즉 "도(道) 배우는 이들이여! 법(法)다운 견해를 터득하려 한다면 남에게 끄달리지 않기만 하면 된다. 안에서나 바깥에서나 마주치는 대로 죽여라. 부처를 만나면 부처를 죽이고, 조사를 만나면 조사를 죽이며, 나한을 만나면 나한을 죽이고, 부모를 만나면 부모를 죽이며, 친척 권속을 만나면 친척 권속을 죽여야만 비로소 해탈하여 사물에 구애되지 않고 투철히 벗어나 자유자재 해진다."[62]를 설(說)하고 있기 때문이다. 위 설의 이해를 위해 덧붙인 설법, 즉 "눈 먼 놈들아! 저 시장 신도들의 시주물을 마구 쓰면서 '나는 출가한 사람이다' 하고는 이와 같은 견해들을

62) 백련선서간행회, 『임제록 · 법안록』, 장경각, 2003, 74쪽.

내고 있구나. 내 그대들에게 말한다. 부처도 없고 법도 없으며 닦을 것도 깨칠 것도 없는데, 어쩌면 그렇게들 바깥으로만 찾으려 하느냐. 눈먼 놈들아! 머리 위에 또 머리를 얹으니, 너희에게 부족한 것이 무엇이냐?"[63]는 것이다. 그것이 바로 대사저인(大死底人)인 "그 옛날 어느 스님"이 아니고 누구겠는가.

> 지곡하라. 지곡하라. 곡비(哭婢)여 지곡하라.
> 삶이란 바깥바람
> 죽음은 강어귀굽이
> 이 집안 소식도 결국 살아 생이별이다.
>
> ―조오현, 「만인고칙(萬人古則) · 2―개사입욕(開士入浴)」 전문

「개사입욕(開士入浴)」은 무산이 역해한 『벽암록』 제78칙 · 개사오수인 '16명의 보살이 물의 성질을 깨닫다'에서 본칙, 즉 "옛날 16명의 보살이 있었다. 그들은 수행자들이 목욕할 시간에 늘 하던 대로 욕실에 들어갔다가 홀연히 물의 성질을 깨달았다. 모든 선덕들이여, 그대들은 이 일을 뭐라고 하겠는가. '영묘한 감촉이 또렷하여 크게 깨닫고 부처의 아들이 되었다'는 뜻을 알겠는가. 모름지기 종횡으로 자재해야만 비로소 그처럼 터득했다고 할 수 있으리라."[64]에 대해 무산이 붙인 사족에는 실상이 곧 空한 것이니 찾아야 할 깨달음도 털어버려야 할 번뇌도 없음을 말하고 있다. 삶과 죽음의 자리를 바꾼 것은 삶과 죽음을 분별하지 않으며, 차안(此岸)과 피안(彼岸)을 분별하지 않기 때문이다. 이는 不二에 의한 존재론적 성찰이 아니고서는

---

63) 백련선서간행회, 앞의 책, 75쪽.

64) 조오현 역해, 앞의 책, 264쪽. [원문 ; 擧. 古有十六開士 於浴僧時 隨例入浴 忽悟水因. 諸禪德 作麽生會他道 妙觸宣明 成佛子住. 他須七穿八穴始得]

이해 할 수 없다. '삶도 없고 죽음도 없다'고 하는 것마저도 不二라는 인식론의 연장선에 있기 때문이다. 이에 대해 무산은 사족에서,

> "《능엄경》 15권에 보면 발타바라(跋陀婆羅) 보살이 열여섯 명의 보살들과 함께 수행을 하면서 각기 원통법문의 원인을 설명하고 있는데 여기서 '물의 성질[水因]'은 25가지 성질 중의 하나를 말한다. 이에 의하면 보살들은 스님들이 목욕할 때처럼 욕실에 들어가 때를 씻다가 '이 물은 본래 흘러왔다가 흘러가는 것이며 결코 일정한 모양을 지닌 채 정체하는 것이 아니다. 따라서 물의 실상은 空이며 그 참모습은 손에 잡히지 않는 것'이라는 것을 깨닫게 되었다. 나아가서 이들은 본래 실체가 없는 물에 씻기는 자기는 또 무엇일까 하고 관조해보니 거기에는 참다운 자기란 존재하지 않으며 다만 씻는다는 사실만이 존재하는 것이었다. 그러나 씻는다는 것도 나와 물의 실체가 없으니 본래 없는 것이나 마찬가지며, 그래서 수아일체(水我一體)의 유동성을 깨닫는다는 것이다. 이는 찾아야 할 깨달음도 털어버려야 할 번뇌도 없음을 의미하는 것으로 설두 화상은 교학을 예로 들어 깨달음을 설명하고 있는 것이다."[65]

「개사입욕(開士入浴)」에서 바깥바람이 곧 삶 그 자체요, 강어귀굽이가 곧 죽음 그 자체라면 "지곡하라"고 주문하지 않아도 이미 '지곡'에 매달려 있는 국면이다. 즉 "살아 생이별"이 아닌 것이 없다는 것이다. 살아있음의 조건인 삶 그 자체이거나 "이 집안 소식도 결국"은 "물처럼 본래 흘러왔다가 흘러가는 것이며 결코 일정한 모양을 지닌 채 정체하는 것이 아니다. 따라서 물의 실상은 空이며 그 참모

65) 조오현 역해, 앞의 책, 265쪽.

습은 손에 잡히지 않는 것"이다. 여기서 물의 실상이 空이라는 사실에서 '물'이란 우주적 본성이며 그 사실을 깨달은 스님은 인간적 마음을 깨뜨린 것과 다름 아니다. 이는 색즉시공(色卽是空)이요 공즉시색(空卽是色), 즉 "본래 실체가 없는 물에 씻기는 자기는 또 무엇일까 하고 관조"하는 태도이기도 하다. 물도 몸도 실상이 공함이니 그 공함 또한 물이요 몸이라는 관조인 것이다. 이러한 공과 불이의 관조를 통해 우리는 아집(我執)으로 뭉쳐있는 이 한 몸이 아닌 단지 '살아있다'거나 '살아가고 있다'는 사실에 눈을 떠야 한다는 것이다. 공과 불이의 관조로 삶에 다가선다면 이는 곧 "찾아야 할 깨달음도 털어버려야 할 번뇌도 없음을 의미하는 것"이다.

하늘은 저만큼 높고
바다는 이만큼 깊고

하루에 잠기는 수평
꽃구름이 물드는데

닫힐 듯 열리는 天門(천문)
아, 동녘 달이 또 돋는다.

―조오현, 「일월(日月)」 전문

늘 바라보는 "하늘"이지만 그 높이는 누구도 잴 수가 없다. 하지만 종종 "바다"에 나서보면 "하늘"의 높이를 짐작할 것 같아진다. 저 "하늘"의 높이가 온전하게 "바다"에 새겨지기 때문이다. 하지만 "하늘"은 저녁놀이 물들면서 "바다" 속으로 잠겨든다. 이는 하늘과 바다가 둘이 아니라 하나로 모아져 본래의 면목으로 되돌아가는 현상이다. 그 순간, 천지(天地)는 침묵의 빛깔로 채색된다. 하늘과 바다 사이에 하루가 놓여 있어 수평으로 잠기는 우주적 본성에서 인간적 마음은 꽃구름으로 물이 든다. 하늘과 바다 사이, 수평에 받쳐진 천문(天門)은 닫혀있는 것도 아니요 열려있는 것도 아닌 형상으로 있다. 不二의 틈으로 다시 동녘 달이 돋아나는 풍경에서 화자는 공을 베고 눕는다. 이러하니 그 누가 "일월(日月)"의 베일을 벗겨낼 수 있겠는가. "일월(日月)"은 바로 마음의 문이 닫힐 듯 열리는 순간이기 때문이다. "일월(日月)"은 본래의 그 자리가 돋아나는 마음의 문이며, 생(生)과 멸(滅)이 둘이 아님을 깨닫는 순간이기도 하다. 하늘과 바다가 하나의 몸에서 이루어지듯 색(色)과 공(空) 또한 둘이 아니라는 것이다. 이는 색의 본성이 곧 마음이기 때문이다. 다시 말해 진여(眞如)라고 말하는 색은 마음으로 이루어져 있다. 그리하여 우리는 현상(現象)에 의해 인식되는 마음으로 진여 그 자체의 자유를 향해 하나가 될 수 있다. 다시 말해 저 허공처럼 비울 수 있어야 채울 수 있음이다.

선(禪) 수행에서는 늘 '마음을 비워라'는 화두에 대해 고민하게 된다. 어떻게 해야 마음을 비울 수 있을까. 먼저 무분별(無分別), 즉 분별하는 마음을 내지 말라는 뜻으로서 망상(妄想)을 피우지 않아야 한다는 것이다. 다음은 그렇게 비워진 그 마음은 어떤 상태인가. 바로 '무(無)'의 상태로서 無는 空을 의미한다. 그리고 또한 누가 비우고 무엇이 비워지는가. 바로 '공유불이(空有不二)', 즉. 空과 유(有)가 둘이 아니라는 것이다. 그리하여 비우는 자와 비워지는 것이 둘이 아니게 된다. 유(有)란 색(色)이라고도 하며, 우주를 형성하고 있는 모든 사물의 모양을 말한다. 그러므로 우주의 이치, 즉 사물의 법칙 또한 유(有)에 속하는 것이다. 空이란 그 사물이 존재하거나 또는 없어지거나, 그러한 변화에 영향을 받지 않고 있는 본성(本性), 자성(自性),

불성(佛性), 진여(眞如), 법신(法身), 법성(法性) 등등으로 표현한다. 그러한 본성 또한 空하다는 것이다. '공유불이'를 통해서 드러내는 것이 사물의 본래 실상인 것이다. 이러한 '공유불이'를 근저로 하여 지은 작품을 읽어보면,

물은 흘러 내려오고
길은 굽어 올라가고

흰 구름 반석 위에
발 담그고 앉아본다

내 마음 허심한 골에
뻐꾸기는 우는데.

—조오현, 「직지사 기행초—1. 가는 길」 전문

산 너머 놀 너머에
일월마저 겨운 저녁

머물던 하나 소망
그나마도 다 사위고

긴 여운 남기는 바람
열어놓은 내 가슴.

—조오현, 「직지사 기행초—2. 不二門(불이문)」 전문

「직지사 기행초」는 총 7편으로 이루어진 연작시조로서 입불이사

상(入不二思想)이 잘 나타나 있는 시편들이다. 「직지사 기행초－1」은 "가는 길"이요, 「직지사 기행초－2」는 "불이문(不二門)"이다. 우리나라 3대 생기처(生起處)라고 부르는 김천 직지사로 "가는 길"은 곧 무산의 걸음에서는 "불이문(不二門)"이니 입불이(入不二)의 길과 다름 아니다. 「직지사 기행초－1」의 초장에서는 "물"과 "길"이 둘이 아니요, 「직지사 기행초－2」의 초장에서는 "산 너머 놀"과 "일월"이 둘이 아니다. 또한 "내려오"고 "올라가"는 길이 둘이 아니며, "놀"과 "저녁"이 둘이 아님을 나타내고 있다. 이어서 「직지사 기행초－1」의 중장에서는 둘이 아닌 그 길을 불이적 화두(不二的話頭)를 품고 들어가면서 유(有)["발"]를 공(空)["반석"] 위에 담그고 있다. 그리고 「직지사 기행초－1」의 중장에서는 不二의 그 길에 머물던 "소망"마저 "사위고" 만다. 화자는 다시 골을 향해 걸음을 놓지만, "가는 길"에서는 가깝고도 먼 가슴 속으로부터, 뻐꾸기의 절규가 일어나고, 직지사로 "가는 길"은 무산에게 "긴 여운 남기는 바람/열어놓은 내 가슴"의 "불이문(不二門)"이 가로막아 선다. 위 두 시편에서 우리는 화자가 오직 不二 아닌 그 모든 것을 내려놓고서 골바람의 깊은 여운을 따라 가슴을 열어 걷고 있는 국면을 대하게 된다.

밤늦도록 불경을 보다가
밤하늘을 바라보다가

먼 바다 울음소리를
홀로 듣노라면

천경(千經) 그 만론(萬論)이 모두
바람에 이는 파도란다.

—조오현, 「파도」 전문

화자는 “밤늦도록 불경을 보다가”도 우주로 통하는 방문 하나를 활짝 열고서 가까이 다가서 있는 “밤하늘을 바라보”고 있다. 하지만 “일월마저 겨운 저녁”(「직지사 기행초 2」)일 때면 그 밤하늘마저도 “먼 바다 울음소리”로 내려와 앉는다. 화자는 “산 너머 놀 너머”(「직지사 기행초 2」)에서 함께 “밤하늘을 바라보”는 “먼 바다”를 향해 ‘가슴을 열어놓는다.’(「직지사 기행초 2」) 화자는 드디어 밤하늘을 바라보며 울어가는 먼 바다의 소리를 듣기 시작한다. 여기서 “먼 바다 울음소리”는 시간과 공간이 둘이 아닌, 즉 낮과 밤마저 둘이 아닌 현상으로 귀결된다. 그리하여 홀로 읽어가는 불경(佛經)은 “먼 바다 울음소리”로 승화되어 다시금 화자의 자아에 이르러 “파도”가 된다. 그리하여 이 시편의 시적 의미는 “천경 그 만론”이 ‘무(無)’라는 바다에서 “바람에 이는 파도”로 종결된다. “바람에 이는 파도”는 곧 화자 자신의 모습이기도 하고 아니기도 한 국면으로 있다.

우리 절 밭두렁에
벼락 맞은 대추나무

무슨 죄가 많았을까
벼락 맞을 놈은 난데

오늘도 이런 생각에
하루해를 보냅니다.

—조오현, 「산일(山日) · 1」 전문

이 시편은 초장의 "벼락 맞은 대추나무"를 중장에 이어받아 "무슨 죄" "벼락 맞을 놈"이라는 단호한 어조로 표현한다. 그리하여 시편 전체가 갖는 시적 발화와 형식은 더욱 단단하게 결속되는 국면이다. "대추나무"는 볕이 잘 드는 곳에서 더욱 잘 자라는 습성이 있다고 한다. 그래서인지 "대추나무"는 주로 길 가장자리나 "밭두렁"에 서 있는 편이다. "밭두렁"에 외로이 우뚝 서 있는 까닭에 "대추나무"는 "벼락"을 피할 길이 없어 보인다. 아니 어쩌면 "대추나무"는 "벼락"을 만나기 위해 그곳에 서 있는지도 모를 일이다. "벼락 맞은 대추나무"를 '벽조목'이라 부르는데, 돌보다도 더 단단하다고 한다. 화자는 '벽조목'을 바라보며 벼락과 자성(自性)이거나 화자 자신을 견주어가며 "오늘도 이런 생각"에 젖어 있다. 진작 벼락을 맞아야 하는 대상은 "밭두렁"에 서 있는 그 "대추나무"가 아닌 바로 '화자 자신'이라는 것이다. 이와 같이 무산은 생사(生死)를 가르는 곳에서도 오직 자신만을 한없이 낮추고 있다. 이러한 의식이야말로 수행자의 구도적 자세가 아니고서야 불가능한 일일 것이다. 이와 같이 무산의 '심우(尋牛)'는 스스로를 한없이 낮추는 구도자의 본래 면목으로부터 출발한다. 무산은 절 앞 "밭두렁"에 서 있는 '벽조목'을 바라보면서 하루라는 오늘에서 무산 심우(尋牛)를 놓아가고 있다.

해장사 해장 스님께
산일 안부를 물었더니

어제는 서별당 연못에
들오리가 놀다 가고

오늘은 산수유 그림자만

잠겨 있다. 하십니다.

—조오현, 「산일(山日)·2」 전문

이 시편은 시적 대상으로서 "해장 스님"께 애당초 묻지 않은 것이나 다름 아닌 "산일 안부"를 제시하고 있다. 이를 이어받아 해장스님은 관념적인 설명 대신에 실재하는 사물이나 현상으로 답하고 있다. "들오리"나 "그림자"는 우리에게 익숙한 실재의 것들이기 때문이다. 이러한 것들은 "산일 안부"에 대한 답을 대신하고 있는 것이다. 이는 관념적인 설명에 익숙한 우리에게 매우 낯선 문답법으로 받아들여진다. 이는 또한 우리를 충격 속으로 몰아넣기도 한다. 이는 "한마디로 시작(詩作)에 있어서 대상이 지닌 '실재'의 파악은 선불교(禪佛教)의 언어의식과 같은 것을 지니지 않고서는 불가능하다는 결론이다. 이로써 우리는 불교와 아무 관련이 없어 보이는 서구의 시도 그 중요한 본질에 있어서는 불교 인식론과 맞닿아 있으며, 서구의 현대시론 역시 불교로부터 입은 영향이 크다는 사실을 알 수 있다."[66]라는 점에서 위 시편에서와 같이 실재하는 사물이나 현상이 너무나 일상적인 것들이라는 점에서 충격을 더하게 된다. 이러한 시적 충격은 선적 깨달음에 이르지 않고서야 불가능한 일이다. 여기서 문득 "깨달음이란 대체 무엇인가. '없는 것'이 생겨나는 것도 '있는 것'이 없어지는 것도 아니다. 본래 그 자리니 깨달았다는 것도 한낮의 잠꼬대나 다름없는 일이 아닌가. 그것을 자랑하거나 떠들다보면 향수로 목욕하고 다시 똥물을 뒤집어쓰는 꼴이니 이 점을 조심해야 한다. 세상에는 그런 얼간이들이 참 많다"라는 무산의 글이 떠오른다. 공(空)의 모습은 더럽지도 않고 깨끗하지도 않다는 것이다. 즉 일체의 본성은 더럽다

66) 오세영, 『현대시와 불교』, 살림, 2006, 7쪽.

거나 깨끗하다거나 하는 분별이나 이분법을 갖지 않는다는 것이다. 깨끗함과 더러움을 구분하게 하는 것들은 상대적인 분별심에 의해 일어난다는 것이다. 우리는 이와 같이 무엇인가에 대해 판단을 하려 할 때 우선 이것과 저것을 비교하고자하는 욕망이 우선하게 된다. 그리하여 우리는 저절로 분별심이 발동하게 될 수밖에 없을지도 모른다. 이 시편도 '공유불이(空有不二)'를 나타내고 있는 작품으로서 「산일(山日) · 1」이 깨달음 이전의 "산일"을 시화하고 있다면 「산일(山日) · 2」는 깨달음의 경지에서 시화(詩化)하는 국면으로 있다.

(3) 절대 평등의 경지, 아아소불이

"인간이라는 '개체 그것[我]'과 '그것에 속하는 것[我所]'은 서로 대립하고 있으나, 이 개체 그것이 있기에 그것에 소속하는 것도 있게 되는 것이어서, 만약 이 개체 그것이 없다면 그것에 소속하는 것도 없어지게 된다. 이 이치를 깨닫는 것이 절대 평등의 경지에 들어가는 일"[67]이다. 즉 아(我)가 있으므로 해서 아소(我所)가 있으며, 아소(我所)가 있으므로 해서 아(我)가 일어난다는 둘이 아닌, 즉 '아아소불이(我我所不二)'를 일컫는다. 이러한 관점은 대상 세계에 대해 진여 그대로 혹은 있는 그대로의 실체와 현상을 관조하는 무아(無我) 사상에 근거한다. 즉, 집념이나 관념으로부터 벗어나 무념무상(無念無想)의 경지에 이르러야 비로소 둘이 아닌 있는 그대로의 진여를 조견할 수 있음을 가리킨다. 두두물물(頭頭物物)은 연기(緣起)에 의해 생기(生起)하므로 생존하는 그 자체를 벗어난 실체를 불교에서는 인정하지 않는다고 하였다. 연기는 궁극적으로 존재의 실상을 바르게 인식하

67) 이시다 미즈마로, 앞의 책, 226쪽.

는 의식적 도구로서 청정한 마음의 '아(我)'에 의해 '아소(我所)'와 상생(相生)하는 섭리이다. 여기서 실체 부정설이란 두두물물이 空함으로써 그 공 자체를 진여로 바라보는 사상이다. 이 삼라만상이 존재하는 까닭은 공의 자장 안에서 있는 그대로의 풀어놓기에 의한 섭리이며, 작시(作詩) 또한 이와 다르지 않음을 말해준다.

작시 행위는 곧 선정(禪定)의 수행과 다르지 않으며, 공의 작용을 통해 진여를 몸으로 조견하는데 있다. 공의 자장 안에 반영된 진여의 본질은 언어로 표현되어지기 이전에 이미 존재하고 있는 둘이 아닌 자성, 즉 무자성(無自性)에 속한다. 진여는 하나의 개념이거나 관념으로 인식되기 이전부터 저절로 존재하는 있는 그대로이기 때문이다. 우리는 '이것'과 '저것'을 분별해놓고 오직 어느 한쪽만을 구하는 아상(我相), 아집(我執) 때문에 '내 것'이라는 관념이 생기게 된다. 그러므로 우리가 진여라고 생각하는 사물이나 현상은 모두 인위적으로 붙여진 이름만 있을 뿐 실체는 존재하지 않는다. 우리가 진여라고 이름붙인 그것마저도 역시 하나의 개념일 뿐이며 실체가 아니라는 문제에 봉착하게 된다. '참으로 그러하다' 또는 '진실로 있는 그대로다'는 의미를 가진 진여는 일체 현상들의 무자성을 실천하는 궁극적인 모습일 때 진여 세계의 의미를 파악할 수 있게 된다. 진여라는 절대진리에 의해 '둘이 아닌' 의식 들여다보기라고 할 수 있다.

《유마경》「입불이법문품」의 '덕수보살'편에는 "나와 내 것이 둘이라 하나 내가 있는 까닭으로 인하여 문득 내 것이 있음이니, 만약 내가 있음 없음일진댄 곧 내 것도 없음인지라, 이것이 둘 아닌 법문에 듦입니다."[68]에서 '아아소불이(我我所不二)'를 설하고 있다. 이에 대

68) [원문: 德守菩薩曰「我我所爲二, 因有我故, 便有我所, 若無有我, 則無我所, 是爲入不二法門。」]

해 이시다 미즈마로의 해설에서는 덕수보살은 "인간이라는 개체 그것[我]과 그것에 속하는 것[我所]은 서로 대립하고 있으나, 이 개체 그것이 있기에 그것에 소속하는 것도 있게 되는 것이어서, 만약 이 개체 그것이 없다면 그것에 속하는 것도 없어지게 된다. 이 이치를 깨닫는 것이 절대평등의 경지에 들어가는 일이라 생각한다."[69]에서처럼 아(我)와 아소(我所)의 양면성을 간파하여 깨닫게 되면 절대평등의 경지에 들어갈 수 있음을 밝히고 있다. 그리고 '보수보살'편에는 "나와 없는 나가 둘이라 하나 나도 오히려 가히 얻지 못하거든 아닌 나를 어찌 가히 얻으리오. 나의 실다운 성품을 보는 이는 가히 둘을 일으키지 아니 하나니 이것이 둘 아닌 법문에 듦입니다."[70]에서 '아무아불이(我無我不二)'에 대해 설하고 있다.

본래부터 나와 내 것이 따로 있지 않았고, 내가 있는 것도 없는 것도 아니요. 나를 좇아 나를 일으키지 아니하는 것이었으니 이것은 바로 '본(本)'과 '적(迹)'이 있는 것도 없는 것도 아님을 나타낸다. 나에게로 통하는 모든 존재에 대한 무소유(無所有)는 곧 '모든 것이 다 마음에 달려 있다[一切唯心]'라고 하는 것과 다르지 않다. '나와 내 것'이란 곧 '나'와 '너'를 갈라놓고 나만을 위해 살아가는 아상, 아집 때문에 '내 것'이라는 관념이 생긴 것이다. 여기서 '둘이 아님'을 나타내는 것은 '나'와 '내 것'을 분별하는 마음이 사라질 때 이 모든 만물이 '내 것'이 된다는 '하나'임을 말하고 있다. 즉 '不二'는 불교의 가르침 중에서 가장 으뜸으로서 지혜와 자비를 '하나'로 관통하고 있는 사상이다. '나'와 '내 것'에 대한 분별심에 대한 체계적인 해석을

69) 이시다 미즈마로, 앞의 책, 같은 쪽.

70) [원문: 普守菩薩曰「我無我爲二, 我相不可得, 非我何可得, 見我實性者, 不復起二, 是爲入不二法門。」]

한 〈대승기신론통석〉에서는 '사고(思考)'라는 것은 '지각(知覺)의 연속'을 말하는 것이라고 밝힌다. "'사고'[의식]라는 것은 '지각의 연속'[相續識]을 말한다. 이것으로 말미암아 우둔한 자는 뿌리 깊은 집착을 일으키게 된다. 그들은 '나'와 '나에 속한 것'을 계도하고 갖가지 그릇된 집착을 가지며 그때그때의 사태를 계기로 감각이나 사고의 내용을 파악한다. 그리하여 이것을 '구분하는 마음'[分離識]이라고도 하고 '분별하는 마음'[分別事識]이라고도 한다. '사고'는 자신의 견해와 자신에게 속한 것에 애착을 가지도록 하여 번뇌를 증가시킨다. 이 문단은 '의식'의 정의를 제시하고 있다. 의식의 의미와 관련하여 중요한 점은, 그것은 '사물'(我와 我所, 六塵境界)이라는 명백한 대상을 가지고 있다는 것과 견(見)과 애(愛)를 일으키고 번뇌를 부채질 한다"[71]는 것이다. 우리가 지각(知覺)을 통해 분별하는 마음을 갖는다고 할 때, 그 집착은 어떤 사고로부터 작용된다. 이때 어떤 사고는 번뇌를 증식시키는 작용에 의해 분별식을 갖게 된다. 이런 점에서 개별적 사고의 집착은 살아있는 의식을 반영하는 것이기도 하다. 즉 나 자신도 사물에 속하며, 나의 것도 사물에 속하며, 중생의 마음을 오염시키는 '색성향미촉법(色聲香味觸法)'의 육진(六塵)도 사물에 속한다는 것이다. 이와 같이 사물은 의식적 대상으로서 번뇌를 일으키는 원인이 된다.

나이는 열두 살
이름은 행자

71) 이홍우, 앞의 책, 364쪽. [원문 : 復次言意識者 卽此相續識 依諸凡夫 取着轉深 計我我所 種種妄執 隨事攀緣 分別六塵 名爲意識 亦名分離識 又復說名分別事識 此識依見愛 煩惱增長依故]"

한나절은 디딜방아 찧고
반나절은 장작 패고……

때때로 숲에 숨었을
새 울음소리 듣는 일이었다

그로부터 10년 20년
40년이 지난 오늘

산에 살면서
산도 못 보고

새 울음 소리는커녕
내 울음도 못 듣는다.

—조오현, 「일색과후(一色過後)」 전문

화자는 "한나절은 디딜방아 찧고/반나절은 장작 패고……"에서처럼 그렇게 어린 시절을 산중 절간에서 행자생활을 하면서 보낸다. 그렇게 살아 온 화자의 고독한 시간들은 디딜방아 찧는 소리이거나 장작을 패는 소리에 동화되어 "새 울음소리"로 반영되고 있다. 화자는 다름 아닌 "열두 살"에 행자가 되어 절집의 온갖 잡일을 다하며 하루하루의 끼니를 해결해야 하는 소년 '오현'이다. 화자는 "숲에 숨었"다가 문득 자신에게로 다가서는 새소리에 "열두 살"의 나이와 "행자"라는 이름을 새기고서 내일의 자신을 반추하고 있다. 절묘한 시점에서 숨어 우는 새소릴 들어보지 않았다면 어찌 화자의 그 마음을 이해할 수조차 있을까 싶다. 그때 들려오는 "새 울음소리"야말로 화자 자신의 울음소리와 다를 바 없지 않겠는가 말이다. 바로 이러한 배경에서 화자는 자신의 이름마저 "행자"라 불렀으니 이 또한 어찌 깨달음의 시초라 여지기 않겠는가.

"10년"의 시간은 짧다면 짧게도 느껴질 수고 있겠지만 결코 짧지 않은 세월일진데 그 시간이 두 배가되고 다시 두 배가 지나간 뒤 화자는 가장 자연다운 기능이랄 수 있는 '보고 듣는' 기능마저 놓은 것이다. 승려가 된지 40여 년 동안이나 수행을 해오지만 "산에 살면서/산도 못 보고//새 울음소리는커녕/내 울음도 못 듣는다"에서 '나'와 '내 것'을 뛰어넘은 경지를 나타내고 있다. 다시 말해 '나와 내 것'이 둘이 아닐 때 비로소 산에 살면서도 산을 볼 수 없는 형국이니 이는 화자가 산과 둘이 아닌 세계로 내재하고 있음이다. "40년이 지난 오늘"에서 알 수 있듯이 「일색과후」는 중년을 지난 화자의 심경을 드러내고 있다면, 근래에 쓰여진 「내가 나를 바라보니」는 그런 생각의 연장선에서 노년의 삶을 보다 더 극명하게 펼쳐 보인다.

무금선원에 앉아
내가 나를 바라보니

기는 벌레 한 마리가
몸을 폈다 오그렸다가

온갖 것 다 갉아먹으며
배설하고
알을 슬기도 한다.

—조오현, 「내가 나를 바라보니」 전문

중년이 지나도록 화자는 산에 살면서도 산도 못 보고, 새 울음소리도 듣지 못하였을 뿐만 아니라 자신의 울음마저도 듣지 못하는 무산이다. 이러한 자책에서 알 수 있듯이 화자는 "내가 나를 바라보"는 구도(求道)의 길에 서 있다. 화자는 수행에 정진하다보니 어느덧 지나온 삶을 뒤돌아보는 나이가 되어버린다. 울음소리마저도 채 듣지 못한다던 화자는 더 나아가 몸을 폈다가 오그렸다가 하면서 "기는 벌레 한 마리"가 된다. 그리하여 화자는 "온갖 것" 다 갉아 먹고 배설하고 알을 슬기도 하는 한갓 미물의 세계로 내려앉는다. 이러한 탈바꿈의 뒤안길에는 앞의 「일색과후」에서부터 「내가 나를 바라보니」까지에 이르는 동안 시간이 멈춰버린 선원이라 불리는 무금선원(無今禪院)[72]에 앉아 묵언정진(默言精進)한 원력(願力)의 흔적이 있다.

'열흘간의 만남'에서 신경림 시인이 위의 작품에 대해 "이 시는 스님의 자화상 같은 느낌이 드는데 여기서 자신을 하찮은 벌레쯤으로 여기는 시인의 겸허한 모습을 볼 수가 있습니다. 이 시는 얼핏 보면 자신에 대한 자괴감을 나타난 것으로 읽히기도 하지만 그보다는 천지만물에 대한 외경을 표현한 것으로 읽히는 것이 더 옳을 듯합니다"

72) 무금선원은 과거, 현재, 미래를 한 번에 관통하는 선원이라는 의미로서, 신라 진덕여왕 1년(647년) 자장율사가 창건한 백담사에는 오랫동안 선원이 없다가 1998년 백담사 회주인 조오현 스님이 '무문관'을 만들면서 선원을 다시 일으켜 '무금선원'이라 이름 지었다. 무금선원에서의 무문관 수행은 1965년 도봉산 천축사에서 처음 시작된 이후 지금은 전국의 7개 선원에서 실시하고 있다. 무문관 수행기간 동안 한마디 말도 안하는 묵언정진은 기본이고 소량의 밥과 국, 나물, 과일 등으로 된 하루 한 끼 공양만 한다. 편지나 전화도 물론 금하고 서책도 수행에 꼭 필요한 한권 정도만 휴대가 허용된다고 한다. 이러한 무문관 수행은 장좌불와(눕지 않고 참선만 하는 수행), 용맹정진(잠을 자지 않고 하루 21시간씩 참선에만 정진하는 수행)과 함께 가장 어려운 수행법중 하나로 꼽힌다.

라고 말하고 있는 것에서도 나타난다. 다시 말해서 천지만물 중에 내가 있으니 그 중에 내가 아닌 나도 있음이며, 비로소 캄캄한 벽면에 내가 나를 바라볼 수 있는 거울이 있어 그 위에 나를 올려놓은 것에 다름 아님을 나타내고 있다. 내가 나를 볼 수 있다는 것은 진여로 이루어진 거울밖에 없음이며, "기는 벌레"는 깨달았거나 깨닫지 못했거나 오직 불이(不二)의 모습 하나로 비추어지고 있다.

한나절은 숲 속에서
새 울음소리를 듣고

반나절은 바닷가에서
해조음 소리를 듣습니다

언제쯤 내 울음소리를
내가 듣게 되겠습니까.

—조오현, 「산일(山日)·3」 전문

화자는 출세간의 삶을 하루하루를 살아가면서, 하루 낮의 반은 숲 속으로 들어가 "새 울음소리"를 듣지만, 그 한나절의 반은 바닷가로 나서서 "해조음 소리"를 듣는다. 하지만 화자는 "내 울음소리를/내가 듣게 되겠"는가에서 비로소 숲속에서 "해조음 소리"를 듣거나 바닷가에서 "새 울음소리"를 들어야 함을 암시하고 있다. 그렇다, 내가 들을 수 있는 "내 울음소리"는 나로부터 들을 수 있는 소리가 아니다. 숲속에서 들려오는 "해조음 소리"는 곧 "내 울음소리"이며, 바닷가에서 들려오는 "새 울음소리" 또한 "내 울음소리"로 들을 수 있어야 한다는 것이다. 드디어 화자는 한나절 중에서 나머지 반나절을 자신의 울음소리에 귀 기울이는 정진(精進)의 장(場)으로 수용하고 있다. 숲 속을 일깨우는 새의 지저귐도 한나절 동안 내내 듣고 있으면 그 소리는 "새의 울음소리" 너머 "해조음 소리"로 들리게 된다는 것이다. 이때의 울음소리 그 자체는 울음 아닌 울음으로서 화자 자신의 상처를 치유하는 소리일 것이다. 화자는 숲속과 바닷가가 둘이 아닌 곳임을 깨닫게 되면서부터 비로소 자신의 울음소리를 산과 바다를 통해 들을 수 있게 된다.

화자는 반나절 동안 숲속에서 노닐다가 반복되는 새의 지저귐이 하나의 울음소리로 들릴 즈음 바닷가로 발길을 옮긴다. 화자가 닿은 바닷가에는 발길 사이로 조수(潮水)의 흐름소리가 세차게 밀려온다. "새 울음소리"를 숲속이 듣지 못하듯이 바다 또한 스스로 소리를 발생시키면서도 진작 바다 자신은 듣지를 못한다. 소리는 소리가 아닌 그 무엇으로부터 다가와 소리가 없는 곳으로 스며드는 것일까. 소리의 실체를 알아차릴 수 없는 화자로부터 자신 내부의 소리는 새로운 매개역할 하게 된다. 어쩌면 내가 "내 울음소리"를 영원히 들을 수 없을지도 모르지만 내면의 울음소리가 "새 울음소리"가 아니라 "해조음 소리"라면 어떨까. 바다가 스스로 들을 수 없는 소리는 "해조음 소리"뿐만 아닐 것이다. 화자가 들을 수 없는 소리는 다름 아닌 깨달음의 경지에서 들려오는 소리일 것이다. 소리이면서 소리가 없는 깨달음의 소리로부터 화자는 무언(無言)의 노래를 부르며 다시금 되돌아보아야 할 그 소리를 듣고 있는 것이다. 그리하여 숲속과 바다가 둘이 아니듯, 화자는 나와 "내 울음소리"가 둘이 아님을 알게 된다. 내가 내 울음을 듣지 못할 때 비로소 나는 내 것과의 집착에서 벗어날 수 있다. 종장에서 무산은 "언제쯤"이라는 기대감을 표현하고 있지만 그것은 영원히 들을 수 없음을 표현한다.

⑩

우리 절 밭두렁에
벼락 맞은 대추나무

무슨 죄가 많았을까
벼락 맞을 놈은 난데

오늘도 이런 생각에
하루해를 보냅니다.

—조오현, 「산일(山日) · 1」 전문('⑩'은 인용자 표시)

⑪

한나절은 숲속에서
새 울음소리를 듣고

반나절은 바닷가에서
해조음 소리를 듣습니다

언제쯤 내 울음소리를
내가 듣게 되겠습니까.

—조오현, 「산일(山日) · 3」 전문('⑪'은 인용자 표시)

⑫

무금선원에 앉아
내가 나를 바라보니

기는 벌레 한 마리가
몸을 폈다 오그렸다가

온갖 것 다 갉아먹으며
배설하고
알을 슬기도 한다.

—조오현, 「내가 나를 바라보니」 전문('⑫'는 인용자 표시)

시인의 눈에 비치는 모든 현상은 그의 시적 인식, 즉 시적 의식의 깊이에 따라 다양한 모습과 형태로 드러난다. 그 다양한 현상 속에 내재된 본질이란 있는 그대로의 순수 진여 그 자체이다. '⑩~⑫'는 아상과 아집을 떨치기 위해 화자 스스로가 "오늘도 이런 생각"이라는 '내 울음소리'와 '내가 나를 바라본 모습'의 진여를 무자성에 의해 실천하는 시의식을 표현하고 있다. 앞에서 '④'가 시적 화자의 주변 세계에 대한 선적 화두의 산물로 시화하였다면 '⑩'은 시적 화자의 자아에 대한 선적 응시의 산물로 시화되고 있다. 이러한 점에서 '⑩~⑫'는 시적 화자의 자아와 세계가 둘이 아닌 지점에서 '空'의 실천을 나타내는 국면을 갖는다.

'⑩'에서 초장은 "벼락 맞은 대추나무"라는 대상을 제시하고 있으며 중장에서는 '벼락 맞은 대추나무'와 '나'와의 관계가 설정된다. '벼락 맞은 대추나무'가 지니는 의미는 '나'와의 관계에서는 "벼락 맞을 놈"으로 구체화지만, 궁극적인 의미는 "오늘도 이런 생각에"라는 화두로 "벼락 맞은"과 "벼락 맞을" 대상을 둘이 아닌 풍경으로 동일화시키고 있다. 즉, 아무런 연관이 없는 "대추나무"와 '나' 사이가 "오늘도 이런 생각"이라는 화두에서 화자는 자연과 둘이 아닌 무자성에 의해 실천되는 국면이다. '⑩'과는 달리 '⑪'의 시적 구성은 초장 · 중장의 "새 울음소리"와 "해조음 소리"를 종장에서 "내 울음소리"로 구체화하고 있다. 중심 소재인 "내 울음소리"는 '언제쯤'에 이르러 "한나절은 숲속에"서 "반나절은 바닷가에"서 '나'와 간격을 갖는 자연의 소리를 들으며 서로 다른 공간인 '숲속'과 '바닷가'에서 '소리'가 갖는 의미의 연관성을 탐색한다.

늘 접하는 그 바다는 스스로 파도소리를 생성하면서도 진작 바다 자신은 그 소리를 듣지 못하는 무자성에 머물고 있다. 이 시편에서 시적 화자는 들리지 않는 자신의 울음소리를 듣고 싶어 하지만 '나'를 향한 내면적 울음소리는 "새 울음소리"가 아닌 "해조음 소리"에 가깝다고 할 수 있다. '해조음'은 스스로 들을 수 없는 소리이기 때문에 '나'와 "내 울음소리"가 둘이 아닌 득음으로 울려오고 있음을 뜻한다. 내가 내 울음을 듣지 못할 때 비로소 '나'는 '내 것'과의 집착에서 벗어나게 된다. "숲 속에서"의 소리와 "바닷가에서"의 소리가 현상의 세계에서 어떤 '깨달음'의 소리라면 "출세간에서"의 "내 울음소리"는 '언제쯤' 들을 수 있을까라는 화두를 들고 있다. 이는 둘이 아닌 '소리'에 의해 자아와 세계가 합일되는 의식으로 있다.

'⑫'는 선시적(禪詩的) 의미의 구성력을 不二의 시학적인 차원에서 본격적으로 보여주는 시편이다. 이 시편의 시적 장면은 "내가 나를 바라보"며 화두에 든 국면으로서, 스스로 "무금선원에 앉아" "내가 나를 바라보"다가 '내'가 연기(緣起)에 의해 "기는 벌레"로 변신하는 모습을 보면서 다시 '나'를 둘이 아닌 의식으로 조견하고 있다. 여기서 "온갖 것"이라는 무자성에 의해 아(我)와 아소(我所)의 경계가 해체되는 국면은 다시 "내가 나를 바라보"게 하는 전환점이 된다는 점에서 수행의 심도를 표현하고 있다. 이런 점에서 이 시편은 우주 만물 중에 내가 있으니 그 중에 내가 아닌 나도 있음이며, 나도 없는 나도 있으니, 내가 나를 바라본다한들 어찌 내 마음을 내가 알겠는가라는 무자성을 표현하고 있다. 자화상을 표현한 이 시편은 아(我)로부터 무자성을 탐색하는 수행자의 원력을 나타내고 있다. 그러므로 '내가 나를 볼 수 있다'는 원력은 아(我) 역시 연기하는 존재로서 공성(空性)과 무자성의 실천을 위한 수행자의 의지로 나타난다. 여기서 "기는 벌레 한 마리"는 공에 반영되면서 무상과 무아의 모습인 둘이 아닌 진여의 나이거나 두두물물이다. 이쯤에서 '소리'에 대한 무산의 견해를 살펴보면,

> "소동파는 '계곡의 물소리에서 부처님의 목소리를 듣는다[溪聲便是廣長舌]'고 말한 적이 있다. 이 말에는 두 가지 뜻이 들어 있다. 하나는 계곡의 물소리와 부처님의 물소리가 동일한 것이라는 의미다. 그리고 또 하나는 계곡의 물소리와 부처님의 목소리가 엄연히 다르게 존재한다는 것이다. 다르게 존재하지만 하나로 듣는 것은 본인의 안목이다. 그렇다고 다르다는 객관적 사실이 하나가 되는 것은 아니다. 방귀소리를 부처님의 목소리로 듣는 것은 본인의 안목이다. 그러나 그 소리가 부처님의 목소리 자체라고 해서는 안 된다. 그렇다면 이 얘기의 결론은 무엇인가. 애꾸눈은 바른 안목을 갖출 수 없다는 것이다. 두 눈을 바로 뜨고 바로 볼 줄 알아야 한다."[73]

부처님의 목소리가 계곡에 흐르는 물소리라면, 숲속의 새 울음소리이거나 바닷가의 해조음 소리 또한 부처님의 목소리와 다르지 않다. 물론 그 소리들이 동일한 것인가 혹은 아닌가가 중요하지는 않다. 다만 그 소리의 정체를 완벽하게 파악할 수 없다는 데 깨달음의 깊이가 있을 뿐이다. 두 가지의 소리가 "동일한 것"이거나 "엄연히

---

73) 조오현 역해, 앞의 책, 269~270쪽.

다르게 존재한다"라는 것이나, 이는 모두 그 소리 자체로서만 알고 있는 사실이기 때문이다. 어쩌면 소리 그 자체도 소리의 행방에 대해 고민을 거듭하고 있을 지도 모를 일이다. 계곡의 물소리이거나 아니거나 그것이 부처님의 목소리가 아니면 과연 무슨 소리란 말인가. 이 세상의 이치가 반드시 올곧아야 한다는 법칙은 그 어디에도 없기 때문이다. 다만 소리는 소리 그 자체의 세계에서, 모양은 모양 그 자체의 세계에서 있는 그대로 존재한다.

자연 그대로의 섭리 앞에서 인간은 "애꾸눈"으로 살아가면서 바른 안목에서 벗어나 있음을 간과해서는 안 된다는 메시지다. 무산이 밝힌 견해를 참조하여 위의 작품을 다시 읽어보면, "새 울음소리", "해조음 소리"와 "내 울음소리"는 절대의 세계에서 보면 모두 동일한 소리로 들릴 것이다. 하지만 현상세계에서 보면 제각각 다르게 들려올 것이다. "숲 속에서"의 소리와 "바닷가에서"의 소리가 현상세계에서 깨달음의 소리라면 "출세간에서"의 내 울음소리는 언제쯤 들을 수 있을까라는 화두를 들고 있다.

> 어제, 그저께 영축산 다비식에서
> 오랜 도반을 한 줌 재로 흩뿌리고
> 누군가 훌쩍거리는 그 울음도 날려 보냈다.
>
> 거기, 길가에 버려진 듯 누운 浮屠(부도)
> 돌에도 숨결이 있어 검버섯이 돋아났나
> 한참을 들여다보다가 그대로 내려왔다.
>
> 언젠가 내 가고 나면 무엇이 남을 건가
> 어느 숲 눈먼 뻐꾸기 슬픔이라도 자아낼까

곰곰이 뒤돌아보니 내가 뿌린 재 한줌뿐이네.

—조오현, 「재 한 줌」 전문

『열흘간의 만남』에서 무산은 “불교에서 무소유를 말하는 것은 소유 자체를 부정하라는 것이 아닙니다. 그것은 소유에서 오는 집착을 끊으라는 것입니다. 왜 이렇게 말하는가 하면, 인간은 항상 모든 것이 영원한 것으로 착각하며 사는데서 온갖 탐욕적 집착을 일으키기 때문입니다. 돌아보면 우리는 누구나 영원히 늙지 않을 것으로, 병들지 않을 것으로, 죽지 않을 것으로 생각하며 삽니다. 불교에서 무소유를 말하는 것은 지나친 집착에서 오는 소유를 줄여야 편안해진다는 것을 가르치기 위해서입니다.”[74]라고 하였다. 그렇다. 무소유는 비워진 것이 아니라 채워진 것의 자리이다. 무소유는 소유와 마주보며 긍정의 소통으로 있다. 긍정적 소통의 힘은 집착을 끊는 작용으로부터 잉태된 산물이다. 모든 것이 영원할 것이라는 착각으로부터 벗어나 오늘과 내일의 경계를 바로 읽는 데서 집착은 소유가 아닌 무소유의 자리에 있게 된다. 소유든 무소유든 그것은 오직 편안한 마음에서 이루어지는 “다비식”의 모습과 다르지 않을 것이다.

위의 작품은 “다비식”이라는 떠남의 자리에서, 자신의 자리를 바라보며 ‘무소유’의 화두를 형상화하고 있다. 아무리 지나친 집착과 탐욕의 굴레 속에서 방황하는 중생이라 하여도 “다비식”이라는 절대 무소유의 상징 앞에서는 자신의 겉치레를 훌훌 벗어던질 수밖에 없다. “한 줌 재”마저 흩어버리고 또 흩날려버릴 때 진정한 깨달음에 다다를 수 있기 때문이다. 육신이라는 그림자를 좇아 바쁘게 걸어가는 길목에서 문득 눈앞에 비친 도반(道伴)의 “다비식”은 나와 내 것

74) 신경림 · 조오현, 앞의 책, 131쪽.

이 둘이 아니며 나와 네가 둘이 아님을 깨닫게 하고도 남음이 있다. "누군가 훌쩍거리는 그 울음마저도 날려 보냈을" 그것은 모든 중생의 분수에 넘치는 '소유'의 꿀을 "한 줌 재로 흩뿌리"고 있는 국면인 것이다. 화자는 아직도 끈질긴 소유의 흔적으로 버티며 서 있는 "길가에 버려진 듯 누운 부도(浮屠)"를 한참동안 들여다보고 있다. 화자는 그것에 "돋아난 검버섯"을 응시하며 둘이 아닌 不二의 숨결을 느끼고 있다.

위 시편은 무산이 지은 연시조 시편 가운데서 수작(秀作)으로 꼽히는 작품이다. 첫 수에서는 "재 한 줌"의 의미가 갖는 "다비식"과 화자의 관계를 "도반"을 통해 '그 울음마저 날려 보내는 국면이다. "한 줌 재로 흩뿌리고"서야 비로소 "누군가 훌쩍거리는 그 울음"을 통해 화자 자신의 모습을 뒤돌아보는 국면이야말로 "재 한줌"의 의미를 낱낱이 일깨우고 있다. 둘째 수에서는 이미 "재 한 줌"으로 떠나간 넋의 안식처를 마련하면서 '흩뿌린 한 줌의 재'가 검버섯으로 돋아나고 있음을 형상화한다. 이러한 시적 형상화는 곧 화자의 심경을 구체화시키는 국면으로 안내한다. 또한 셋째 수에서는 시적 대상을 화자 자신에게로 반추하면서 독백(獨白)으로 "언젠가 내 가고 나면 무엇이 남을 건가" 하고 화두를 들고 있다. "어제, 그저께" 흩뿌렸던 "재 한 줌"은 바로 화자 자신이 행한 무소유의 법문으로서 구도자의 자세를 견지한다. 첫 수에서는 "오랜 도반"을 울음으로 날려 보내야하는 허탈함, 즉 생명이 갖는 제행무상(諸行無常)의 섭리를 나타낸다면, 둘째 수는 "오랜 도반"의 숨결을 느끼게 되면서 다가서는 윤회(輪廻)를 표현한다. 마지막 수에서는 화자 자신이 화두에 맞서서 "눈먼 뻐꾸기 슬픔"을 이미 듣고 있는 국면이다. 이런 점에서 위 시편은 각 수에서 의미적 완결성을 가지면서도 연시조 시편의 묘오(妙悟)를 느끼게 한다.

3. 나오는 말

약 반세기에 이르는 시력(詩歷) 동안 무산 조오현 선사가 탐색해온 핵심 테마는 '공(空)'과 '불이(不二)'의 문제였으며, 이는 궁극적으로 선(禪)과 시(詩)의 사이에서 '선시조(禪時調)'라는 새로운 시적 양태의 구축으로 요약된다. 이러한 무산의 시작(詩作) 경향은 언어적 속성을 해방시키려는 시적 지향과 더불어 일원론(一元論)에 기초한 '不二'와 깨달음이 있는 '空'이 주류를 이룬다. 그리하여 무산은 '선시조'라는 새로운 시적 양식을 정립함으로써 무산 시세계의 길을 활짝 열어놓고 있다. 이러한 무산 특유의 시학에 나타난 시의식과 시세계를 대표하는 시집이 바로 『만악가타집』[2002년]이다. 그래서 본고는 무산의 세 번째 시집 『만악가타집』에 나타난 시의식과 시세계를 통해 드러나는 '空'과 '不二'라는 시적 의미를 구체적으로 읽어본 산물이다. 이 시집에 실린 선적 시조 시편들은 오로지 무산 구도(求道)를 시화하고 있다는 점에서 무산 시세계의 중심에 자리한다. 『만악가타집』은 첫 시집 『심우도』[1979년]와 두 번째 시집 『산에 사는 날에』[2000년]에 실렸던 작품들을 상당 부분 재구성한다는 점에서 무산의 시력을 대표한다. 이런 점에서 이 글은 무산 선사가 만해 선사 외는 그 누구도 다가서지 못한 시조시형에 선(禪)의 진수(眞髓)를 일관성 있게 표현한다는 점에 주목한 산물이다.

무산 조오현은 짧지 않은 시력을 통해 시조시형을 점검하면서 선적 인식의 산물인 '空'과 '不二'의 시학을 끊임없이 탐색한 시승이다. 이러한 시적 탐색에 의한 그의 시조 시편은 하나같이 인간적 사유와 관념으로부터 대상 세계와 그 현상을 선적(禪的)으로 풀어놓기 위한 연기(緣起)의 언어적 산물이다. 무산의 선적 시학은 空과 不二를 기초한 깨달음의 경지에 이르는 선적 구도이며, 그의 시적 화두는 이것과 저것의 경계를 해체하기 위한 수행 그 자체다. 이 글은 이러한 선적 수행의 산물로 구성된 『만악가타집』을 중심으로 선적 사유에 의해 나타나는 시적 의미를 살펴보았다. 한편 이 글은 『만악가타집』에 나타난 선적으로 형상화된 세계관과 이를 통해 드러나는 시적 의미가 지향하는 세계까지도 구체적으로 읽어본 것이다. 특히 무산 선사가 이룬 시적 의미들의 지향성은 주체와 대척되는 대상 세계에 대한 초월적 인식을 바탕으로 인간중심적 사고를 전복(顚覆)하고 있다. 이러한 시적 전복은 선(禪)의 진수를 관류하면서 시적 깨달음의 산물로 시화된다. 그리하여 무산의 시의식과 시세계는 세계와 자아 또는 자아와 세계가 '둘이 아닌' 지점에 관성(慣性)되어 연기적 불이로 승화된다.

무산의 선(禪)시조 시편에 나타난 연기적 불이는 궁극적으로 이 세계를 구성하는 자연과 그 현상들의 존재감을 있는 그대로 풀어놓는 선적 언어의 발견에 있다. 이러한 관점에서 무산의 선시조 시편은 '불이의 존재학'이다. 그의 시편들은 '불이'를 관통하는 구도적 선의식에 기초한 연기적 시심이 형상화된 선적 언어의 발견과 다름 아니기 때문이다. 무산의 시조 시편은 '둘 아닌' 의식에 닿아 화자와 독자 모두가 구도자의 수행 길에 동행하는 선적 지침으로 작용한다. 그런 점에서 무산의 선적 시조 시편은 선적 시조 시편에 관한 종전의 시적 기법을 갱신하면서 새로운 시적 인식론을 제시해준다. 무엇보다도 무산의 시적 작업은 자아와 세계에 대한 선적 언어로 형상화된 시조시형이 수용할 수 있는 한계를 해체하고 있다. 이러한 시적 한계의 해체는 무산의 시적 방법론이 갖는 특징 중 하나로서 차제의 연구들을 통해 좀 더 다양한 관점에서 구명될 것으로 사료된다. 아울러 본 글은 무산이 갖는 선적 사고에 의해 시화된 시조 시편, 즉 선(禪)시조의 현대적 시형의 폭과 깊이를 점검하고 나아가는 작은 테마가 될 것으로 기대된다.

참고문헌

〈기본자료〉

한용운, 『한용운전집』, 신구문화사, 1973/1980.

――, 『님의 침묵-만해사상연구회편』, 혜원출판사, 1981.

――, 『조선불교유신론』, 삼성문화재단, 1972/1974.

조오현, 『심우도』, 한국문학사, 1978.

――, 『산에 사는 날에』, 태학사, 2000.

――, 『만악가타집』, 만악문도회, 2002.

――, 『절간 이야기』, 고요아침, 2003.

조오현 편저, 『죽는 법을 모르는데 사는 법을 어찌 알랴-백유경』, 장승, 2005.

조오현 편저, 『선문선답』, 도서출판 장승, 1994/2005.

조오현 역해, 『벽암록』, 불교시대사, 1997/2005.

조오현·신경림 공저, 『신경림 시인과 오현 스님의 열흘 간의 만남』, 도서출판 아름다운 인연, 2004.

조오현 외 11인 공저, 『할말은 해야지요』, 도서출판 밀알, 1983.

조오현, 「시조의 불씨로 꿈을 키워나가기를」, 『시조월드』 제7호, 2003.

〈논문·단행본〉

고명수, 「한용운의 후기 시와 시조에 대하여」, 『동국어문학』 제12집, 2000.

권상로, 『조선문학사』, 일반프린트사, 1947.

경허스님, 『무심-경허 스님 마음의 큰 법어』, 석명정 번역, 고요아침, 2002.

김기추, 『유마경대강론』, 불광출판부, 2001/2005.

김대행, 『시조 유형론』, 이화여자대학교 출판부, 1986/1998.

――, 「시조형식의 의미」, 『시조학논총』 제11집, 한국시조학회, 1995.

———, 「시조의 전통과 현대시조의 과제」, 『경남시조』 20호, 2003.
김용희, 「여보게, 저기 저 낙조를 보게-조오현 론」, 『열린시학』 33호, 2004.
김재홍, 「현대시조의 한 점검」, 『시조월드』 제9호, 2004.
———, 『한용운문학연구』, 일지사, 1982/1996.
김제현・이지엽 외, 『한국 현대시조 작가론 I 』, 태학사, 2002.
김준오, 『시론』, 삼지원, 1982/2000.
김희철, 「한국현대시에 나타난 불교사상연구」, 동국대 박사학위논문, 1978.
대한불교조계종 포교연구실, 『간화선 입문』, 조계종출판사, 2006.
동국대, 『불교사상과 한국문학』, 아세아문화사, 2001.
———, 『불교학개론』, 동국대학교출판부, 1988/1995.
동국대 한국문화연구소 편저, 『詩와 불교와의 만남-5』, 동국역경원, 1989.
동국대 한국문학연구소 엮음, 『불교문학과 불교언어』, 이회문화사, 2002.
민병기, 『현대작가 작품론』, 집문당, 1998.
———, 「한국의 자유시와 정형시의 관계」, 『한국시학연구』 4집, 한국시학회, 2001.
———, 「20세기 시와 시조와의 관계」, 『사림어문연구』 12집. 2002.
민희식, 『불교와 서구사상』, 산방, 1990.
박용길 역, 『유마경』, 민족사, 1993/2005.
박남훈, 「묘오론과 하이데거 시론」, 『동서시학의 만남과 고전시론의 현대적 이해』, 새미, 2001.
백담사 만해마을, 『2005 만해축전』, 불교시대사, 2005.
백련선서간행회 편, 『임제록・법안록』, 장경각, 2003.
범 진, 『깨달은 자에게는 향기가 없다-유마경』, 도서출판 한가람, 2002.
서경보, 『佛教와 禪』, 호암문화사, 1982.
서원섭, 『시조문학연구』, 형설출판사, 1991.
서준섭, 「빈거울을 절간과 세간(世間) 사이에 놓기-조오현 스님의 선(禪)과 '원융무애'의 시세계」, 『시조월드』 제10호, 2005.
석명정 번역, 『무심』, 고요아침, 2002.
석정암, 『유마禪不二』, 하늘북, 2006.
손진태, 「詩調와 詩調에 표현된 조선사람」, 《신민》 7월호, 1926.
안자산, 「時調詩와 西洋詩」, 『문장』 2권 1호, 1940.

오세영, 『현대시와 불교』, 살림, 2006,
유성호, 「타아(他我)가 발화하는 심연의 언어-조오현론」, 『시조월드』 제11호, 2005.
———, 「현대시조에 나타난 '서정'의 양상들」, 『시조시학』, 2003년 가을호.
윤재근, 『시론』, 둥지, 1990.
이근배, 「開眼의 詩, 恢復의 詩-조오현의 閃光」, 『심우도』, 한국문학사, 1978.
이명재, 「한용운문학연구」, 『중앙대 논문집』 20집, 1976.
이문재, 「마음의 싸우기의 어려움과 아름다움」, 『한국 현대시조 작가론 I』, 태학사, 2002.
이병기 · 백철, 『국문학전사』, 신구문화사, 1965.
이시다 미즈마로, 『반야 · 유마경』, 이원섭 옮김, 현암사, 1976/2004.
이상보 외, 『불교문학연구입문』, 동화출판사, 1991.
이상옥, 「승속을 초탈한 불이(不二)의 세계—시승(詩僧) 조오현론」, 『시조월드』 10호, 2005.
이종건, 「만해 한용운의 시조와 한시」, 『2005 만해축전』, 2005.
이지엽, 「번뇌와 적멸의 아름다운 설법-조오현」, 『현대시』 2003년 5월호.
이태극, 『현대시조작법』, 정음사, 1981.
———, 『시조개론』, 새글社, 1978.
이홍우, 『대승기신론통석』, 김영사, 2006.
임종찬, 『현대시조탐색』, 국학자료원, 2004.
———, 「현대시조의 구조적 연구-현대시조의 3장 구조는 어떠한가」, 『한국문학논총』 17집.
———, 「시조문학의 의미구조」, 『인문논총』 20집.
장성진, 「사설시조의 작자의식과 그 표현양상」, 경북대 석사학위논문, 1981.
———, 「시조의 서술단위와 그 성격」, 『문학과 언어』 제3집, 1982.
———, 「사설시조의 감각 표현」, 『국어교육연구』 제14집, 1982.
조미숙, 「조오현 선시의 특성」, 『창작21』, 2006 신년호.
조벽산, 『空』, 도서출판 경남, 1997.
주광잠, 정상홍 역, 『시론』, 동문선, 1991.
홍기삼, 『불교문학연구』, 집문당, 1997.
홍윤식 외, 『불교사상과 한국문학』, 동국대학교 한국문학연구소, 2001.

선시조(禪時調)에 나타난 空과 不二

초판 인쇄 : 2014년 10월 13일
초판 발행 : 2014년 10월 17일
지 은 이 : 석 성 환
펴 낸 이 : 박 성 복
펴 낸 곳 : 도서출판 月印
등 록 일 : 1998년 5월 4일
등록번호 : 제6-0364호
주 소 : 서울시 강북구 노해로25길 61(수유2동 252-9)
전 화 : (02) 912-5000
팩 스 : (02) 900-5036
전자우편 : worinnet@hanmail.net
홈페이지 : http://www.worin.net

ⓒ 석성환, 2014

ISBN 978-89-8477-564-0 93810

* 책값은 뒤표지에 있습니다.
* 잘못된 책은 바꿔 드립니다.